# 学校效能视域下的
# 农村学校校长领导力研究

于海英　甄莹　张雨　著

北京
冶金工业出版社
2024

## 内容提要

本书针对学校效能视域下的农村学校校长领导力进行讨论研究、数据分析并提出建议，详细探讨了农村学校校长领导力的内涵、构成、价值等方面基本概况，阐述了农村学校校长领导力现状及其影响因素，从理论和实践基础上分析了学校效能视域下农村学校校长领导力影响因素间相互作用机制，为农村学校校长领导力如何才能有效提升农村学校效能提出政策建议和策略。

本书可作为教育相关专业的师生的参考书，也可供关注农村教育的相关人员阅读。

**图书在版编目(CIP)数据**

学校效能视域下的农村学校校长领导力研究/于海英，甄莹，张雨著.—北京：冶金工业出版社，2021.5（2024.1 重印）

ISBN 978-7-5024-8801-7

Ⅰ.①学…　Ⅱ.①于…　②甄…　③张…　Ⅲ.①农村学校—校长—学校管理—研究　Ⅳ.①G471.2

中国版本图书馆 CIP 数据核字(2021)第 069559 号

**学校效能视域下的农村学校校长领导力研究**

**出版发行**　冶金工业出版社　　**电　话**　(010)64027926
**地　址**　北京市东城区嵩祝院北巷 39 号　　**邮　编**　100009
**网　址**　www.mip1953.com　　**电子信箱**　service@mip1953.com

责任编辑　曾　媛　美术编辑　吕欣童　版式设计　禹　蕊
责任校对　郑　娟　责任印制　禹　蕊
北京富资园科技发展有限公司印刷
2021 年 5 月第 1 版，2024 年 1 月第 2 次印刷
710mm×1000mm　1/16；14.75 印张；288 千字；229 页
**定价 78.00 元**

**投稿电话　(010)64027932　投稿信箱　tougao@cnmip.com.cn**
**营销中心电话　(010)64044283**
**冶金工业出版社天猫旗舰店　yjgycbs.tmall.com**
(本书如有印装质量问题，本社营销中心负责退换)

# 前言

中小学校长在办学过程中起着关键的核心作用。我国著名教育家陶行知先生曾经说过：校长是一个学校的灵魂。从一定意义上讲，有什么样的校长，就有什么样的教师和学生；有什么样的校长，就有什么样的学校，一个好校长就是一所好学校。学校之间的差距，往往反映出校长之间的差距。校长不仅是学校的组织者和管理者，更是学校的决策者和领导者。我国有近百万中小学校长，身处农村的中小学校长占了很大比例。为了提高农村中小学办学水平和办学效益，促进城乡教育均衡发展，实现农村教育使命，加强农村中小学校长队伍的建设已经成为我国农村义务教育管理体制改革、建立农村教育经费投入保障机制后最紧迫的任务。

就目前而言，城乡教育之间的差距不再是经济贫困和外部条件的薄弱，而是思想贫乏和内部治理的落后。农村学校的内部治理应成为推动农村教育发展的内生动力，农村学校治理的改善与校长强有力的领导是分不开的。2017 年《中共中央国务院关于全面深化新时代教师队伍建设改革的意见》指出，要加强中小学校长队伍建设，努力造就一支政治过硬、品德高尚、业务精湛、治校有方的校长队伍。挖掘农村学校校长的领导力，培育一支具有优秀领导力的农村学校校长队伍，是学校效能提升的应有之义，对于学校内部各环节的运作都有着至关重要的作用。

农村学校校长领导力作为学校发展的重要能力，应结合社会、学校、自身等特质，发挥其优势，助力农村学校形成独具特色、充满人情的场所；同时，就内在学理而言，校长领导力也在提升学校效能的方方面面发挥着作用。然而，农村学校因其所处的自然环境和社会环境等因素的不同而表现出不同的特征，在这些农村特有的环境下农村学校校长领导力呈现出不同的现实样态。学校效能是任何一所学校办学过程中追求的目标。学校效能主要体现在培养的人才质量和办学质量上。人才培养质量通过学生学业成绩表现出来，办学质量是通过教育系统内部以及所有利益相关者的认可呈现出来。因此，校长领导力提升的前提和动力在于学校的组织与变革。

本书深度解析学校效能视域下农村学校校长的领导力。农村学校校长领导力何以重要？农村学校校长领导力何以如此？农村学校中的校长领导力与学校效能现实如何？农村学校校长领导力与学校效能何以提升？在这些问题的引领之下，逐一探究，通过将理论分析与调查实践相结合，探究学校效能视域下的农村学校校长领导力问题，旨在为农村学校校长领导力以及农村学校效能的提升尽微薄之力。

本书撰写具体分工如下：第一至二章由张雨、于海英撰写；第三、八章由甄莹、于海英撰写；第四至七章由于海英、甄莹、张雨撰写。全书由于海英统稿。

本书是牡丹江师范学院教学改革项目“地方高校乡村教师培养有效路径研究”（课题编号：20-XJ21050）的部分研究成果。本书的出版得到“黑龙江省哲学社会科学学科体系创新支持计划项目”的资助，在此表示感谢。

由于时间、水平及研究条件所限，难免对其中有些问题研究得不够深入，望各位读者批评指正。

著　者

2020 年 9 月

# 目 录

引言 …… 1

第一章　农村学校校长领导力何以重要？ …… 2

第一节　校长领导力的解析 …… 2
第二节　农村学校校长领导力与农村教育质量 …… 9
第三节　农村学校校长领导力与城乡教育均衡发展 …… 11

第二章　农村学校校长领导力何以如此？ …… 13

第一节　学校外部因素与校长领导力 …… 13
第二节　学校内部因素与校长领导力 …… 16
第三节　校长自身因素与校长领导力 …… 19

第三章　农村学校校长领导力促进学校效能提升的内在学理 …… 24

第一节　农村学校校长领导力与课程建设 …… 24
第二节　农村学校校长领导力与教师效能增强 …… 27
第三节　农村学校校长领导力与学生学业成绩提升 …… 29
第四节　农村学校校长领导力与学校文化建设 …… 32

第四章　农村学校中的校长领导力 …… 35

第一节　农村学校校长领导力的现实描述 …… 35
第二节　农村学校校长领导力差异比较的现实描述 …… 51

第五章　农村学校中的学校效能 …… 70

第一节　农村学校效能的现实描述 …… 70
第二节　农村学校效能差异比较的现实描述 …… 77

第六章　农村学校中的学校文化 …… 87

第一节　农村学校文化的现实描述 …… 87

第二节　农村学校文化差异比较的现实描述 …………………………………… 98

**第七章　农村学校校长领导力对学校的影响** ………………………………… 111

第一节　农村学校校长领导力与农村学校效能 ……………………………… 111
第二节　农村学校校长领导力与学校文化 …………………………………… 155
第三节　农村学校校长领导力与学校效能间传导机制 ……………………… 214

**第八章　农村学校校长领导力提升学校效能策略** …………………………… 217

第一节　制度与文化层面——优化领导环境 ………………………………… 217
第二节　战略层面——提供领导力量 ………………………………………… 221
第三节　技术层面——强化追随力量 ………………………………………… 225

**参考文献** ……………………………………………………………………… 228

# 引　言

农村学校效能的提升一直是人们关注的重点。在农村学校自身的环境与条件下，有效的领导实践能促进学校效能的增强。农村学校校长有哪些领导实践？不同的领导实践在增强学校效能方面是否有着相同的效果？在领导实践和学校效能间还有什么因素会起到积极促进的作用？为探讨农村学校校长领导实践与学校效能的关系，以及二者之间的中介因素，本书依据理论分析和文献分析，从学理与实践两个方面对学校效能视域下的农村学校校长领导力进行了分析。

通过理论分析和文献梳理，本书将领导实践界定为校长用来建设和改善学校的具体管理与干预措施；将学校文化界定为涵盖专业定向、组织结构、学习环境的质量、满足学生需求等方面而提供课程和服务的程度；将学校效能界定为领导实践使用的正确性及效果在教师、学生和学校发展上表现出的有利性程度。三者之间存在相互影响。

基于上述分析，设计了领导实践、学校文化与学校效能关系的调查问卷，本书研究设计的问卷以领导实践、学校文化、学校效能为三个维度：领导实践作为自变量，包括行政领导、教学领导、战略领导、包容领导、激励领导；学校文化作为中介变量，包括积极学校文化、中性学校文化、消极学校文化；学校效能作为因变量。问卷采用李克特五级量表形式，从 1 到 5 表示题目与实际相符合程度逐渐增强，分别为 1 表示完全不符合、2 表示比较不符合、3 表示适中、4 表示比较符合、5 表示完全符合。

本书研究对黑龙江、山东、辽宁三省的农村学校校长和老师进行了调研，选取黑龙江省、辽宁省、山东省各三个县，在每个县域内采用分层抽样方法选择被试。共发放 1518 份问卷，回收 1518 份问卷，剔除无效问卷，剩余有效问卷 1141 份，有效率为 75%。本书研究采用软件 SPSS20. 0、MPLUS7. 0 对调研数据进行统计和分析。问卷整体信度为 0. 948，模型拟合指数中卡方值 = 2735. 654，DF = 514，RMSEA = 0. 063，CFI = 0. 958，TCI = 0. 854，SRMR = 0. 079，各项指标值均达到基本要求，表示模型结构效度良好。通过理论分析和实践研究，以期通过对学理的探究以及现实数据的分析，揭示出其中深层的因果关系，为农村学校效能的提升提供有价值的参考。

# 第一章 农村学校校长领导力何以重要？

校长是一个学校的灵魂，他不仅是学校的实际领导者，还是整个学校发展的重要精神领袖。其中校长领导力作为一种综合性能力，是实施有效领导个人、学校必备的能力，是能够率领学校朝向一定方向前进的重要牵引力。校长作为引领学校发展的关键性人物，校长领导力是引领学校发展的关键性能力，并能为学校的发展和成长提供潜在且积极的效能。

## 第一节 校长领导力的解析

### 一、领导和领导力

“领导”作为动作名词和“领导力”对应同一个英文单词“leadership”。在《牛津高阶英汉双解词典》（第七版）中“leadership”第一条释义是“the state or position of being a leader”（领导；领导者），第二条释义是“the ability to be a leader or the qualities a good leader should have”（领导才能；领导应有的品质）。从第一条和第二条释义来看，“leadership”可根据具体的语境适当译为领导或领导者。所以在多数研究中，研究者对领导和领导力两个概念均有解读。其内涵解释也极为广泛，分别可以从社会、心理、科学、经济、教育等多个角度进行解读，这里我们主要从教育的角度对领导和领导力的内涵进行梳理。

#### （一）国外领导和领导力的内涵综述

20世纪中叶，领导行为理论开始在领导学领域盛行，而这一理论发展也很快影响到了教育领域，集中体现就是教育管理领域。但1992年以前，研究教育领导力所借鉴的理论仍源自企业领导力研究领域。1992年，美国学者托马斯·J·萨乔万尼正式提出了“道德领导”理论，至此，教育领域的领导力理论开始进入独创阶段。对于教育领导力，以下是从不同的关注点出发对其内涵进行的梳理。

突出领导能力：哈罗德·孔茨认为，领导是影响人们使之跟着去完成某一共同目标的行为，领导是一门促使其下属以其热忱和信心来完成他们的任务的一种艺术。史蒂文 L·麦克沙恩认为领导力是影响、激励并使他人能够为了所属组织的效能和成功做出贡献的能力。

突出领导过程：G·海曼和施考特认为，领导是一种程序，使人得以在选择目标及达成目标上接受指挥、导向及影响。

突出领导结果：K·台维斯认为，领导是一种说服人们热心于追求一定目标的能力。

突出领导互动性：Daft 认为领导是存在于领导者与其追随者之间的一种影响力的关系，在这种关系中，双方都寻求改变并期待其结果能够反映他们的共同目标。

在中国知网（CNKI）搜索关键词“领导”进行计量可视化分析，从国外作者分布情况可以看出（图 1-1），外文文献近年来研究数目篇数居多的作者，即研究关注“领导和领导力”较高的作者为 Kerry Barnett 和 Richard Bolden，Richard Bolden 从科技的角度阐述了领导者，所以我们主要了解 Kerry Barnett（2016）从学校领导者角度阐述了领导的内涵，与 Kozlowski Bell（2003）一致的是，认为领导学校的工作越来越多地围绕团队进行组织，其中两个或两个以上更多的人相互依存互动以实现共同的目标。一般认为团队具有潜在的效力，因为他们可以汇集各种必要的技能、专门知识和经验，解决学校环境异常复杂的问题。

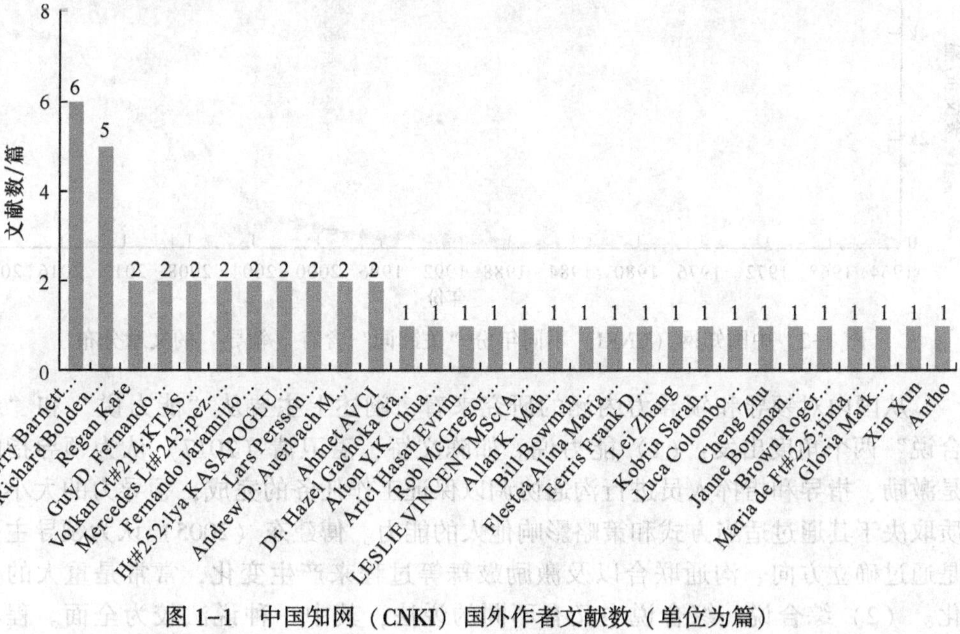


图 1-1　中国知网（CNKI）国外作者文献数（单位为篇）

从国外“领导和领导力”内涵的产生和发展到近年来人们对于它的解读，综合来看围绕着以下一些要素：领导的方式、领导的过程、领导的目的和结果以及领导的组织等，所以这里把领导和领导力的内涵综合解释为与追随者相互配合、相互影响，根据不同形式和程序，完成某一共同目标行为的一项综合性能力，需要一定的艺术和方式方法。

### （二）国内领导和领导力的内涵综述

在我国，对中小学校长领导力的研究最先兴起于我国港台地区，其研究进展和水平基本与国外同步。而在我国内地（大陆），对教育领导，尤其是对校长领导力的研究起步较晚。早期北京师范大学程正方教授主持的国家教委“八五”博士点课题“中小学校长行为类型与学校组织气氛的研究”和华东师范大学吴志宏教授主持的国家自然科学基金项目“我国中小学校长管理行为综合研究”等具有一定的代表性，这些研究部分涉及了校长的领导力。

在中国知网（CNKI）搜索关键词“领导”进行计量可视化分析（图1-2），1964年有24篇文章，随后有关“领导和领导力”研究篇数逐年上升，到1996年增长速度渐快，到2020年10月已有4145篇，且仍有上升空间，由此可知，近几年“领导和领导力”仍是研究中的热点话题。

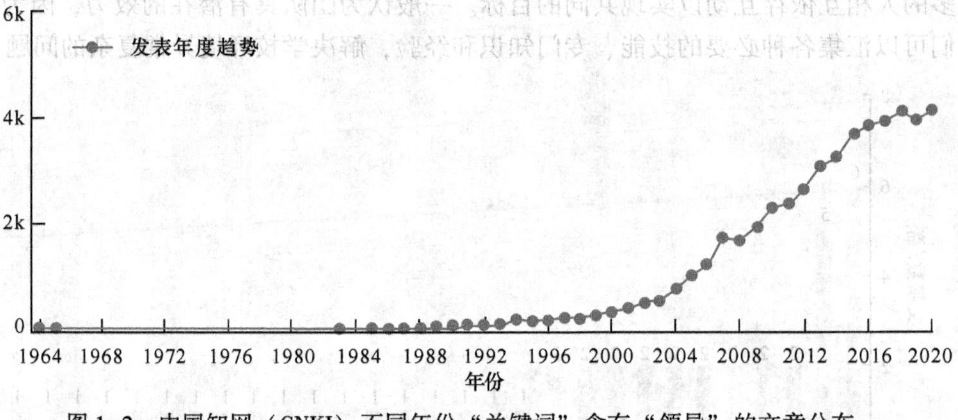


图1-2　中国知网（CNKI）不同年份“关键词”含有“领导”的文章分布

从国内对领导和领导力内涵的研究来看，阐述上主要从“能力说”和“综合说”两个角度出发：（1）能力说。如陈文娇、湛卫清（2017）认为领导指的是激励、指导和指挥人员进行沟通协调以保证工作任务的完成，领导力的大小实质取决于其通过适当方式和策略影响他人的能力。傅建东（2005）认为领导主要是通过确立方向、沟通联合以及激励鼓舞等过程来产生变化，常常是重大的变化。（2）综合说。综合说中又有不同的说法，其中一种说法较为全面。程杉（2006）认为领导是一个完整系统，领导有自身特有的组成要素，即领导者、被领导者和领导环境，任何有效的领导都是由这3个组成部分构成的有机整体，三者缺一不可，领导行为是三部分相互作用的过程，领导过程是努力实现组织目标的过程；领导者是领导过程的组织者和指挥者，在领导的3个组成部分中起主导作用。以此来看是把领导力的内涵看作了是不同要素的综合体及其相互作用的结果。比较上述两种有代表性的内涵界定，可以看出，尽管二者都把领导和领导力界定为能力，但二者是有区别的。前者把领导力作为一种普通的、单向的能力，突出能力的作用性，而后者强调领导力是一种以影响人为特征的能力，并且强调校长与学校内外相关人员的相互作用。

## 二、校长领导力

### （一）校长领导力的内涵

在中国知网（CNKI）搜索关键词“领导”的数据显示，在学科分布中与“教育”相关阐述贴合的关键词，如图 1-3 所示，包括“教育理论与教育管理、高等教育、中等教育、初等教育、心理学”所占比总计 14.39%，相比较而言，有关教育中校长领导力的相关研究内容较少，农村学校校长领导力的研究内容更是少之又少。

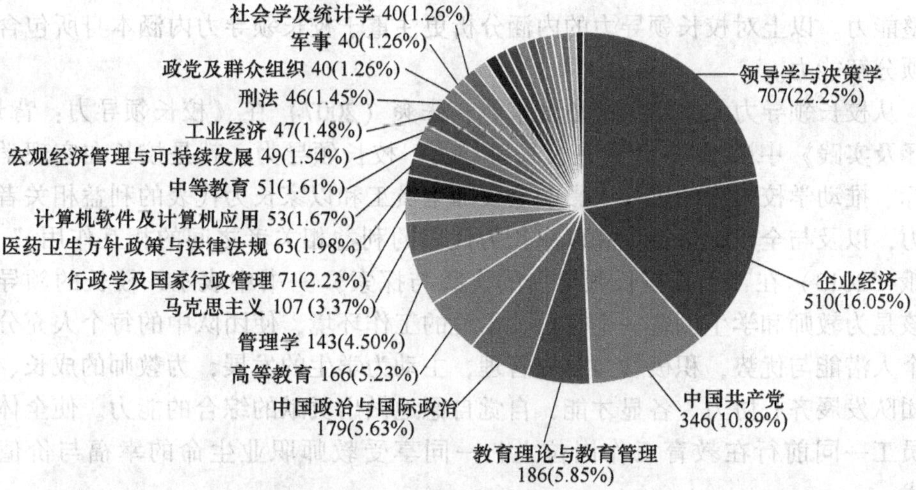


图 1-3　中国知网（CNKI）“关键词”含有“领导”的学科分布

校长领导力的概念源于西方领导学和教育领导学，在发展过程中出现了诸如领导力行为学派、领导力特质学派、领导力关系学派等不同的研究派系，导致校长领导力的内涵也存在多种解释。以下对近几年来国内对校长领导力内涵进行解读，并对 3 个派系的主要关注点进行了重新梳理。

从校长领导力行为学派的角度来看，杨清溪和邬志辉（2018）认为校长在领导力是校长在领导学校不断确立目标、实现目标的过程中展示出的综合实力，它既包括校长对全校师生和周围环境产生的影响和引导，也包括校长在与全校师生相互作用过程中和学校发展环境变化时，校长自身及时做出的适应和调整。从对内涵的解读来看，杨清溪和邬志辉更加关注校长的行动目标和其领导的结果性，但同时也涉及了一些关系学派的观点。

从校长领导力特质学派的角度来看，王铁军（2008）认为："校长领导力是指学校管理者统帅带领团队，并与团队交互作用，从而实现学校发展目标的能力。它包含了校长的价值理念、办学思想、学识、人格、情感、意志等综合素质，是驾驭、引领、发展学校的综合能力。"李伟涛认为校长领导力就是校长在学校活动中表现出来的影响力，是一种综合能力，包括对思想、质量、道德、人力资源、文化等多个方面的领导力。吴晓霞（2007）等认为，"中小学校长的领导能力是一系列行为能力的组合，而由哪些行为能力组合则要看中小学校长充当什么样的角色"。邹志刚和王鑫也认为校长领导力体现在诸多方面，如校长要和教职员工共同建立学校愿景，校长要具有使学校与新的现实协调的能力，校长应具有新的思想和透视，校长应该正直并接受差异，校长应该赋予他人权能和自由，校长要学会系统思考，校长要动员资源，尤其是人力资源等。姜超和邬志辉认为（2020）认为校长领导力既包括对内、对外的影响能力，还包含自我适应和调整能力。以上对校长领导力的内涵分析更注重于校长领导力内涵本身所包含的各项分解能力。

从校长领导力关系学派的角度来看，张爽（2007）在《校长领导力：背景、内涵及实践》中谈到："什么是校长领导力？校长领导力，就是校长在实现学校目标、推动学校发展的过程中影响全校师生员工和以家长为代表的利益相关者的能力，以及与全校师生员工和以家长为代表的利益相关者之间的相互作用。"杨凤娥（2013）在《新任校长领导力的实践与探索》一书中表示，校长的领导力应该是为教师和学生创造一个宽松、愉悦的工作环境，使团队中的每个人充分发挥个人潜能与优势，积极参与学校管理，主动为学生的发展，为教师的成长、学校团队发展齐心协力、各显才能，自觉自愿地做出贡献的综合的能力。使全体教职员工一同前行在教育工作岗位上，一同享受教师职业生命的幸福与价值的艺术。

目前，在对校长领导力内涵的理解上还存在很大分歧。本书主要从校长领导学校建设目标及结果、校长领导力本身的构成、校长组织协调人际关系三个角度出发探讨校长领导力的内涵。

### （二）校长领导力的体系构成

2013年2月，教育部颁布了《义务教育学校校长专业标准》（以下简称《校长标准》），《校长标准》明确指出校长应具备的五大理念："以德为先，育人为本，引领发展，能力为重，终身学习。"《校长标准》中依据理念制定了六项校长应具备的专业职责："规划学校发展、营造育人文化、领导课程教学、引领教师成长、优化内部管理、调适外部环境”，以及细化的60条专业要求。在研究关于校长领导力结构中，意见也并未统一，构成要素不等。在对校长领导力构成维度的相关研究中，郑燕祥教授的学校领导“五向度模型”具有代表性与权威性，在“组织领导四个取向”“五项领导力模式”基础上，郑燕祥教授提出了学校领导的“五向度模型”（表1-1），因此此模型具有坚实的理论基础。

**表1-1　校长领导力角色**

| 角色论 | 校长领导力角色解析 |
| --- | --- |
| 统筹领导 | 指领导能发展清晰的工作结构、政策和程序，促使成员对结果负责，并提供适当的技术支援，以规划、组织、协调和实践学校的政策 |
| 人性领导 | 指领导是关切的、促进参与，加强职员投入感和满意度，并鼓励积极的人际关系 |
| 政治领导 | 指领导能建立联盟支援学校，帮助解决学校成员间冲突时具有说服力和影响力 |
| 文化领导 | 指领导能鼓舞人心，有魅力，帮助成员发展有关教育的使命、价值和规范，从而建立学校的文化 |
| 教育领导 | 指领导能鼓励专业发展和改善，带动教育革新，促进教育取向和专业精神，并为学校教学事务提供专业意见和咨询 |
| 信息技术领导 | 加强学校教育现代化装备建设和更好地开展信息技术教学工作，充分发挥信息技术班长教学、服务教学、促进教学的功能，提高学校现代化教育技术水平 |

在学校变革视野下，校长领导力的各要素是校长领导学校成功发展不可分割的要素，缺一不可。校长领导力各要素不是孤立的，而是相互融合、依存，需要校长在实践中根据不同的学校发展情境和需要，不断把握各要素的不同侧重和平衡（表1-2）。

**表1-2　校长领导力要素表**

| 要素论 | 校长领导力要素解析 |
| --- | --- |
| 凌文辁等（1987） | 个人品德（简称C）、工作绩效（简称P）和团体维系（简称M），C因素起示范表率作用，P因素指向目标的完成，M因素强调对团队的维系和强化 |
| 严正（2005） | “心”“手”“脑”模型：根据领导的功能与职能，把领导力归结为四个维度，价值取向（内驱力）、趋势把握（方向力）、组织运营（执行力）、人才发展（发展力） |
| 李玉芳（2009） | 从校长领导学校层面出发，认为校长的领导能力包括决断能力、执行能力、团队建设能力和沟通能力 |
| 马龙海（2010） | 校长的领导能力包括前瞻力、培育力、执行力、开发力 |
| 饶正慧（2013） | 校长的领导能力主要取决于校长对问题的预见能力、决断能力、贯彻实施能力及感召力四层面 |
| 杨凤娥（2013） | 校长领导力包括学校文化的建设力、教育教学工作的引导力、团队凝聚的沟通力 |

续表 1-2

| 要素论 | 校长领导力要素解析 |
|---|---|
| 张忠宝（2020） | 基于管理视角，校长的领导力应体现在校长专业成长、团队素养提升和学科建设有效性上。基于课程视角，校长领导力应体现在三级课程的管理、整合和建设上。基于评价视角，校长领导力应体现在办学宗旨和办学方向上 |

对于校长领导力的构成要素，各学者分别从各个角度出发（如课程、管理、领导能力、团队等），重新组织架构了校长在领导力上的构成要素，同时各要素之间形成一个子系统，具有一个或多个接口相互交集，最终构成校长领导力协作于各子集，形成相互配合的系统。

## 三、农村学校校长领导力

农村学校校长领导力的研究归属于校长领导力的研究范畴内，随着近年来城镇化、社会主义新农村建设进程的稳步推进，社会各界对于农村教育领域的关注度逐渐提高。根据农村学校校长领导力的研究情况，研究分为农村学校校长领导力的结构研究和农村学校校长领导力的应用研究两部分。

农村学校校长领导力的结构研究：岳军祥（2013 年）通过对农村中小学校长领导力情况进行调研，归纳总结出校长领导力包括资源合理配置、信息快速接受、有效激励手段等。朱雪峰（2014 年）认为农村学校校长领导力需涵盖信息化意识、知识技能、技术应用及整合能力、规划评估能力等。赵磊磊（2018）认为校长信息化教学领导力必须涵盖三种成分：其一，对应于信息化教学目标实现的战略制定能力（即信息化教学规划能力）；其二，改善学校信息化教学环境氛围的能力（即信息化教学环境建设能力）；其三，果断决策、控制信息化教学目标实现的能力（即信息化教学管理能力）。参照校长领导力的含义，农村校长社区领导力是指在学校发展变革过程中，校长积极开发、利用农村社区教育资源，积极引导社区参与农村学校建设，促使学校和社区共同发展的综合性能力。

农村学校校长领导力的应用研究：有学者将农村学校校长领导力视为单向维度应用型研究，例如，辛尽（2012）按照校长是否可以与时俱进，是否具备科学发展观等品质作为评价农村校长领导力的标准。张志磊（2013）的研究致力于教育信息化，将学校的信息化解决方案、应用技术等作为校长领导力水平考察的重要构成。

从梳理农村学校校长领导力学者内涵的综述，及图 1-4 所示农村学校校长领导力相关的关键词可以看出，有关农村学校校长领导力在研究范围上集中在中小学教育；在内容结构上偏重于农村学校信息化建设；还有一部分研究集中在教学和课程领导力的应用上，部分学者通过自编问卷，以特定区域为调查问卷，对校长的领导力实现情况深入分析，在设计中一般采用定性分析、定量分析相结合的方式。

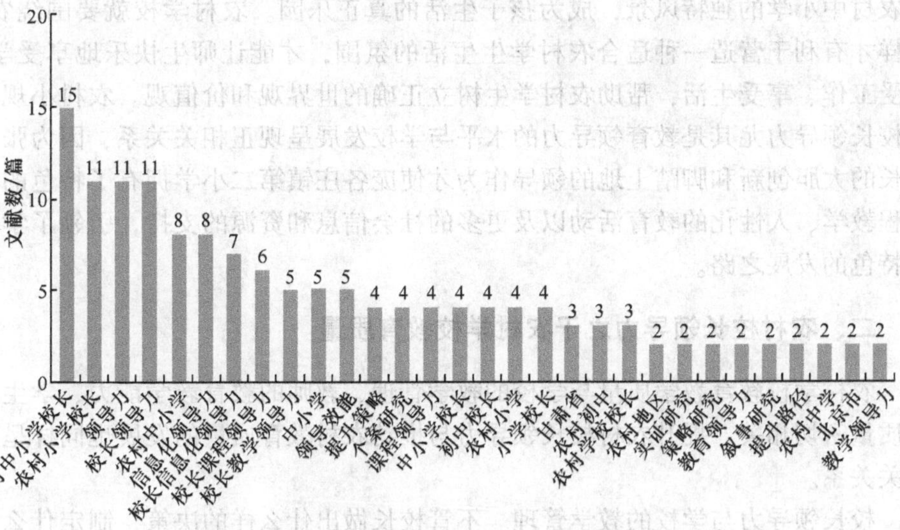


图 1-4　农村学校校长领导力相关关键词分析

# 第二节　农村学校校长领导力与农村教育质量

## 一、农村学校校长领导力之于农村学校发展

与其他社会组织机构相比，学校的特殊之处在于，它是指不以营利为目的，教育者以有目的、有系统、有组织、有计划影响受教育身心发展为直接目标并最终使受教育者的身心发展达到预定目的的社会活动的场所。校长作为国家教育行政部门或其他办学机构管理部门任命的学校行政负责人，既是学校的法人代表，又综合管理全校的校务，对外代表学校，对内主持全校校务，其有义务履行协调学校与教职工、受教育者、家长、社区的各项管理工作，维护学校的合法权益并带领学校不断向前发展。作为校长如何领导学校向前发展？目标制定如何？内容选择如何？方式开展如何？效果体现如何？每一环节都体现着校长领导力的效能。

农村小规模学校是具有较强局限性、封闭性特点的教育组织，但却有着特殊的天然资源，农村校长可以融合当地经济、社会、文化、地理等特色背景，基于本地状况，开发特色校本课程、打造特色学校文化，指导村民参与学校治理。如北京市大兴区庞各庄镇第二小学属于农村小学，张存忠校长勇于创新、大胆开拓，根据农村学校的特点，确立了田园式学校的办学方向，充分利用农村教育资源，进行特色教育活动，打通小村的壁垒，结合当地环境舍弃高层楼房，建设真正符合当地环境的校舍和教学楼，农忙时，学校在晚间开办夜校，秋收时组织学生采摘之后到集市上销售，完成劳动课程。在张存忠看来，种植养殖基地应该成为农村中小学的独特风景，成为孩子生活的真正乐园。农村学校就要围绕农村，这样才有利于营造一种适合农村学生生活的氛围，才能让师生快乐地享受学习、享受工作、享受生活，帮助农村学生树立正确的世界观和价值观。农村小规模学校校长领导力尤其是教育领导力的水平与学校发展呈现正相关关系，因为张存忠校长的大胆创新和脚踏土地的领导作为才使庞各庄镇第二小学拥有了特色的校本课程教学、人性化的教育活动以及更多的社会信息和资源的支持，引领了学校更具特色的发展之路。

## 二、农村校长领导力之于农村学校教育质量

农村学校教育教学质量与学校的教学管理、教师的教育教学能力、学生的学习质量密切相关，提升农村校长领导力与推动农村教育质量的发展也同样呈现正相关关系。

校长领导力与学校的教学管理。不管校长做出什么样的决策，制定什么样的制度，进行什么样的改革，其最终目标都是为了培养更多更好的人才。但是，培养人才和生产其他产品不一样，人有主体性，而物没有。因此，能否培养出人才，能培养出什么样的人才，并不以校长的意志为转移。校长所做的决策只有被学生认可时，校长制定的规章制度只有能满足学生发展的需求时，校长进行的改革只有能被学生承受时，校长才能对学校的教学管理产生积极的影响，校长的领导力也才能发挥作用，才能推动学校教育教学质量的提高。

校长领导力与教师的教育教学能力。北京教育学院吕蕾（2018）基于北京市18所郊区学校校长和1577名教师的调研数据，利用SPSS25.0软件对数据结果进行统计和分析，得到农村校长教学领导力对教师发展有显著影响。在早期的研究中，校长领导力聚焦于学生的学习，教师作为校长和学生之间关系的纽带，其重要作用也开始受到研究者的关注。近年来，越来越多的研究关注集中在校长领导力对教师行为或态度的影响上，包括对教师投入、个体或集体效能感、信任、教学实践和专业学习等方面。对教师投入而言，校长教学领导力对其的影响既可以是直接的，也可以通过教师效能感间接产生影响，对教师效能感而言，校长教学领导力对其有正向的作用，且许多研究将其作为中介变量，如校长教学领导力能够通过教师自我效能感间接影响学生的成就，校长教学领导力还能够通过影响教师的教学实践间接影响学生的学业成绩。在教学中，效能感与教师对自己影响学生学习能力的信念有关，而教师的教学效能感则与其为了确保学生成功而表现出的努力和坚持直接相关。多项研究表明，教师教学效能程度高，对教师的心理健康有积极的影响，可以对学生的成就和动机产生影响，即可有效提高其教育质量。[17]因此，校长的领导行为能激发教师的内在动力，并转化为他们的内驱力。

校长领导力与学生学习质量。学生的身心成长受到家庭、学校和社区的共同

影响。学生在学校的表现校长和教师比较容易把握。但是，孩子回到家里和社区中的表现，学校就很难把握。学生在家里的玩伴、家庭环境、社区环境等会对学生产生直接影响。有些影响可能同学校的影响方向一致，有利于学生的身心发展；有些影响可能同学校的影响方向相悖，不利于学生的身心成长，比如很多学生放学回家就去上网、打游戏、去河边等不安全的地方游泳、站在赌桌前等家长等，农村社区环境的某些因素显然不利于学生身心发展，这时学校领导需要主动作为，了解孩子放学回家所处的社会环境，从而对学生及其家长进行一些必要的提示，也可以开展专门的亲子教育，以便引导家庭和社区创造有助于学生身心发展的环境。对家庭、社会环境的准确把握，有助于全方位认识学生的表现，注意到学生身心特点和波动情况，有助于对学生学习质量出现的问题进行准确归因，从而对症下药。因为读懂学生是开展有效教育教学活动的重要前提，也是创造性、针对性地开展有效教学的重要条件。

## 第三节　农村学校校长领导力与城乡教育均衡发展

1986年我国颁布实施《中华人民共和国义务教育法》，提出我国实行九年义务教育制度。到2011年全面普及义务教育用了25年的时间，根本上解决了适龄儿童“有学上”的问题。但是，当解决了“有学上”的问题后，由于全国在区域之间、城乡之间、学校之间办学水平和教育质量存在明显差距，又出现了人民群众不断增长的高质量教育需求与高质量的教育供给不足的矛盾，形成了“上好学”的难题。[18]因此，为了全面深入推进义务教育均衡发展，着力提高郊区学校、农村学校、薄弱学校等学校的办学水平，提高义务教育质量，努力实现所有适龄儿童青少年“上好学”，成为农村校长领导学校发展的又一难题。

在教师质量及客观环境上农村学校与城市学校差距发展渐缓，但如何防止农村受教育人员缺乏、流失，如何利用乡土的情感再次缩小城乡之间的差距成为现实性问题。中国社会在城镇化、市场化快速推进过程中，广大农村社区的生产方式、生活方式、交往准则、社区文化、教育期待等也发生很大变化，和校长的城乡教育均衡的用力点正好相悖。在生产方式上，现在国家的农业政策正在提倡集约化、现代化经营，这会大幅度提高农业生产效率。这意味着在广大农村地区，较少农村劳动力便可以完成较多农业生产任务，这在客观上会导致大量农业人口剩余。大量农业剩余劳动力转移，就会带来农村留守儿童教育问题和城镇随迁子女教育问题。以上农村社区经济、人口等方面的变化同学校发展密切相关。社区的经济环境同教育财政供给有关，进而同学校的资源保障有关。社区发展的人口趋势更是直接影响学校生源，进而同学校布局和发展规模相关。社区的自然地理环境也会影响孩子的上学交通安全等问题，这是当前教育安全领域强调比较多的话题。社区氛围也会影响孩子的成长，相对清静、文明、积极的社区氛围，会有助于孩子的习惯养成。社区的生产生活方式变化，带来家长教育观念、教育期待和教育要求的变化，这些都同孩子的身心发展直接相关。因此，校长需要对社区发展环境有很好的把握，这样才能有助于学校从发展环境中看到挑战和机遇，主动作为。对于农村校长来说，必须在思想上高度重视社区环境对农村学校的影响，必须在行动上主动接触农村社区，这样才减缓环境变化对农村学校的冲击。

# 第二章　农村学校校长领导力何以如此？

关于校长领导力的影响因素，从宏观来说可以归纳为人的因素和环境的因素，但是由于分析的侧重点不同，使得影响因素也错综复杂。例如，张雷（2014）从校长领导力发生作用的过程进行分析，中小学校长在决策行为、组织方式和执行效果方面的问题主要受其个人角色、组织方式以及共同目标的影响。赵磊磊（2018）从农村学校校长信息化教学领导力的角度进行分析，认为感知易用性、感知有用性、使用态度、行为意向、信息化教学领导力与校长信息化领导力存在相关性。但在大环境综合比较下影响校长领导力的因素包括校长个人自身因素、学校因素、教师因素、教育制度因素以及社会环境等众多因素，本章主要从学校的外部环境、内部环境及校长的自身因素三个维度出发比较分析不同层次、不同要素、不同影响力对农村校长领导态度、领导动机、领导行为和领导水平的影响。

## 第一节　学校外部因素与校长领导力

"人创造环境，同样环境也创造人。"马克思这句名言深刻地揭示了人的发展与社会环境之间的相互关系。校长领导力与学校外部因素中社会软、硬环境均有着直接和广泛的影响关系，不仅影响着农村校长的领导态度，同时也影响其领导行为，是校长领导力产生的基本因素。

### 一、社会软环境与校长领导力

软环境是相对硬环境而言的一个概念，它是指物质条件以外的诸如政策、文化、制度、法律、思想观念等外部因素和条件的总和。软环境，是指由传播活动所需的那些非物质条件、无形条件之和构筑而成的环境。就存在形式来说，硬环境是一种物质环境，软环境是一种精神环境。这里主要分析当地的精神和制度两个维度对农村校长领导力的影响。

#### （一）教育氛围及文化背景

我国农村人口众多、农村人口基数大，农村教育占比和需求是巨大的。根据调查，农村家长的学历以小学、初中居多，专科以上学历水平占比较低，受各方面经济、政治、传统文化因素的影响，农村家庭对于教育的看法大致分为这样几种类型：第一类家庭，这些家长都是在城市里无法找到工作，不得不留在农村的，一般来说他们文化水平都很低，只有小学或者初中，全家人靠务农为生。第二类家庭，是绝大多数的，家长还是支持孩子学习的，他们深知务农的艰苦，想让孩子通过学习改变命运。第三类家庭，父母外出打工，孩子交给爷爷奶奶来带，也称为留守儿童。综合来看，在三种类型中绝大多数是对教育有一定的期望的，这种期望与校长领导力的发展是呈正相关关系的。家长和当地居民如果多数呈现的是对教育的抵制情绪，相应的对校长领导力的施展意愿和行为也会造成不同的影响。因文化的多元性，教育也必然会日趋多样，多元化色彩体现在教育的各个方面，如课程教材的多元化、教学模式的多元化等。校长需要面对文化的多元性做出不同的改变，多元的文化对校长领导具有正向支持和反向影响效果。一方面会打击校长领导的积极性，另一方面又是迫使校长领导学校改革创新的动力，无论农村校长能否适应特色和潜在多元文化，多元文化是否能够对校长领导意愿和行为产生推动力，都应该给予正向的引导。例如，邓州市陶营乡代营小学“一对夫妻一所学校”的张士柱校长和他妻子，以及让1600多名贫困女孩走进大学的女校长张桂梅，无数的例子展示了山里人对教育的渴望，支撑他们扎根农村，了解当地的故事，感受当地的文化氛围，拥有改变现状、领导和建设农村学校的意愿和行为，这样鲜活的案例才是我们应该发扬的。

### （二）教育制度及体制机制

教育制度是指国家各级各类教育机构与组织的体系及其管理规则，与它相互联系的有两个基本方面：一是各级各类教育机构与组织的体系；二是教育机构与组织体系赖以生存和运行的整套规则，如各种各样的教育法律、规则、条例等。制度不仅是理解历史变迁的关键，更是深入了解现实社会组织运行与个人内部活动和外在表现的关键。因此，制度对学校运行和校长治校行为的影响是首当其冲的。制度因素对校长领导力的形成起着导向作用。在教育发展的不同历史时期，校长选拔制度直接影响校长领导力的内涵和标准。在中华人民共和国成立初期，小学校长的选拔要求的是阶级出身、政治觉悟、对党的忠实程度。改革开放后我国对小学校长的选拔要求重点放在对教育事业的忠诚，较高专业素质、合格的学历要求、比较出众的管理能力。2000年，全国范围内校长第一期和第二期培训基本完成。我国对校长的任用、选拔、培训制度实现了正规化、规范化、科学化，对校长的选拔程序也更为科学合理。正是在校长任用制度日益完善的环境下，小学校长非常重视自己领导能力的提高。

在我国，制度属于“基本属性”范畴，体制属于“实现方式”范畴，社会主义的教育制度决定了教育体制的根本属性和主要特点。政府、社会和各级各类农村学校之间的相互关系及其组织运行方式构成了农村教育体制，这三要素的相互联系和作用的手段、方式及其原理构成了农村教育机制。因此，农村校长的领导态度和作为深受体制机制的影响。这种组织文化沉淀于校长群体中，形成了我国小学校长组织文化的明显特征。综上所述，一方面由于我国的制度、体制及机制因素，使我国的校长与国外校长相比，形成了我们的优势，即我国的小学校长执行力强、内部管理能力强；另一方面，发达国家的小学校长在制度创新方面、教师文化引领方面、社区合作方面比我国的小学校长更有自主权。随着各项制度的日益完善，我国越来越重视校长综合领导能力的发展。

## 二、社会硬环境与校长领导力

硬环境，是指由传播活动所需的物质条件、有形条件之和构筑而成的环境。社会硬环境是学校发展的基础条件，校长应了解的情况包括社会提供的地理条件、资源状况、基础设施、基础条件等。只有充分认识到教育与当地的社会、经济、文化和科学技术的紧密联系，才能更好有效地发挥其领导行为。

### （一）基础的地理条件

由于我国教育发展不均衡，即使是同一区域内学校发展也是不均衡的，因此，多数人认为农村地区在地理位置上不占优势，农村地理位置的边缘与孤立化较多，“老少边穷”地区是对农村大多情况的映象，农村地区在地理位置上远离城市中心，城市教育与农村教育相比占有地理优势、发展优势以及资源配置优势，农村资源的配备与学校的硬件设施方面相对缺乏。这些地区的划分使人们对农村地区的认识更为局限。学校校长应该充分认识农村地理条件的先天优势，如远离城市的喧嚣、山容地貌的特色性以及乡土文化等，让教育与农村地理条件的先天优势紧密联系在一起，在此基础上推动学校的发展。

### （二）基础的经济条件

农村与城市经济差距正逐步趋缓，主要原因在于国家对农村扶持与补助持续加大。但即使国家为农村教育投入工作付出巨大努力，但实际投入中偏向城市教育，城乡差距的格局没有根本改变，中国作为农业大国，乡村人口占全国人口的70%，经济发展相对缓慢，农村财政比较紧张，各种经费异常使得教育经费投入不足，从而导致农村学校的可持续发展难以实现。相对于城市教育而言，农村教育更需要关注与投入。

### （三）基础的技术条件

多媒体技术、网络技术等已逐步进入农村社区，校长的多项领导工作可通过网络来完成，在教师、教职工管理上，以往运用规章制度约束师生行为的“形式约束”型管理正发生变化，学校管理不再是单纯的“人+财+物”，不再是按等级层层负责的“上下一条线”管理，师生、非教职工作人员都可以通过网络畅所欲言。在学生发展上，现代教育理念引导下虽然认为学生成绩不是最重要的，但是实际工作中往往又把成绩看得非常重，工作重心难免会倾向于提高学生学业成绩，从而忽视学生其他方面素质的培养，这也导致许多农村学校的发展呈现千校一面。网络技术的普及有助于校长实现各维度之间的相互沟通和配合，促进学生的综合素质的培养，提升各方面领导的时效性。[19]

## 第二节 学校内部因素与校长领导力

校长的领导力形成是在学校内部环境中不断磨炼、提升和升华的。对于一个校长来讲，负责全校工作是校长的责任与义务。校长是否能够适应学校环境、改造学校环境，建设一个良好的学校环境，是校长领导力形成的三个标志性成果，也体现了校长领导力发展的速度、质量和格局。

### 一、学校软实力与校长领导力

学校内部的成长理念、发展目标及校园各项组织制度、组织人员的情感态度等一系列的认识与转变与校长领导力是分不开的，学校内部发展理念与情感氛围的凝聚也是考量一名校长领导能力的关键因素。本节从学校发展理念、人际环境、管理制度及学校声望四个主要维度出发分析对校长领导力的形成和影响作用。

#### （一）学校发展理念

首任校长对校长职业生涯影响具有奠基性影响，这种影响会在学校的发展过程中具有潜在体现。首任校长的思路与工作作风、办学理念会对新校长未来的职业生涯产生影响。如果长期在某一类校长的理念下开展工作，就会主动或被动地接受这一校长的理念。这种潜移默化的影响是不可低估的。当整个农村小学如果是处于一个相对较小的环境背景下，其潜在影响性会更高。校长在潜意识下会顺延学校的发展理念及发展目标，规划学校的发展方向，这种奠基性的发展理念和目标的影响具有两面性，好的一面是校长在领导学校时得心应手、自然顺畅，坏的方面是会对校长在领导学校发展的过程中产生一定的禁锢性。为了提高校长领导力水平，校长必须要取其精华、去其糟粕，具有继承发扬和突破创新的精神，在原有的领导理念的基础上必须进一步改革，顺应时代发展，突破原有禁锢，形成适应时局的领导观念和做出适时的领导行为。

### （二）学校人际环境

在学校内部是由校长、中层领导、教师、学生组成的一个制度化的组织体系，美国学者罗斯高（Scott Rozelle）带领自己的团队在中国做了37年的研究，他们采用行动研究的方法，其目标是缩小城市和农村教育差距，主要要从发展农村教育入手。他们的研究数据显示，中国农村教育发展过程中很多事情不是校长一人可以解决的，有很多因素在影响校长领导力的发挥，作为学校的利益相关者，必须要重点关注群体对于农村学校的发展影响[20]。其中作为与农村学校发展、学生培养质量有直接关系，学校内部成员构成较多的教师，与农村校长的关系一般表现为领导与被领导的关系，这种关系很容易使被领导者表现出被动的工作状态，这自然对领导者的领导效能产生不利影响。怎样才能将教师的这种被动变为主动，从而很好地协调领导者与被领导者的关系？“专业情感”是一剂良药，作为农村校长关注和关心的问题，如果是专业知识、专业能力这些基本素养，可以通过培训来提高，但是专业情感的培养却并不简单，况且对于目前各方面条件都比较薄弱的农村来说，伯仲之间教师专业情感的价值和重要性表现得越来越明显。教师的专业情感可以作为校长领导的替身，帮助校长协调和控制学校的管理工作，使得教师从下属变为自我管理者。如果校长与教师之间疏于沟通，每个教师都只关注自己的学生，则整个学校系统表面上运行有序，实际内部并没有形成坚强的发展合力。依靠理性权威的制度建立起来的团队在学校发展良好的基础上可以有效发挥作用，但是对于薄弱的农村学校来说，需要的是精神的团结，需要校长将教师的责任意识激发出来，使整个学校形成一个共同体，只有这样才能保证校长的领导效能。

### （三）学校管理制度

学校内部管理环境实际是一把双刃剑，好的校长能在改造薄弱学校的过程中提升自己的领导力，并得到了教师和中层领导的认可，获得更多的配合与支持。相悖于校长会对校长的领导力在组织层面、文化引领、师资建设上形成障碍，使校长的领导力提升受阻。在学校管理中，相应的政策和制度会影响校长领导力的发展，其中有直接关系的就是校长评估制度，如果对校长的评价不合理，校长有可能在工作中失去动机和方向，在学校重大事件的决策中把握不当或行事不利，这些都势必会影响校长领导力的提升。在农村学校，学校没有对校长评估的规定体系，对校长的评价基本等同于学校评价指标体系，这样就忽略了校长个人的素质和工作绩效。比如把学生学业成绩作为评价校长的重要指标，而且评价内容在评学校与评校长之间指向模糊，这样的评价标准是不合理的，没有考虑学校不同规模、基础资源的具体情况，进而导致校长们在工作方向上容易产生偏离。另外校长负责制与校长所有制界限模糊，学校出现的有些问题并不是校长个人导致的。其他非校长因素引起的问题可能最后也会惩罚到校长身上，追究校长的责任，虽然校长是学校的负责人，应该负责学校的全面事务，但是有很多问题确实不应该让校长独自承担。例如，将农村现在教师队伍存在人员流失、职业情感倦怠等问题全部归因问责于校长，对校长的领导决策是一个打击。著名社会学家费孝通说过：乡土社会是一个人情社会，走进农村小学你会发现在这里人情比制度显得重要。换句话说人情比制度管用，教师们与校长之间或多或少都有些情感联系，行政命令在很多时候都让位于人情。

### （四）学校声望

学校声望降低使得校长领导力逐渐走向虚化，即校长可能面临无生源可领导的尴尬境地。学校声望主要指学校在家长、社区、教育系统内部中的影响力，涉及学校的口碑并且与学校发展状况有一定联系。学校声望对校长领导力的影响具体表现在对校长工作提出的挑战，例如学校声望降低导致家长对学校失去信心，阻碍家校合作的畅通，甚至导致生源逐渐减少。学校发展状况、家长教育观念等内外在表现疲软是导致当前农村学校声望低的两个关键因素。在国家大力扶持农村学校之前可能是农村学校的发展状况导致自身不断失去声望，进而影响学校在农村家长心中的地位，但是影响家长教育观念的因素当主推是城镇化的影响，正因为家长对农村学校不抱希望才会发生对其态度的改变。近年来我国的城镇化进程迅猛发展，在广大的农村地区随着部分家庭经济条件的提高、家长对子女教育问题的关切、对优质教育资源的渴望和追求，加之当前农村学校不能满足这种需求下，农村学校便逐渐在这部分家长中丧失权威，失去良好的口碑，于是家长把孩子送到城里，或者送到他们认为相对好的民办学校。虽然近十年国家对农村教育加大了投入，学校校舍、多媒体设备等硬件条件都进行了改善，但是家长的教育观念、对农村学校的看法并没有随之改变，这时候农村学校的声望又反过来影响学校的发展，影响学校在家长心中的地位，公立的农村小学在这种恶性循环下发展之路举步维艰，这是对每一个教育工作者提出的挑战，其中包括校长。怎样能够提高农村学校的声望，吸引学生回流，是对校长领导工作的期待和挑战，由此就必然要求校长发挥其领导作用，重新塑造学校的形象。

## 二、学校硬实力与校长领导力

学校的物质环境主要包括学校的地理位置、学校的校园布局、学校的教室环境、学校的教学设施、教学设备等。学校的硬实力总体上会影响校长领导力形成和提升，对校长来说学校薄弱的外在条件会对校长的领导产生极大的挑战。社会系统理论的一个核心概念就是多元诱发因素，学校的外在条件薄弱，这其中肯定有很多因素在起作用，例如，学生人数少，生均公用经费就少，校长的财政支配就受到了限制等。回归到本源可以把学校的硬实力等同于可支配的财政资源，但是回归到学校内部原因，两者之间是相互影响的循环关系，即主要问题源于学生与校长。首先学生在数量上影响学校环境的改变，校长管辖和领导的形式与内容均要结合具体学生规模等实际条件适时发生变动；同时校长的领导力对学校生源的吸引也是重要的影响因素，两者之间是一种互补关系。其次学生的质量主要包括学生的认知能力、发展能力等，其对学生学习的成长和发展产生影响，学生的成长和发展是家长评价学校最直观的因素，也是评价一个校长领导能力的间接因素，家长也是影响学校成长和发展的又一重要因素，其有助于提升学校的外在环境，相对于校长的领导工作而言，学校的地理位置、学校的校园布局、学校的教室环境、学校的教学设施、教学设备这样的基础性环境均会影响校长领导力的发挥，即影响校长领导力的提升。学校校长认识学校管理环境，了解学校管理的程序与问题，总结学校管理现状的历史缘由，思索提升学校管理环境的思路，最后改变学校管理环境的过程就是校长领导力的形成、提升、完善的过程。

## 第三节 校长自身因素与校长领导力

除了学校外部因素和学校内部因素，校长自身的因素对领导力也会产生很大的影响，如果考虑到校长领导力的特性，校长自身的因素如性格、处世风格、家庭背景、受教育程度、宗教信仰等很多因素虽然都会对领导力产生影响，但是上述的因素具有不确定性，即当前无法证明对领导力水平形成和提升是正向的还是反向的作用。因此我们从个案中总结归纳个人因素对校长领导力的影响。

### 一、校长软条件与领导力

个人素养与校长领导力有着直接关系，校长要明确自己的角色的定位，只有利用个人特质，树立终身学习的理念，才能综合形成领导能力，提升领导效能。

#### （一）角色认知

角色认知是人们对布置给他们或对其要求的工作职责的了解程度。任何一种角色行为只有在对角色认知清楚了解的情况下才能扮演好，角色认知是角色扮演的先决条件。在不同的时代的背景下，研究学者对校长角色研究的关注点也不同。例如，从校园安全的角度来看，陈亮和龚洪（2016）认为校长作为义务教育学校的行政首长，在校园安全管理中扮演着第一责任人、统筹者和督导者的角色，承担了义务教育学校校园的整个安全管理职责。[21]从信息化的角度来看，闫寒冰等以信息化领导力与变革领导力两个方面的关键要素构建研究框架，从愿景影响力、数字时代的学习文化、卓越的专业实践、系统性改进和数字时代的公民素养四个方面阐述了校长信息化领导力的构成，将变革领导力描述为领导者和员工互相激励，以达到更高道德水平和动机要求，从两个要素的观点确定了信息化下校长领导和变革的内容及角色定位。[22]另外张新平以伯恩斯的变革型领导理论透视我国校长的领导行为，发现我国中小学出现“官迷”校长、“商迷”校长等角色错位现象在学校仍时有发生。那么实际学校管理中校长是如何看待自身的角色这是非常重要的，每种角色的认知都会导致校长表现出不同的社会行为，影响校长的领导态度和领导行为。因此，帮助校长树立正确的角色认知，摆脱迷茫，摆脱擦边球，给予校长明确的角色和工作定位，不仅需要校长自身提高学习能力，在校长培养、培训方面更应该对农村校长角色认知上有所倾斜和侧重，让校长真正把符合农村需求的校长角色应用到领导学校实际变革中去。

（二）校长个人特质

国内外研究证明，校长的个人特质会随着个人生涯而不断改变，所以在不同的发展阶段对他的领导力影响力度也是不同的。校长的个人特质因素主要包括其自身的生理心理特质、文化教育程度、工作经验、工作能力、价值观、道德修养、工作目标与期望等。[23]人的个性特征在不同阶段，在不同人的身上显现出不同的变化，也对校长领导力的形成和发展产生不同的影响。这里我们主要从校长的生理心理特质分析对校长领导力的影响，由于校长自身的性格、气质、个性禀赋不同，显现出了明显的个人特质的不同，如果校长身上表现的特征是谦和、认真、自信、严谨、乐观、自主、乐于接纳他人、果断等，则在校长领导的过程中会给予积极的影响；相反，悲观失意、好吃懒做等特质也会对校长的领导产生阻碍影响。个人特质的形成受性格特点、家族遗传、儿童少年时期家庭氛围、学校教育和后天有意识的培养等因素的影响，在不同人身上差距很大。[24]作为校长首先要保持诚实、公正、平等、拥有亲和力；其次在管理素质方面要有开阔的眼界、深远的战略思维以及正确的价值观念；最后在领导素质方面校长要拥有强大的影响力、良好的协调能力、有效的沟通能力，这样优良的品质和素养对校长开展领导工作有巨大的支持力量，与其具有双向性的，其个人特质必然受其领导风格和领导方式的影响，校长只有不断提高自身的领导能力和领导素养，才能不断提高个人权威的影响力，从而真正实现校长的有效领导。

（三）职业情感

职业情感（occupational emotion）是指人们对自己所从事的职业具有的稳定的态度和体验。有强烈职业情感的人，能够从内心产生一种对自己从事职业的需求意识和深刻理解，因而无限热爱自己的职业和岗位。苏霍姆林斯在谈到关于“如何做校长”这一话题时提出校长应该具备三种素质，其中之一就是职业情感，他认为在校长的精神世界中职业情感是必须具备的，是区别于行政管理手段的一种领导艺术。农村学校校长更应如此。农村学校校长的职业情感是带有一定使命感和责任感的。农村学校校长大多出生于农村，他们就职于自己的家乡，也可能成年入职之后进入到陌生的农村。但是无论他们来源于哪儿，又留于哪儿，他们留在农村共同的原因就是他们放不下这片土地、这份乡情以及这里的学生。随着校长的成长，他们所留的地方有了自己的亲人，自己所熟知的事务，对这片土地产生了更加深刻的眷恋。任何优秀领导力的背后都有一份对职业的深厚热爱。难以想象一个不喜爱自己职业的人能够在工作岗位上表现优异。真正研究和关切农村学校校长领导变革的根本源头就应该从他的职业情感背后的故事出发，因为它是产生校长领导和变革的力量的动机，可以说校长的这份职业情感时时刻刻都在影响校长领导力的发挥。农村学校由于地理环境、人文环境等因素的影响与城市并不具备吸引力，如果情感的因素消失了，内在动力也不会持久，在这种情况下校长怎么能够带领这里的农村学校发展和变革。

### （四）终身学习的理念

校长只有不断提高学习力，树立终身学习的理念，适应社会发展和个体发展的需要，才能有效提升其领导力的水平。终身学习与校长领导力是一组不充分必要条件，终身学习的人不一定将习得的素养应用在校长领导上，但是作为一名优秀的校长，想领导好学校的发展就一定需要有终身学习的理念。在当前快速发展的时代背景下，我们经历了农业社会、工业社会，现在已经进入了每时每刻都有新的信息和技术产生的信息化社会，一个好的领导应该与时俱进、不断探索，如果脱离时代前进的步伐，校长领导效能必然会受到影响。校长具备终身学习的理念，并且在工作中践行这种思想，第一有利于自身领导能力的提高，可以更加有的放矢地促进教师的专业发展；第二可以带动学校其他人员，最终有利于在全校形成一股学习的热潮，使学校成为一个热爱学习的共同体。校长必须要有终身学习的精神，在实践中不断充实自己的教育理论知识和实践经验。首先要不断加强理论学习，校长只有对现代领导科学、管理科学、教育科学、教育政策法规知识以及校长学、管理哲学、教育科研方法等课程进行深入学习和把握，建立起广博的知识结构体系，不断提高自己的理论素养，更新教育理念，才能引领学校向更高层次发展。其次在实践方面，不要照搬他人理论研究和系统方案应用于自己的学校，而是要结合自身的实际条件，深入本校的各项工作，发现其不足，找到其根源，深入解决内部问题和根源问题，通过不断吸收新的理论知识和脚踏实地地总结实践经验，使自己各方面领导能力和领导水平得以加强。只有建立在不断学习的基础上，深厚的教育理论素养以及综合的知识储备才是校长领导力形成的基础。

## 二、校长硬条件与领导力

成功的校长拥有把先进的教育理念内化为自己的理性知识体系，以此分析学校的管理实际经验，在自己的理论知识、文化素养、管理经验中寻找解决学校问题的根本性的、具有长远意义、对学校发展具有战略性的目标并全力付诸实践的能力。这些前期知识基础和经验沉淀是提升校长领导效能的硬性条件。

### （一）校长的科学文化底蕴

校长只有具备所需的科学文化底蕴才能成为一名合格的校长，甚至不具备于此的人是不能成为一名校长的，成为校长前是需要经过一定的选拔进行任职的，选拔中有关校长的科学文化底蕴考核是重要条件，因此校长的科学文化底蕴是校长领导力形成的必要条件。作为校长在领导的过程中也是需要建立在底蕴基础上的，因为一个拥有较强领导力的校长是不可能不注重科学文化知识的，所以校长领导力的发展同样需要科学文化底蕴。校长具备的科学文化底蕴具体包含以下内容：一是本体性知识。本体性知识是教师具有的特定的学科知识，从农村的实际情况来看，甚至有些城市学校，校长除了行政管理外，还有一个重要的身份就是某一学科的教师，并且选任校长的方式中有一种是需要校长经历教师选聘到学年主任再到中层领导再到校长，所以本体性知识是校长成长的必要性知识。二是条件性知识，主要是指教育学、心理学和教育管理等知识。三是文化性知识，一般是指人文知识、社会科学和自然科学知识，以及基本的艺术素养。目前我国农村学校校长基本都经过师范专业的训练，掌握了一定的科学文化知识基础，在进入学校中层领导岗位后通过不断培训、交流提高了教育理论知识，特别是教育管理理论知识，开阔了自己的视野。进入校长领导岗位后，通过上级行政部门的组织，自己对教育管理实践的反思，向名校长、教育家型校长的学习，逐步形成自己的办学理念。这是校长领导力形成的理论基础。即使校长任职后，教育理论的水平直接决定校长领导力提升的速度和校长领导力的实际执行效果。一个领导力很强的农村学校校长需要不断提高自己的文化素养，了解我国传统文化和国外优秀文化的精髓，充实自己，以自己深厚的文化素养和人格力量来影响教师、带领教师投身于学校发展当中。

### （二）校长职业生涯经验

校长职业生涯与校长领导力的形成具有直接关系，对校长领导的风格、行为特征影响尤为明显。我国的农村学校校长成长主要分为四个阶段，第一阶段是优秀的教师、班主任阶段；第二阶段是中层领导阶段，因工作出色，被选拔为学校中层干部，开始积累管理经验和管理能力；第三阶段为副职校长阶段，通过竞聘、群众推荐、上级任命等形式担任副校长；第四阶段为正职阶段，担任农村学校校长。这一校长成长特点，使得我国农村学校校长的成长经历具有同质化的特点。我国农村学校校长具有相似的职业生涯经历，形成了思维方式、工作方式和处理问题方式的相似性。根据职业生涯发展规律，农村学校校长在入职初期形成的职业理念、行为、伦理、处理问题的准则将对一生产生很大影响。在其职业生涯的行进过程中，其领导能力也随之成长变化，深圳市宝安区海旺学校张云鹰校长研究表示，校长成长以及考验校长领导力要经历这样几个时期：起始期。在校长生涯的起始阶段校长应该进行角色审视与自我调整，这个时期是遇到的挑战最多、最棘手，也是校长能力的提升的重要时期，校长的在这个时期需要三项能力，即解决信任危机能力、学校顶层设计能力以及队伍建设发展能力，这是冲破新手期桎梏、走向发展期的关键。发展期。需要开发课程并明确教育理念的时期，所以需要课程开发实施能力、美学渗透引领能力、教育主张提炼能力这三项能力。成熟期。需要整合资源形成教育体系的时期，需要形成教育体系能力、构建学校文化能力、协调整合资源能力。整合其他有利于学生发展的资源，是一个成熟校长应该努力的，也是一个校长领导力形成和发展的集中体现。

校长的领导力是一项综合性的能力，从领导态度、领导行为、领导过程、领导效能的不同角度分析，综合性的影响因素较多，其波动也较大。但农村学校校长领导力作为学校发展的重要能力，应结合社会、学校、自身等特质发挥其优势，助力农村学校成为独具特色、充满人情的场所。

# 第三章 农村学校校长领导力促进学校效能提升的内在学理

校长是履行学校领导和管理职责的专业人士，校长的有效领导在指导学校的整体发展、激发教师的工作热情、实施有效的教学和促进学生的学习方面起着重要作用。在我国，“一个好校长就是一所好学校”的论断已为社会所认可。越来越多的校长培训计划将校长领导力的提高与学校整体教育质量的提高联系起来。

就目前而言，城乡教育之间的差距不再是经济贫困和外部条件薄弱，而是思想贫乏和内部治理的落后。农村学校的内部治理作为推动农村教育发展的内生动力，农村学校治理的改善与校长的强有力领导是分不开的。2017 年《中共中央国务院关于全面深化新时代教师队伍建设改革的意见》指出，要加强中小学校长队伍建设，努力造就一支政治过硬、品德高尚、业务精湛、治校有方的校长队伍。[1] 挖掘农村学校校长的领导力，培育一支具有优秀领导力的农村学校校长队伍，是学校效能提升的应有之义，对于学校内部各环节的运作都有着至关重要的作用。本章将从校长领导力作用之下的学校课程建设、文化建设、教师效能、学生学业成绩等方面论述农村学校校长领导力促进学校效能提升的内在学理。

## 第一节 农村学校校长领导力与课程建设

课程建设是学校工作的重点领域。实现“以德育人”的根本任务及促进“核心素养”的实施落地，很大程度上取决于学校对课程的理解、规划、实施与评价。作为学校的负责人，校长对学校课程建设持有何种态度和方法，无论是效仿他人还是探索创新，都直接影响课程的实施效果，决定学校的发展方向，并影响学生的成长。

### 一、方向引领——课程价值的领导力

价值取向是学校课程建设的指南针。校长的课程领导不仅在于行政组织的管理，还在于思想指导和计划方向的把控。适应教育改革的趋势，符合国家课程政策；适应学校实际的发展，满足师生的需求，应成为学校校长课程价值引导力的

[1] 中共中央国务院关于全面深化新时代教师队伍建设改革的意见［EB/OL］. http：//www. gov. cn/zhengce/2018-01/31/content_ 5262659. htm. 2018-03-05.

主要力量。党和国家的教育方针、政策，以及经济和社会发展趋势在方向把控上引领着国家课程的发展、学校整体课程建设与发展的方向、教师对课程的理解和实践，衡量和评估课程实施成果的标准等需要校长发挥对于主体课程价值层面的引领。

由此，校长的课程领导在校本课程、地方课程和国家课程的有效衔接方面起到了重要的指导作用，为学校的发展提出最为适切的课程目标，进而引导教师正确地理解并为达到课程改革与学校发展的目标不断努力。应以学校发展为理念，倡导教师在课程改革的过程中以新概念强化认识、以新的角色参与改革、以新的方式加以实施，不断强化学校的课程建设，进一步形成学校稳定的课程特色。同时，校长要积极构建独特个性化的课程价值取向，有效地将其转变为学校全体教育工作者的共识，关注课程资源的开发、学生与教师的成长以及学校内外文化的建设。为促进学校全体教职工对于课程价值的理解与内化，应进一步明确学校人才培养的总体方向；并且在学校总体课程价值的引领之下，在确保国家课程顺利开展的基础上，进一步为后续的地方课程与校本课程特色内容的研发落地，以及对三种课程的实施评价等铺平道路。对于农村学校校长而言，应在课程建设的价值层面进行高屋建瓴的设计，梳理农村学校课程发展思路，结合本地本校特色优势，走出属于农村学校课程发展的特色之路。

## 二、内容研发——课程内容的领导力

课程内容的开发是学校课程建设的核心。从国家课程统一到国家本位、地方本位、学校本位的“三级课程”管理体制的转变，意味着学校课程改革发展的方向必须只能属于单一特定的学校，而不是应百家均适用的万年不变之法。因此，引导建立具有地方特色和学校特色的课程体系是校长课程指导的另一重要体现。在校长课程价值观念的指导下，如何选择学校课程内容，特别是地方课程和校本课程内容，如何发展和建设，特别是对于农村学校，如何发挥农村地域特色优势，将乡村特色与课程内容紧密结合，有效进行农村课程资源的开发与利用等，涉及校长尤其是农村学校校长对于课程内容的领导力。

国家课程规定学校教育教学的方向和内容，发挥校长的领导作用，确保这些课程按照新课程理念实施，全面落实课程内容，按要求开足课程。对于农村学校来说，特别是弱势学校，由于条件的限制和升学的压力，很多学校没有按照规定开设所有的音乐、艺术和劳动技能课程，开设的课程少或不开设的现象较为普遍。作为学校课程的负责人，校长首先要确保国家规定的课程在学校全面开设和实施，充分发挥校长的领导才能，为课程建设打下坚实的基础。除国家课程之外，地方课程和校本课程也是新课程不可缺少的重要内容，是三级课程的重要组成部分，校长是国家课程的实施和执行者，也是地方课程和校本课程的设计者。

农村学校应在学校总体课程理念和价值体系的指导下，将农村地区在特色课程上的优势发挥出来，尤其是在综合课程与活动课程上，进一步弥补农村学校教学数量与质量上的欠缺，完善课程建设，形成农村特色的多样化、体系化的课程建设优势。

### 三、落地组织——课程实施的领导力

课程的组织和实施是学校课程建设的基础，课程的实施与落地的背后需要教学来进行支撑，而教师又是实施教学的主体与关键。在教学的过程中，作为其中一方主体的教师对于另一方主体学生的影响是直观且显著的，教师的思想与行为方式直接影响人才培养的方向与教学的质量。表面上看，课程实施过程中涉及的主体包含教师、学生，而校长在其中也扮演着重要且多重的角色，一方面校长是课程实施下教师教学管理的领导者，作为教学的组织者，其教学理念和课程意识直接影响教师的课程意识程度和认识；另一方面，校长又是课程实施时学生发展的促进者，影响着教师，进而对学生在课程实施的发展产生影响。

双重方面考量，校长必须在课程实施过程中明确主体观念，在课程实施过程中，主体观念的明确对于农村学校校长来说更为重要，农村地区的教师主体受困于教学为大的思维框架，更为关心的是怎么教的技术性问题，至于为什么教、教什么、教的怎么样的体系机理性问题，思考不多。如何在课程价值指导下提高教师对课程实施的认识，需要充分调动师生的积极性，充分理解课程组织和实施的新理念，并鼓励师生参与其中。在整个课程的实施的过程中，教师是执行者，是唯一熟悉学生个人情况的参与者。因此，在课程领导过程中应树立正确的教师观。

在新课程改革背景下，学生是课程实施的直接受益者，在组织和领导课程实施过程中，校长必须树立新的学生观，要积极鼓励学生提出自己的建议和意见。校长必须相信学生主观能动性的发挥，在课程领导方面，校长应该将学校的教育目标与学生的成长结合起来，创造一个让学生主动学习的外部环境。

### 四、测量评价——课程评价的领导力

课程评价是学校课程建设的保证。课程评价的主要内容是评价学校课程的实施效果，并对课程实施起到指导、鼓励和监督作用。当前学校课程改革的最大障碍之一是考试评价体系，在单一的考试评价体系之下，课程建设的目标趋于狭隘，进一步也种下了教育质量提升甚微的苦果。因此，对于校长而言，发挥课程评价的领导力，弱化学校单一的考试成绩评价要求，是其实施课程体系领导的主要任务之一。在校长主要课程体系的设计和实施过程中，通过绩效主导的终结性评价机制，使得校长在课程设计和实施过程中形成唯绩效的“短视行为”。这类

评价导向在课程设计和实施中限制了学校的地域特性和学校特点。对于部分农村学校而言，学校的成绩被视为存续与发展的重要指标，因此在这样的评价目标指向下，校长在学校基础课程设计过程中的热情、主动性与长效性就受到了直接的影响。同时，校长的传统工作评估主要评估学生总数、教师比例、统考中的学生排名以及稳定性等，对校长工作的评价，实际上主要是对学生成绩的评价，基本上不关注校长为学校的长期发展做了什么。

因此，在学校的综合评价中，有必要弱化考试分数的权重。在对校长的考核和评价中，要更加注意校长在学校课程体系建设中的主导作用。校长应树立“立足过程，促进发展”的评价理念，坚持“以人为本”的科学发展观，建立和完善以课堂为轴心，以终结性评价为基础的学生发展评价体系，一方面不弱化师生对于教学成绩的压力，另外要在内部主观层面强化师生发展动力，促进其内生发展，提升师生对于学校发展的自主意识，提升学校自主发展能力，由此形成课程实施、评价的良性循环，进而形成学校良好的课程生态。

## 第二节 农村学校校长领导力与教师效能增强

关于领导对组织成员效能感影响的研究最早出现于企业管理领域。有学者通过实证调查数据证实授权型领导力对员工的自我效能感具有显著的影响，且与人-岗匹配度高的员工相比，对人-岗匹配度低的员工的授权更能增加其自我效能感。[1] 随着对于人力资本理论与组织行为学研究的不断深入，学者们发现，领导们逐渐认识到对于下属职工而言，具备良好的精神状态以及高效能是组织中最重要的资本和财富。因此，组织领导从长远的角度出发，有将对组织内外环境有利的因素进行整合的倾向，以保障组织和员工的健康发展。这一论断同样也适用于学校的组织与领导。经济合作与发展组织（Organization for Economic Cooperation and Development，OECD）开展的《教师教学国际调查》（Teaching and Learning International Survey，TALIS）项目指出，教育领导能力的行动和教师效率性是反映学校开发和教师学习的两个重要指标。有效的学校领导力会影响学校的教育环境，最终影响学生的学业成就度。

学校教育的中心在教学，教学的主体在教师。作为学校教学的主体，教师的教学行为是否有效便成为衡量教学效果的首要因素。台湾学者杨振昇于2002年提出，在推进教学改革的过程中，教学课程修订的过程无论多么彻底，课程内容无论多么到位，教育设备无论多么完善，最终决定教学或者课程改革成功与否的关键还在于处于教学一线的教师群体能否在理解和认同新课程的意义和精神后，

[1] 刘成敏．授权型领导力对自我效能感的影响［D］．哈尔滨工业大学，2010.

仍然能够全身心投入教学实践之中。教师教学行为的根源来自于教学素质和教学经验，同时教师要树立坚定的教学信念。我国目前的课程和教育改革要求教师不断更新教育概念，创新教学形式，丰富教学方法。但单纯依靠教师的教学素养是远远不够的，需要教师具备很强的完成教学工作的能力，以及应对纷繁复杂教学工作难题的自信，这也就是教师的教学效能感。教师的教学效能感是指教师对学生的学习行动和学业成果影响能力的主观判断。教师的教学效能感是教师专业性和教学信念的主要组成部分，也是衡量教师教学效果和教学质量的重要指标。教师的自我效能感赋予个人开发内在的动力，具有高效能感的教师在教学工作中能够积极应对各项事务，以学生为本强化教学理念；相对而言，低效能感的教师会存在职业倦怠表现，如工作拖拉、兴致低沉、进取力差等。因此，对学校组织而言，形成一支具备高效能的教师队伍，是改进教师队伍素质、提升学业成绩、促进学校整体发展的关键。在对于教师心理健康的测评中，教师的效能感是其中的重要变量，反映出教师自身的教学能力和对教学结果的信心。实证研究调查结果显示，在教师群体中的职业倦怠现象，可以通过教师的教学效能感发挥作用进行调节，具备较高教学效能感的教师会选择相对积极正向的方式应对职业压力，进而弱化职业倦怠带来的负面影响。

在深化教育改革的过程中，宏观的政策制度是需要进行研究和关注的重要发展方向，但同时，在教育领域里，在教学与课程领导力的发挥中，微观层面的作用因子同样不能忽视。作为教育活动的主要组织者和参与者，教师的教育教学行动直接影响到课堂教学质量。因此为了提升课堂教育教学质量，立足于学校的长久发展，需要校长发挥领导力，组建高质量的教师队伍，而高质量教师队伍的背后，教师的教学效能直接发挥着重要的作用。教师的“教学效果”与校长有效的“教学领导能力”紧密关联，这也就是校长领导力在学校教学管理领域所发挥的重要作用。

校长是学校领导的核心，其领导类型会对学校整体的氛围产生影响，其领导效能会对组织成员，即教师的思想和行动产生重要的影响。因此，校长发挥其领导力，为教师提供必要的指导和帮助，成为加速教学推进的背后推手，这样的双向作用过程也是深化教学改革过程中不可忽视的重要因素。

除了校长的内部主体呼唤教师教学效能以外，就外部作用系统而言，学校大环境是影响教师教学效能的重要外部场域，学校大环境发挥的作用更多的是激发教师的归属感与责任感，以情感为纽带，串联教师与学校的关系。而这一“纽带”建立的，关键就在于从学校组织体系中把握“家长”的领导方式，并予以认同，明确学校发展变革的主体思路与方向，而这背后就是校长领导力的恰当作用以及在其领导观念作用之下的行动落实。由此，以教学工作为核心的教师，在这样的情感纽带的带动下，在这样和谐氛围的渲染下，其教学工作即会游刃有余地开展与进行，随之，其教学效能感也会进一步得以提升。

## 第三节　农村学校校长领导力与学生学业成绩提升

学生学业成就是校长领导行为的重要产出，也是校长领导效能的重要体现。“一名好校长就是一所好学校”的论断正是因为明确了校长领导是提升学校整体发展的重要动力之一。学校教育是提高学生成绩的核心力量，而学校教育的背后离不开高质量、高效能的校长管理，这也是学校治理能力现代化的根本体现，农村学校校长的领导作用更是直接有助于学校办学效率的提高。

关于校长领导对学生学业成绩的影响，目前学术界主要有两种论断，即影响有两种形式。一方面，校长的领导能力可以通过校长的个人行为方式直接影响学生的学习成绩；另一方面，校长领导力可以间接地利用教师作为桥梁和媒介，激发教师的教学活力、促进教师的专业发展、提高学生的成绩；还可以在大环境下，通过学校整体氛围的创设、教学理念的引领等来间接影响学生的学习成绩。

### 一、直接影响模式

长期以来，学术界的主要观点是校长的领导力对学生的学习成绩有间接的影响。实证研究工具的介入进一步为间接影响模型提供了数据支持。然而，一些学者反驳了主流研究的结论，对定量研究人员的实验设计和使用的工具提出质疑，并在研究中进一步得出结论，即基于学校办学水平的特殊性以及教学质量的不同背景，校长的教学领导力也会对学生的学业成绩产生直接影响。为提升学生的学业成绩，学校校长可以通过营造积极的学习环境来激发学生学习的内生动力，在大环境的带领之下指挥学校教学的主体方向。除此之外，还可以就学生学业成绩、师生联动，就重大考试的结果进行探讨交流，找寻学业考试背后的意义所在，帮助学生理解考试结果与学习之间的关系，双向的对话与沟通能够对学生的学业成绩产生正向积极的影响。

也有学者从宏观角度分析学校校长领导力与学生学业成绩，得出结论，即校长领导力的有效发挥可以大幅度提高学生学业成绩，校长领导力对学生学业成绩具有直接影响。另有学者通过对美国一些中小学校长的离职率的统计，分析了其直接对学生学业成绩的影响，其结果呈负相关，即一所学校的校长离职率越高，则该校的学生学业成绩水平越低；反之亦然。[1]

还有研究表明，校长领导力至少在一点上是可以直接影响学生学业成绩的，即通过自身不断的专业发展和教学指导加强他们对学生成绩的积极影响。尽管这

[1] Susan M. Gates, et al. Mobility and turnover among school principals [J]. Economics of Education Review, 2006, 25 (3): 289 - 302.

些研究从某一方面论证了校长领导力对学生学业成绩有直接影响，但并不能在整个社会产生较大的影响力，因为他们的研究被认为是“投机的”以及“无法迁移的”。[1] 此外，还有一些研究介于直接与间接二者之间，既不直接否认校长领导力对学生学业成绩的直接作用，但又因不能提供充足的证据证明这种直接影响是明显且具有普遍解释力的。其表明，尽管校长领导力对学生学业成绩的影响是可观察的，但是经常以不规则的频率出现，因此与学生学业成绩的直接关联相对比较低。[2]

## 二、间接影响模式

事实上，就校长领导力与学生学业成绩关系的问题的探讨，多数学者持间接影响的观点，主要观点集中于校长在学校运行过程中的某一内部环节中发挥作用，作用背后指向于其态度和行为，进一步对学生的学业成绩产生影响。在这一模式的影响作用之下，校长领导力集中表现为校长的教学领导力，校长教学领导力是校长提升学生成绩的核心领导能力。一般认为，校长教学领导对学生成绩的影响主要是通过间接的教学指导和对教师教学的影响来实现的，即更多地影响中介群体——教师；校长教学领导力对于学校整体文化氛围的影响也会对学生成绩产生间接直观的影响。

### （一）中介因素——教师

学生的学习成绩背后起直接影响作用的是教师，教师的自身素质、专业发展和职业效能都将会在日常教育和教学中发挥作用，从而影响学生的学习成绩。校长的领导作用是影响教师状态和发展的关键因素，它直接影响教师，继而借由教师这一中介因素，对学生的学业成绩进行间接影响。

教师在学校这一群体中以个体角色的形式存在。首先，校长的教学领导对教师个体的影响主要表现在教师的专业发展层面。一些学者通过对“校长的哪些特征会对课堂教学和学生学业成绩产生积极影响”的大规模调查，总结出对学生学业表现影响最大的两种主要因素。其中之一是提高教师专业素养、促进教师专业发展水平的提升。具体包括加强教育环境建设、支持师资合作、开发新老教师传帮带机制、鼓励和支持教育项目创新与发展。这项研究表明，学校通过发挥校长的教学领导力，更好地提升教育教学的优质发展，同时，在校园内组建“教师研

---

[1] William G Camp. Participation in student activities and achievement: A covariance structural analysis [J]. Journal of Educational Research, 1990, 83 (5): 272 - 278.

[2] Stephen M Nettles, Carolyn Herrington. Revisiting the importance of the direct effects of school leadership on student achievement: The implications for school improvement policy [J]. Peabody Journal of Education, 2007, 82 (4): 724-736.

究小组”促进教师的专业化发展的同时，教师也会为学生的发展得到及时有效的教育教学反馈，并大力完善对学生学业成就有利的相关政策，从而对学生学业成绩产生重要的影响。部分学者对学校类型相似，但学生成绩却大不相同的学校进行了比较分析。结果显示，学业成绩好的学校校长会对教学环境的构建给予更多的关注，并更加积极地引导和参与教师的学习。

其次，校长的领导能力在小组群体中发挥作用，改变教师的自我效能感和集体归属感。据研究，校长在以共同价值为基础，树立共同开发目标，及实现目标的过程中，赋予教师权限，提高教师的自我效能，影响学生的学业成绩。校长一般会支持教师的专业性发展，进而赋予教师教学方面的权力，这能提高教师的自我效能，使教师对教育活动更有信心，进而达到教育目标。学校组织中的教师群体一般具有集体的概念，在群体中，基于教师、学校、家长之间的高度信任感，可以满足学生的需求进而达成前期预设的目标，在过程中，教师对学生抱有较高的期望，这种学业乐观主义对学生的学业成果会产生较大影响。

另外，在众多影响学生成绩的中介因素中，教师对组织的归属感在其中发挥着重要的作用。学校行政领导能力与教师离职率关系的报告显示，改善校长的行政领导能力，可以有效减少教师离职率，均衡调整因低工资和低学生成果引起的教师的不满，减少教职工各方面的问题。

### （二）中介因素——学校文化氛围

学校文化是校长领导力对学生学业成果较大的一个影响因素，很多学者以此来建立这一非常普遍的中介因素。学校文化是非常广泛的领域，在这一范畴下，校长可以对学生的学业成绩产生影响，但其背后的复杂性不能低估，校园文化环境各种因素间的相互作用机制尤其值得关注。

随着学校自主性的提高和学生多样性的增加，校园文化与学习环境的和谐关系越来越受到学者们的关注。早在20世纪80年代的研究就指出，校长可以设定很高的文化目标，激励教师进行教育，提高教师的教育满意度，改善工作环境，整合学校资源，间接提高学生的学业成绩。最近在美国开展的一些研究表明，教师的离职率与其对学校文化的认识以及对校长领导能力的满意度有很大关系，其结果将影响班级文化的构建和学生的学业成就度。校长还可以加强校园文化建设，如校规校纪、情感链接与组织文化，或增加对学校计划、进行项目开发、员工开发与评估的投资来间接提高学生的学习成果。另有研究者对1980~1995年这15年间关于研究校长领导与学生学业成绩两者之间关系的文献进行了分析与总结，大部分研究都认为校长参与学校的整体目标的设定、营造积极的文化氛围等将影响教师的行动，进而影响学生的学业成果。

## 第四节 农村学校校长领导力与学校文化建设

优质学校的形成源于学校文化的形成和革新，学校文化的形成和革新来源于学校校长有效的领导才能。文化治理的成效直接影响现代学校治理的效果，进而现代学校中校长的领导力首先表现为对于文化的领导。学校文化不仅是与课程、教育、人才培养、教学队伍并举的独立因素，而且与学校发展因素深深融合在一起，包括上述因素的内容和构成。我国城乡教育均衡发展战略大大改善了农村地区办学条件，持续实施优质教育，形成了许多独特的办学文化和发展特点，这对促进农村学校的发展起了重要作用，尤其对增强农村小型学校发展的信心和活力，进一步提高优质教育水平起到了重要作用。其中，农村学校校长在学校文化的引领中发挥着重要的作用。

### 一、文化整合力

中小学校长文化整合是对学校文化、教师文化和学生文化共有的学校价值的整合，通过相互吸收、融合和调整来进行集中、调整和适应。中小学校长文化的整合不是单纯地将学校文化放在一起或简单粗暴地加以制止和控制，而是积极地以多元文化主义进行指向，将学校文化、教师文化及学生文化之间各种分散的因素、孤立或相冲突的文化价值进行协调，调整为整体价值以上的力量，来催生学校文化的发展，通过学校文化的整合，形成文化合力，共同作用于学校的发展。

### 二、文化认同力

中小学校长的文化认同是指中小学校长引导师生认同学校共享文化的能力。这是中小学校长引导师生强化对于学校共同体中最有意义的部分肯定认同的过程，其核心是对学校共同价值观的认可。中小学校长以多元文化视角作为文化认同的价值取向，帮助师生理解自己的学校文化和保有对文化的尊重，并在学校文化认同的基础上建立对其他文化的平等、宽容、理解与尊重的态度，汲取其本质部分，为获得在将来社会中所必备的多元文化价值观念、情感态度、知识技能等奠定基础，并且在文化认同的过程中，坚持维护文化平等，树立社会公平的意识与信念。

### 三、文化自觉力

文化自觉是指向于生活在特定文化中的人拥有对其文化的“自我认知”，并了解其起源、形成过程、特性和发展趋势。文化自觉力是一种持续性的文化追求，一个广泛的文化领域和独特的文化智慧。中小学校长的文化自觉意识是指对学校的核心概念和行动进行深刻的反省和积极的实践，并以相应的物质空间和系统的开发为基础，构建新的学校概念体系和行动体系。这主要反映在中小学校长和其团队深刻的文化思考和对学校教育的积极探索上，反映校长在学校运营过程中的思想和行动的积极选择上。核心是从教师和学生的要求出发，思考和选择合适的教育行动，确立促进教师与学生协调发展的理念。学校校长的文化自觉意识，决定着学校文化发展的厚度、广度和长度，决定着对教师和学生全面协调发展的方向，对学校教育质量有重大影响。

### 四、文化引领力

中小学校长的文化领导能力是指中小学校长以正确的文化水平、文化标准引导师生的文化判断力，逐步形成学校文化共识的能力。学校校长应站在时代文化的最前沿，掌握时代的主流文化方向，以中国特色社会主义核心价值体系引领学校文化的发展方向，并以学校的共有价值引导教师和学生。校长的文化引领力集中体现在学校文化的传承、学校文化奖励机制、学校文化创新发展、学校文化管理运营等方面。

### 五、文化践行力

学校校长的文化实践，是指学校校长将学校上层的文化价值体系与观念落实到行动，内化于学校教师与学生群体中，强化其对学校文化价值观念、价值体系的追求能力，是抽象化与形象化的结合，即将抽象学校文化体系下的文化目标等与具体形象的师生行为方式进行有机整合。作为学校文化实践者的校长，为构建学校文化需要将文化建设做实做细，落实到学校工作的各方面，进而将其内化渗透进全体师生的行为表现、言谈举止中。

### 六、价值领导力

中小学校长的价值领导能力指中小学校长有意识地、战略性地使用基本的人类价值观来澄清、整合、识别和指导中小学教师和学生的个人价值观的能力，其通过核心价值观和学校的共同价值体系，提升领导效能，进而实现中小学管理的愿景。中小学校长的价值领导力其一包括价值澄清能力。何为价值澄清？在这个社会转型的时代，众多的价值体系、价值观念将师生置于文化价值的迷雾之中，校长发挥价值澄清能力，教会教师和学生澄清其价值观的技能和自我评估技能，以帮助他们适应不断变化的社会。其二包括价值整合能力。在价值整合的过程中，学校校长将人类基本价值观、国家核心价值观以及学校的特色价值观三方面整合为基点，通过学校中多方面的主体——教师、学生的主体价值的体现，实现价值体系的互动与均衡，在整合过程中，形成新型学校文化价值体系。其三是价值认同力。即校长与师生在交往互动的过程中进行价值观念的分享与定位，在过程中形成关于学校发展的共同价值观念。其四为价值引领力。在学校发展的过程中，以成熟稳定的价值标准引领教师学生的价值观念以及价值是非判断，最后形成师生共同的价值共识。

# 第四章　农村学校中的校长领导力

农村学校因其所处的自然环境和社会环境等因素的不同表现出不同的特征，在这些农村特有的环境下农村学校校长领导力呈现出不同的现实样态。本章依据现实数据分析农村学校校长领导力的整体情况以及组成要素，以及在不同农村学校特征的情境下，教师整体及其组成要素间存在的差异，以期对农村学校校长的领导力有一个正确的认知。

## 第一节　农村学校校长领导力的现实描述

### 一、农村学校校长领导力整体基本概况

农村学校校长领导力由5个方面组成，即行政领导力、教学领导力、战略领导力、包容领导力、激励领导力。这些领导力因指向工作内容不同而在实践中表现出不同的状态与水平。从农村学校校长的现实数据（表4-1）来看，农村学校校长的领导力整体水平均处于较好的状况，均值为4.3523。

**表4-1　农村学校校长领导力整体描述统计**

| 项　目 | *N* | 极小值 | 极大值 | 均值 | 标准差 |
|---|---|---|---|---|---|
| 校长领导力 | 1141 | 1.00 | 5.00 | 4.3523 | 0.96425 |
| 有效的 *N* | 1141 | | | | |

### 二、农村学校校长领导力组成要素基本概况

（一）行政领导力

从表4-2可以看出，农村学校校长的行政领导力整体情况最小值为1，最大值为5，均值为4.3842，标准差为0.98666，农村学校校长的行政领导力整体水平较好。

**表4-2　农村学校校长行政领导力描述统计**

| 项　目 | *N* | 极小值 | 极大值 | 均值 | 标准差 |
|---|---|---|---|---|---|
| 行政领导力 | 1141 | 1.00 | 5.00 | 4.3842 | 0.98666 |
| 有效的 *N* | 1141 | | | | |

为了更好地了解行政领导力的概况，对行政领导进行了进一步的分析。从农村学校校长行政领导力的现实数据（表 4-3）来看，农村学校校长行政领导力各方面的水平均处于较好的状况，确保学校环境安全有序均值为 4.54，合理分配人力和财政资源均值为 4.32，科学进行人员的选拔和分配均值为 4.27，校长正确评价自己均值为 4.38，校长了解全校师生动态均值为 4.41，相比之下能确保学校环境安全有序处于最佳水平。

**表 4-3 农村学校校长行政领导力组成要素描述统计**

| 项 目 | N | 极小值 | 极大值 | 均值 | 标准差 |
|---|---|---|---|---|---|
| 能确保学校环境安全有序 | 1141 | 1 | 5 | 4.54 | 0.984 |
| 合理分配人力和财政资源 | 1141 | 1 | 5 | 4.32 | 1.079 |
| 科学进行人员的选拔和分配 | 1141 | 1 | 5 | 4.27 | 1.116 |
| 校长正确评价自己 | 1141 | 1 | 5 | 4.38 | 1.056 |
| 校长了解全校师生动态 | 1141 | 1 | 5 | 4.41 | 1.043 |
| 有效的 N | 1141 | | | | |

表 4-4 为确保学校环境安全有序的情况。其中完全不符合的学校被试有 43 人，占 3.8%；比较不符合的学校被试有 25 人，占 2.2%；适中的学校被试有 77 人，占 6.7%；比较符合的学校被试有 129 人，占 11.3%；完全符合的学校被试有 867 人，占 76%。依据统计结果可以推断 87.3%的被试认为农村学校校长在确保学校环境安全有序方面能力较强，但仍有 6%的被试认为农村学校校长在确保学校环境安全有序方面表现不佳。

**表 4-4 确保学校环境安全有序频率统计**

| 项 目 | 频率 | 百分比/% | 有效百分比/% | 累积百分比/% |
|---|---|---|---|---|
| 完全不符合 | 43 | 3.8 | 3.8 | 3.8 |
| 比较不符合 | 25 | 2.2 | 2.2 | 6.0 |
| 适中 | 77 | 6.7 | 6.7 | 12.7 |
| 比较符合 | 129 | 11.3 | 11.3 | 24.0 |
| 完全符合 | 867 | 76.0 | 76.0 | 100.0 |
| 合 计 | 1141 | 100.0 | 100.0 | |

表 4-5 为合理分配人力和财政资源的情况。其中完全不符合的学校被试有 48 人，占 4.2%；比较不符合的学校被试有 43 人，占 3.8%；适中的学校被试有 122 人，占 10.7%；比较符合的学校被试有 206 人，占 18.1%；完全符合的学校被试有 722 人，占 63.3%。依据统计结果可以推断 81.4%的被试认为农村学校校长在合理分配人力和财政资源方面能力较强，但仍有 8%的被试认为农村学校校

长在合理分配人力和财政资源方面表现不佳。

**表 4-5　合理分配人力和财政资源频率统计**

| 项　目 | 频　率 | 百分比/% | 有效百分比/% | 累积百分比/% |
|---|---|---|---|---|
| 完全不符合 | 48 | 4.2 | 4.2 | 4.2 |
| 比较不符合 | 43 | 3.8 | 3.8 | 8.0 |
| 适中 | 122 | 10.7 | 10.7 | 18.7 |
| 比较符合 | 206 | 18.1 | 18.1 | 36.7 |
| 完全符合 | 722 | 63.3 | 63.3 | 100.0 |
| 合　计 | 1141 | 100.0 | 100.0 | |

表 4-6 为科学进行人员的选拔和分配的情况。其中完全不符合的学校被试有 53 人，占 4.6%；比较不符合的学校被试有 46 人，占 4.0%；适中的学校被试有 142 人，占 12.4%；比较符合的学校被试有 199 人，占 17.4%；完全符合的学校被试有 701 人，占 61.4%。依据统计结果可以推断 78.8%的被试认为农村学校校长在科学进行人员的选拔和分配方面能力较强，但仍有 8.6%的被试认为农村学校校长在科学进行人员的选拔和分配方面表现不佳。

**表 4-6　科学进行人员的选拔和分配频率统计**

| 项　目 | 频　率 | 百分比/% | 有效百分比/% | 累积百分比/% |
|---|---|---|---|---|
| 完全不符合 | 53 | 4.6 | 4.6 | 4.6 |
| 比较不符合 | 46 | 4.0 | 4.0 | 8.7 |
| 适中 | 142 | 12.4 | 12.4 | 21.1 |
| 比较符合 | 199 | 17.4 | 17.4 | 38.6 |
| 完全符合 | 701 | 61.4 | 61.4 | 100.0 |
| 合　计 | 1141 | 100.0 | 100.0 | |

表 4-7 为校长正确评价自己的情况。其中完全不符合的学校被试有 49 人，占 4.3%；比较不符合的学校被试有 37 人，占 3.2%；适中的学校被试有 96 人，占 8.4%；比较符合的学校被试有 209 人，占 18.3%；完全符合的学校被试有 750 人，占 65.7%。依据统计结果可以推断 84.0%的被试认为农村学校校长在校长正确评价自己方面能力较强，但仍有 7.5%的被试认为农村学校校长在校长正确评价自己方面表现不佳。

**表 4-7　校长正确评价自己频率统计**

| 项　目 | 频　率 | 百分比/% | 有效百分比/% | 累积百分比/% |
|---|---|---|---|---|
| 完全不符合 | 49 | 4.3 | 4.3 | 4.3 |

续表 4-7

| 项　目 | 频　率 | 百分比/% | 有效百分比/% | 累积百分比/% |
| --- | --- | --- | --- | --- |
| 比较不符合 | 37 | 3.2 | 3.2 | 7.5 |
| 适中 | 96 | 8.4 | 8.4 | 16.0 |
| 比较符合 | 209 | 18.3 | 18.3 | 34.3 |
| 完全符合 | 750 | 65.7 | 65.7 | 100.0 |
| 合　计 | 1141 | 100.0 | 100.0 | |

表 4-8 为校长了解全校师生动态的情况。其中完全不符合的学校被试有 48 人，占 4.2%；比较不符合的学校被试有 30 人，占 2.6%；适中的学校被试有 104 人，占 9.1%；比较符合的学校被试有 181 人，占 15.9%；完全符合的学校被试有 778 人，占 68.2%。依据统计结果可以推断 84.1%的被试认为农村学校校长在校长了解全校师生动态方面能力较强，但仍有 6.8%的被试认为农村学校校长在校长了解全校师生动态方面表现不佳。

**表 4-8　校长了解全校师生动态频率统计**

| 项　目 | 频　率 | 百分比/% | 有效百分比/% | 累积百分比/% |
| --- | --- | --- | --- | --- |
| 完全不符合 | 48 | 4.2 | 4.2 | 4.2 |
| 比较不符合 | 30 | 2.6 | 2.6 | 6.8 |
| 适中 | 104 | 9.1 | 9.1 | 16.0 |
| 比较符合 | 181 | 15.9 | 15.9 | 31.8 |
| 完全符合 | 778 | 68.2 | 68.2 | 100.0 |
| 合　计 | 1141 | 100.0 | 100.0 | |

### （二）教学领导力

从表 4-9 可以看出，农村学校校长的教学领导力整体情况最小值为 1，最大值为 5，均值为 4.3420，标准差为 1.00506，农村学校校长的教学领导力整体水平较好。

**表 4-9　农村学校校长教学领导力描述统计**

| 项　目 | *N* | 极小值 | 极大值 | 均值 | 标准差 |
| --- | --- | --- | --- | --- | --- |
| 教学领导力 | 1141 | 1.00 | 5.00 | 4.3420 | 1.00506 |
| 有效的 *N*（列表状态） | 1141 | | | | |

为了更好地了解教学领导力的概况，对教学领导力进行了进一步的分析。从农村学校校长教学领导力的现实数据（表 4-10）来看，农村学校校长教学领导

力各方面的水平均处于较好的状况，为学校的教师设计专业发展路径均值为4.28，关注课程、教学和评估的一致性均值为4.31，关注教师教学的有效性均值为4.36，向教师提供教学反馈信息均值为4.36，关注学生的学习进步均值为4.40，相比之下关注学生的学习进步处于最佳水平。

**表4-10　农村学校校长教学领导力组成要素描述统计**

| 项　目 | *N* | 极小值 | 极大值 | 均值 | 标准差 |
|---|---|---|---|---|---|
| 为学校的教师设计专业发展路径 | 1141 | 1 | 5 | 4.28 | 1.089 |
| 关注课程、教学和评估的一致性 | 1141 | 1 | 5 | 4.31 | 1.074 |
| 关注教师教学的有效性 | 1141 | 1 | 5 | 4.36 | 1.043 |
| 向教师提供教学反馈信息 | 1141 | 1 | 5 | 4.36 | 1.031 |
| 关注学生的学习进步 | 1141 | 1 | 5 | 4.40 | 1.019 |
| 有效的 *N* | 1141 | | | | |

表4-11为学校的教师设计专业发展路径的情况。其中完全不符合的学校被试有44人，占3.9%；比较不符合的学校被试有49人，占4.3%；适中的学校被试有150人，占13.1%；比较符合的学校被试有201人，占17.6%；完全符合的学校被试有697人，占61.1%。依据统计结果可以推断78.7%的被试认为农村学校校长在为学校的教师设计专业发展路径方面能力较强，但仍有8.2%的被试认为农村学校校长在为学校的教师设计专业发展路径方面表现不佳。

**表4-11　为学校的教师设计专业发展路径频率统计**

| 项　目 | 频　率 | 百分比/% | 有效百分比/% | 累积百分比/% |
|---|---|---|---|---|
| 完全不符合 | 44 | 3.9 | 3.9 | 3.9 |
| 比较不符合 | 49 | 4.3 | 4.3 | 8.2 |
| 适中 | 150 | 13.1 | 13.1 | 21.3 |
| 比较符合 | 201 | 17.6 | 17.6 | 38.9 |
| 完全符合 | 697 | 61.1 | 61.1 | 100.0 |
| 合　计 | 1141 | 100.0 | 100.0 | |

表4-12为关注课程、教学和评估的一致性的情况。其中完全不符合的学校被试有42人，占3.7%；比较不符合的学校被试有49人，占4.3%；适中的学校被试有136人，占11.9%；比较符合的学校被试有200人，占17.5%；完全符合的学校被试有714人，占62.6%。依据统计结果可以推断80.1%的被试认为农村学校校长在关注课程、教学和评估的一致性方面能力较强，但仍有8.0%的被试认为农村学校校长在关注课程、教学和评估的一致性方面表现不佳。

**表 4-12　关注课程、教学和评估的一致性频率统计**

| 项　目 | 频　率 | 百分比/% | 有效百分比/% | 累积百分比/% |
|---|---|---|---|---|
| 完全不符合 | 42 | 3.7 | 3.7 | 3.7 |
| 比较不符合 | 49 | 4.3 | 4.3 | 8.0 |
| 适中 | 136 | 11.9 | 11.9 | 19.9 |
| 比较符合 | 200 | 17.5 | 17.5 | 37.4 |
| 完全符合 | 714 | 62.6 | 62.6 | 100.0 |
| 合　计 | 1141 | 100.0 | 100.0 | |

表 4-13 为关注教师教学的有效性的情况。其中完全不符合的学校被试有 43 人，占 3.8%；比较不符合的学校被试有 34 人，占 3.0%；适中的学校被试有 128 人，占 11.2%；比较符合的学校被试有 199 人，占 17.4%；完全符合的学校被试有 737 人，占 64.6%。依据统计结果可以推断 82.0%的被试认为农村学校校长在关注教师教学的有效性方面能力较强，但仍有 6.8%的被试认为农村学校校长在关注教师教学的有效性方面表现不佳。

**表 4-13　关注教师教学的有效性频率统计**

| 项　目 | 频　率 | 百分比/% | 有效百分比/% | 累积百分比/% |
|---|---|---|---|---|
| 完全不符合 | 43 | 3.8 | 3.8 | 3.8 |
| 比较不符合 | 34 | 3.0 | 3.0 | 6.7 |
| 适中 | 128 | 11.2 | 11.2 | 18.0 |
| 比较符合 | 199 | 17.4 | 17.4 | 35.4 |
| 完全符合 | 737 | 64.6 | 64.6 | 100.0 |
| 合　计 | 1141 | 100.0 | 100.0 | |

表 4-14 为向教师提供教学反馈信息的情况。其中完全不符合的学校被试有 37 人，占 3.2%；比较不符合的学校被试有 40 人，占 3.5%；适中的学校被试有 132 人，占 11.6%；比较符合的学校被试有 199 人，占 17.4%；完全符合的学校被试有 733 人，占 64.2%。依据统计结果可以推断 81.6%的被试认为农村学校校长在向教师提供教学反馈信息方面能力较强，但仍有 6.7%的被试认为农村学校校长在向教师提供教学反馈信息方面表现不佳。

**表 4-14　向教师提供教学反馈信息频率统计**

| 项　目 | 频　率 | 百分比/% | 有效百分比/% | 累积百分比/% |
|---|---|---|---|---|
| 完全不符合 | 37 | 3.2 | 3.2 | 3.2 |
| 比较不符合 | 40 | 3.5 | 3.5 | 6.7 |

续表 4-14

| 项　目 | 频　率 | 百分比/% | 有效百分比/% | 累积百分比/% |
|---|---|---|---|---|
| 适中 | 132 | 11.6 | 11.6 | 18.3 |
| 比较符合 | 199 | 17.4 | 17.4 | 35.8 |
| 完全符合 | 733 | 64.2 | 64.2 | 100.0 |
| 合　计 | 1141 | 100.0 | 100.0 | |

表 4-15 为关注学生学习进步的情况。其中完全不符合的学校被试有 39 人，占 3.4%；比较不符合的学校被试有 33 人，占 2.9%；适中的学校被试有 122 人，占 10.7%；比较符合的学校被试有 184 人，占 16.1%；完全符合的学校被试有 763 人，占 66.9%。依据统计结果可以推断 83.0%的被试认为农村学校校长在关注学生的学习进步方面能力较强，但仍有 6.3%的被试认为农村学校校长在关注学生的学习进步方面表现不佳。

**表 4-15　关注学生的学习进步频率统计**

| 项　目 | 频　率 | 百分比/% | 有效百分比/% | 累积百分比/% |
|---|---|---|---|---|
| 完全不符合 | 39 | 3.4 | 3.4 | 3.4 |
| 比较不符合 | 33 | 2.9 | 2.9 | 6.3 |
| 适中 | 122 | 10.7 | 10.7 | 17.0 |
| 比较符合 | 184 | 16.1 | 16.1 | 33.1 |
| 完全符合 | 763 | 66.9 | 66.9 | 100.0 |
| 合　计 | 1141 | 100.0 | 100.0 | |

### （三）战略领导力

从表 4-16 可以看出，农村学校校长的战略领导力整体情况最小值为 1，最大值为 5，均值为 4.3588，标准差为 0.98502，农村学校校长的战略领导力整体水平较好。

**表 4-16　农村学校校长战略领导力描述统计量**

| 项　目 | *N* | 极小值 | 极大值 | 均值 | 标准差 |
|---|---|---|---|---|---|
| 战略领导力 | 1141 | 1.00 | 5.00 | 4.3588 | 0.98502 |
| 有效的 *N* | 1141 | | | | |

为了更好地了解战略领导力的概况，对战略领导力进行了进一步的分析。从农村学校校长战略领导力的现实数据（表 4-17）来看，农村学校校长战略领导力各方面的水平均处于较好的状况，建立持续提升办学质量的规范均值为 4.39，

以学生高水平成绩为重点的愿景和目标均值为4.37，对学校里的所有人都有很高的期望均值为4.34，学校的决策基于可靠的证据均值为4.33，向家长等利益相关者报告学校发展状态信息均值为4.37，相比之下建立持续提升办学质量的规范处于最佳水平。

**表4-17 农村学校校长战略领导力组成要素描述统计**

| 项 目 | *N* | 极小值 | 极大值 | 均值 | 标准差 |
|---|---|---|---|---|---|
| 建立持续提升办学质量的规范 | 1141 | 1 | 5 | 4.39 | 1.039 |
| 以学生高水平成绩为重点的愿景和目标 | 1141 | 1 | 5 | 4.37 | 1.034 |
| 对学校里的所有人都有很高的期望 | 1141 | 1 | 5 | 4.34 | 1.040 |
| 学校的决策基于可靠的证据 | 1141 | 1 | 5 | 4.33 | 1.069 |
| 向家长等利益相关者报告学校发展状态信息 | 1141 | 1 | 5 | 4.37 | 1.019 |
| 有效的 *N* | 1141 | | | | |

表4-18为建立持续提升办学质量规范的情况。其中完全不符合的学校被试有43人，占3.8%；比较不符合的学校被试有35人，占3.1%；适中的学校被试有117人，占10.3%；比较符合的学校被试有189人，占16.6%；完全符合的学校被试有757人，占66.3%。依据统计结果可以推断82.9%的被试认为农村学校校长在建立持续提升办学质量的规范方面能力较强，但仍有6.9%的被试认为农村学校校长在建立持续提升办学质量的规范方面表现不佳。

**表4-18 建立持续提升办学质量的规范频率统计**

| 项 目 | 频 率 | 百分比/% | 有效百分比/% | 累积百分比/% |
|---|---|---|---|---|
| 完全不符合 | 43 | 3.8 | 3.8 | 3.8 |
| 比较不符合 | 35 | 3.1 | 3.1 | 6.8 |
| 适中 | 117 | 10.3 | 10.3 | 17.1 |
| 比较符合 | 189 | 16.6 | 16.6 | 33.7 |
| 完全符合 | 757 | 66.3 | 66.3 | 100.0 |
| 合 计 | 1141 | 100.0 | 100.0 | |

表4-19为以学生高水平成绩为重点的愿景和目标的情况。其中完全不符合的学校被试有41人，占3.6%；比较不符合的学校被试有37人，占3.2%；适中的学校被试有119人，占10.4%；比较符合的学校被试有207人，占18.1%；完

全符合的学校被试有737人，占64.6%。依据统计结果可以推断82.7%的被试认为农村学校校长在以学生高水平成绩为重点的愿景和目标方面能力较强，但仍有6.8%的被试认为农村学校校长在以学生高水平成绩为重点的愿景和目标方面表现不佳。

**表4-19　以学生高水平成绩为重点的愿景和目标频率统计**

| 项　目 | 频　率 | 百分比/% | 有效百分比/% | 累积百分比/% |
|---|---|---|---|---|
| 完全不符合 | 41 | 3.6 | 3.6 | 3.6 |
| 比较不符合 | 37 | 3.2 | 3.2 | 6.8 |
| 适中 | 119 | 10.4 | 10.4 | 17.3 |
| 比较符合 | 207 | 18.1 | 18.1 | 35.4 |
| 完全符合 | 737 | 64.6 | 64.6 | 100.0 |
| 合　计 | 1141 | 100.0 | 100.0 | |

表4-20为对学校里的所有人都有很高期望的情况。其中完全不符合的学校被试有43人，占3.8%；比较不符合的学校被试有38人，占3.3%；适中的学校被试有117人，占10.3%；比较符合的学校被试有235人，占20.6%；完全符合的学校被试有708人，占62.1%。依据统计结果可以推断82.7%的被试认为农村学校校长在对学校里的所有人都有很高的期望方面能力较强，但仍有7.1%的被试认为农村学校校长在对学校里的所有人都有很高的期望方面表现不佳。

**表4-20　对学校里的所有人都有很高的期望频率统计**

| 项　目 | 频　率 | 百分比/% | 有效百分比/% | 累积百分比/% |
|---|---|---|---|---|
| 完全不符合 | 43 | 3.8 | 3.8 | 3.8 |
| 比较不符合 | 38 | 3.3 | 3.3 | 7.1 |
| 适中 | 117 | 10.3 | 10.3 | 17.4 |
| 比较符合 | 235 | 20.6 | 20.6 | 37.9 |
| 完全符合 | 708 | 62.1 | 62.1 | 100.0 |
| 合　计 | 1141 | 100.0 | 100.0 | |

表4-21为学校的决策基于可靠的证据的情况。其中完全不符合的学校被试有46人，占4.0%；比较不符合的学校被试有41人，占3.6%；适中的学校被试有127人，占11.1%；比较符合的学校被试有206人，占18.1%；完全符合的学校被试有721人，占63.2%。依据统计结果可以推断81.3%的被试认为农村学校校长在学校的决策基于可靠的证据方面能力较强，但仍有7.6%的被试认为农村学校校长在学校的决策基于可靠的证据方面表现不佳。

**表 4-21 学校的决策基于可靠的证据频率统计**

| 项 目 | 频 率 | 百分比/% | 有效百分比/% | 累积百分比/% |
|---|---|---|---|---|
| 完全不符合 | 46 | 4.0 | 4.0 | 4.0 |
| 比较不符合 | 41 | 3.6 | 3.6 | 7.6 |
| 适中 | 127 | 11.1 | 11.1 | 18.8 |
| 比较符合 | 206 | 18.1 | 18.1 | 36.8 |
| 完全符合 | 721 | 63.2 | 63.2 | 100.0 |
| 合 计 | 1141 | 100.0 | 100.0 | |

表 4-22 为向家长等利益相关者报告学校发展状态信息的情况。其中完全不符合的学校被试有 42 人，占 3.7%；比较不符合的学校被试有 27 人，占 2.4%；适中的学校被试有 125 人，占 11.0%；比较符合的学校被试有 217 人，占 19.0%；完全符合的学校被试有 730 人，占 64.0%。依据统计结果可以推断 83.0%的被试认为农村学校校长在向家长等利益相关者报告学校发展状态信息方面能力较强，但仍有 6.1%的被试认为农村学校校长在向家长等利益相关者报告学校发展状态信息方面表现不佳。

**表 4-22 向家长等利益相关者报告学校发展状态信息频率统计**

| 项 目 | 频 率 | 百分比/% | 有效百分比/% | 累积百分比/% |
|---|---|---|---|---|
| 完全不符合 | 42 | 3.7 | 3.7 | 3.7 |
| 比较不符合 | 27 | 2.4 | 2.4 | 6.0 |
| 适中 | 125 | 11.0 | 11.0 | 17.0 |
| 比较符合 | 217 | 19.0 | 19.0 | 36.0 |
| 完全符合 | 730 | 64.0 | 64.0 | 100.0 |
| 合 计 | 1141 | 100.0 | 100.0 | |

### （四）包容领导力

从表 4-23 可以看出，农村学校校长的包容领导力整体情况最小值为 1，最大值为 5，均值为 4.2892，标准差为 1.03499，农村学校校长的包容领导力整体水平较好。

**表 4-23 农村学校校长包容领导力描述统计量**

| 项 目 | $N$ | 极小值 | 极大值 | 均值 | 标准差 |
|---|---|---|---|---|---|
| 包容领导力 | 1141 | 1.00 | 5.00 | 4.2892 | 1.03499 |
| 有效的 $N$ | 1141 | | | | |

为了更好地了解包容领导力的概况，对包容领导力进行了进一步的分析。从农村学校校长包容领导力的现实数据（表 4-24）来看，农村学校校长包容领导力各方面的水平均处于较好的状况，学校的决策让家长等利益相关者参与均值为 4.28，赋权给全校教职员工均值为 4.13，积极建立与家长的联系均值为 4.41，争取家长和社区等参与学校的各项活动均值为 4.33，相比之下积极建立与家长的联系处于最佳水平。

**表 4-24 农村学校校长包容领导力组成要素描述统计**

| 项　目 | *N* | 极小值 | 极大值 | 均值 | 标准差 |
|---|---|---|---|---|---|
| 学校的决策让家长等利益相关者参与 | 1141 | 1 | 5 | 4.28 | 1.121 |
| 赋权给全校教职员工 | 1141 | 1 | 5 | 4.13 | 1.227 |
| 积极建立与家长的联系 | 1141 | 1 | 5 | 4.41 | 1.021 |
| 争取家长和社区等参与学校的各项活动 | 1141 | 1 | 5 | 4.33 | 1.072 |
| 有效的 *N* | 1141 | | | | |

表 4-25 为学校的决策让家长等利益相关者参与的情况。其中完全不符合的学校被试有 57 人，占 5%；比较不符合的学校被试有 43 人，占 3.8%；适中的学校被试有 129 人，占 11.3%；比较符合的学校被试有 202 人，占 17.7%；完全符合的学校被试有 710 人，占 62.2%。依据统计结果可以推断 79.9%的被试认为农村学校校长在学校的决策让家长等利益相关者参与方面能力较强，但仍有 8.8%的被试认为农村学校校长在学校的决策让家长等利益相关者参与方面表现不佳。

**表 4-25 学校的决策让家长等利益相关者参与频率统计**

| 项　目 | 频　率 | 百分比/% | 有效百分比/% | 累积百分比/% |
|---|---|---|---|---|
| 完全不符合 | 57 | 5.0 | 5.0 | 5.0 |
| 比较不符合 | 43 | 3.8 | 3.8 | 8.8 |
| 适中 | 129 | 11.3 | 11.3 | 20.1 |
| 比较符合 | 202 | 17.7 | 17.7 | 37.8 |
| 完全符合 | 710 | 62.2 | 62.2 | 100.0 |
| 合　计 | 1141 | 100.0 | 100.0 | |

表 4-26 为赋权给全校教职员工的情况。其中完全不符合的学校被试有 79 人，占 6.9%；比较不符合的学校被试有 58 人，占 5.1%；适中的学校被试有 144 人，占 12.6%；比较符合的学校被试有 209 人，占 18.3%；完全符合的学校被试有 651 人，占 57.1%。依据统计结果可以推断 75.4%的被试认为农村学校校

长在赋权给全校教职员工方面能力较强，但仍有12%的被试认为农村学校校长在赋权给全校教职员工方面表现不佳。

**表4-26 赋权给全校教职员工频率统计**

| 项目 | 频率 | 百分比/% | 有效百分比/% | 累积百分比/% |
|---|---|---|---|---|
| 完全不符合 | 79 | 6.9 | 6.9 | 6.9 |
| 比较不符合 | 58 | 5.1 | 5.1 | 12.0 |
| 适中 | 144 | 12.6 | 12.6 | 24.6 |
| 比较符合 | 209 | 18.3 | 18.3 | 42.9 |
| 完全符合 | 651 | 57.1 | 57.1 | 100.0 |
| 合计 | 1141 | 100.0 | 100.0 | |

表4-27为积极建立与家长的联系的情况。其中完全不符合的学校被试有41人，占3.6%；比较不符合的学校被试有30人，占2.6%；适中的学校被试有120人，占10.5%；比较符合的学校被试有178人，占15.6%；完全符合的学校被试有772人，占67.7%。依据统计结果可以推断83.3%的被试认为农村学校校长在积极建立与家长的联系方面能力较强，但仍有7.2%的被试认为农村学校校长在积极建立与家长的联系方面表现不佳。

**表4-27 积极建立与家长的联系频率统计**

| 项目 | 频率 | 百分比/% | 有效百分比/% | 累积百分比/% |
|---|---|---|---|---|
| 完全不符合 | 41 | 3.6 | 3.6 | 3.6 |
| 比较不符合 | 30 | 2.6 | 2.6 | 6.2 |
| 适中 | 120 | 10.5 | 10.5 | 16.7 |
| 比较符合 | 178 | 15.6 | 15.6 | 32.3 |
| 完全符合 | 772 | 67.7 | 67.7 | 100.0 |
| 合计 | 1141 | 100.0 | 100.0 | |

表4-28为争取家长和社区等参与学校的各项活动的情况。其中完全不符合的学校被试有50人，占4.4%；比较不符合的学校被试有35人，占3.1%；适中的学校被试有125人，占11.0%；比较符合的学校被试有213人，占18.7%；完全符合的学校被试有718人，占62.9%。依据统计结果可以推断81.6%的被试认为农村学校校长在争取家长和社区等参与学校的各项活动方面能力较强，但仍有7.5%的被试认为农村学校校长在争取家长和社区等参与学校的各项活动方面表现不佳。

**表 4-28 争取家长和社区等参与学校的各项活动频率统计**

| 项 目 | 频 率 | 百分比/% | 有效百分比/% | 累积百分比/% |
|---|---|---|---|---|
| 完全不符合 | 50 | 4.4 | 4.4 | 4.4 |
| 比较不符合 | 35 | 3.1 | 3.1 | 7.4 |
| 适中 | 125 | 11.0 | 11.0 | 18.4 |
| 比较符合 | 213 | 18.7 | 18.7 | 37.1 |
| 完全符合 | 718 | 62.9 | 62.9 | 100.0 |
| 合 计 | 1141 | 100.0 | 100.0 | |

## （五）激励领导力

从表 4-29 可以看出，农村学校校长的激励领导力整体情况最小值为 1，最大值为 5，均值为 4.3682，标准差为 1.03202，农村学校校长的激励领导力整体水平较好。

**表 4-29 农村学校校长激励领导力描述统计**

| 项 目 | N | 极小值 | 极大值 | 均值 | 标准差 |
|---|---|---|---|---|---|
| 激励领导力 | 1141 | 1.00 | 5.00 | 4.3682 | 1.03202 |
| 有效的 N | 1141 | | | | |

为了更好地了解激励领导力的概况，对激励领导力进行了进一步的分析。从农村学校校长激励领导力的现实数据（表 4-30）来看，农村学校校长激励领导力各方面的水平均处于较好的状况，认识和利用学校教师的才华均值为 4.37，与教师建立信任和融洽关系均值为 4.37，是学校教师的榜样均值为 4.36，工作中能充分展示自我效能均值为 4.39，促进教师集体效能的增长均值为 4.37，相信并看到教师发展的可能性均值为 4.36，引导教师进行可能性思考均值为 4.36，相比之下工作中能充分展示自我效能处于最佳水平。

**表 4-30 农村学校校长激励领导力组成要素描述统计**

| 项 目 | N | 极小值 | 极大值 | 均值 | 标准差 |
|---|---|---|---|---|---|
| 认识和利用学校教师的才华 | 1141 | 1 | 5 | 4.37 | 1.085 |
| 与教师建立信任和融洽关系 | 1141 | 1 | 5 | 4.37 | 1.086 |
| 是学校教师的榜样 | 1141 | 1 | 5 | 4.36 | 1.105 |
| 工作中能充分展示自我效能 | 1141 | 1 | 5 | 4.39 | 1.069 |
| 促进教师集体效能的增长 | 1141 | 1 | 5 | 4.37 | 1.053 |
| 相信并看到教师发展的可能性 | 1141 | 1 | 5 | 4.36 | 1.070 |

续表 4-30

| 项 目 | N | 极小值 | 极大值 | 均值 | 标准差 |
|---|---|---|---|---|---|
| 引导教师进行可能性思考 | 1141 | 1 | 5 | 4.36 | 1.055 |
| 有效的 N | 1141 | | | | |

表 4-31 为认识和利用学校教师才华的情况。其中完全不符合的学校被试有 57 人，占 5.0%；比较不符合的学校被试有 27 人，占 2.4%；适中的学校被试有 115 人，占 10.1%；比较符合的学校被试有 180 人，占 15.8%；完全符合的学校被试有 762 人，占 66.8%。依据统计结果可以推断 82.6%的被试认为农村学校校长在认识和利用学校教师的才华方面能力较强，但仍有 7.4%的被试认为农村学校校长在认识和利用学校教师的才华方面表现不佳。

**表 4-31 认识和利用学校教师的才华频率统计**

| 项 目 | 频 率 | 百分比/% | 有效百分比/% | 累积百分比/% |
|---|---|---|---|---|
| 完全不符合 | 57 | 5.0 | 5.0 | 5.0 |
| 比较不符合 | 27 | 2.4 | 2.4 | 7.4 |
| 适中 | 115 | 10.1 | 10.1 | 17.4 |
| 比较符合 | 180 | 15.8 | 15.8 | 33.2 |
| 完全符合 | 762 | 66.8 | 66.8 | 100.0 |
| 合 计 | 1141 | 100.0 | 100.0 | |

表 4-32 为与教师建立信任和融洽关系的情况。其中完全不符合的学校被试有 50 人，占 4.4%；比较不符合的学校被试有 44 人，占 3.9%；适中的学校被试有 108 人，占 9.5%；比较符合的学校被试有 173 人，占 15.2%；完全符合的学校被试有 766 人，占 67.1%。依据统计结果可以推断 82.3%的被试认为农村学校校长在与教师建立信任和融洽关系方面能力较强，但仍有 8.3%的被试认为农村学校校长在与教师建立信任和融洽关系方面表现不佳。

**表 4-32 与教师建立信任和融洽关系频率统计**

| 项 目 | 频 率 | 百分比/% | 有效百分比/% | 累积百分比/% |
|---|---|---|---|---|
| 完全不符合 | 50 | 4.4 | 4.4 | 4.4 |
| 比较不符合 | 44 | 3.9 | 3.9 | 8.2 |
| 适中 | 108 | 9.5 | 9.5 | 17.7 |
| 比较符合 | 173 | 15.2 | 15.2 | 32.9 |
| 完全符合 | 766 | 67.1 | 67.1 | 100.0 |
| 合 计 | 1141 | 100.0 | 100.0 | |

表 4-33 为学校教师的榜样的情况。其中完全不符合的学校被试有 54 人，占

4.7%；比较不符合的学校被试有 43 人，占 3.8%；适中的学校被试有 111 人，占 9.7%；比较符合的学校被试有 161 人，占 14.1%；完全符合的学校被试有 772 人，占 67.7%。依据统计结果可以推断 81.8%的被试认为农村学校校长在是学校教师的榜样方面能力较强，但仍有 8.5%的被试认为农村学校校长在是学校教师的榜样方面表现不佳。

**表 4-33 学校教师的榜样频率统计**

| 项 目 | 频 率 | 百分比/% | 有效百分比/% | 累积百分比/% |
|---|---|---|---|---|
| 完全不符合 | 54 | 4.7 | 4.7 | 4.7 |
| 比较不符合 | 43 | 3.8 | 3.8 | 8.5 |
| 适中 | 111 | 9.7 | 9.7 | 18.2 |
| 比较符合 | 161 | 14.1 | 14.1 | 32.3 |
| 完全符合 | 772 | 67.7 | 67.7 | 100.0 |
| 合 计 | 1141 | 100.0 | 100.0 | |

表 4-34 为工作中能充分展示自我效能的情况。其中完全不符合的学校被试有 48 人，占 4.2%；比较不符合的学校被试有 39 人，占 3.4%；适中的学校被试有 111 人，占 9.7%；比较符合的学校被试有 170 人，占 14.9%；完全符合的学校被试有 773 人，占 67.7%。依据统计结果可以推断 82.6%的被试认为农村学校校长在工作中能充分展示自我效能方面能力较强，但仍有 7.6%的被试认为农村学校校长在工作中能充分展示自我效能方面表现不佳。

**表 4-34 工作中能充分展示自我效能频率统计**

| 项 目 | 频 率 | 百分比/% | 有效百分比/% | 累积百分比/% |
|---|---|---|---|---|
| 完全不符合 | 48 | 4.2 | 4.2 | 4.2 |
| 比较不符合 | 39 | 3.4 | 3.4 | 7.6 |
| 适中 | 111 | 9.7 | 9.7 | 17.4 |
| 比较符合 | 170 | 14.9 | 14.9 | 32.3 |
| 完全符合 | 773 | 67.7 | 67.7 | 100.0 |
| 合 计 | 1141 | 100.0 | 100.0 | |

表 4-35 为促进教师集体效能增长的情况。其中完全不符合的学校被试有 42 人，占 3.7%；比较不符合的学校被试有 42 人，占 3.7%；适中的学校被试有 121 人，占 10.6%；比较符合的学校被试有 181 人，占 15.9%；完全符合的学校被试有 755 人，占 66.2%。依据统计结果可以推断 82.1%的被试认为农村学校校长在促进教师集体效能的增长方面能力较强，但仍有 7.4%的被试认为农村学校校长在促进教师集体效能的增长方面表现不佳。

**表 4-35　促进教师集体效能的增长频率统计**

| 项　目 | 频　率 | 百分比/% | 有效百分比/% | 累积百分比/% |
| --- | --- | --- | --- | --- |
| 完全不符合 | 42 | 3.7 | 3.7 | 3.7 |
| 比较不符合 | 42 | 3.7 | 3.7 | 7.4 |
| 适中 | 121 | 10.6 | 10.6 | 18.0 |
| 比较符合 | 181 | 15.9 | 15.9 | 33.8 |
| 完全符合 | 755 | 66.2 | 66.2 | 100.0 |
| 合　计 | 1141 | 100.0 | 100.0 | |

表 4-36 为相信并看到教师发展的可能性的情况。其中完全不符合的学校被试有 49 人，占 4.3%；比较不符合的学校被试有 41 人，占 3.6%；适中的学校被试有 104 人，占 9.1%；比较符合的学校被试有 201 人，占 17.6%；完全符合的学校被试有 746 人，占 65.4%。依据统计结果可以推断 83.0%的被试认为农村学校校长在相信并看到教师发展的可能性方面能力较强，但仍有 7.9%的被试认为农村学校校长在相信并看到教师发展的可能性方面表现不佳。

**表 4-36　相信并看到教师发展的可能性频率统计**

| 项　目 | 频　率 | 百分比/% | 有效百分比/% | 累积百分比/% |
| --- | --- | --- | --- | --- |
| 完全不符合 | 49 | 4.3 | 4.3 | 4.3 |
| 比较不符合 | 41 | 3.6 | 3.6 | 7.9 |
| 适中 | 104 | 9.1 | 9.1 | 17.0 |
| 比较符合 | 201 | 17.6 | 17.6 | 34.6 |
| 完全符合 | 746 | 65.4 | 65.4 | 100.0 |
| 合　计 | 1141 | 100.0 | 100.0 | |

表 4-37 为引导教师进行可能性思考的情况。其中完全不符合的学校被试有 44 人，占 3.9%；比较不符合的学校被试有 42 人，占 3.7%；适中的学校被试有 113 人，占 9.9%；比较符合的学校被试有 204 人，占 17.9%；完全符合的学校被试有 738 人，占 64.7%。依据统计结果可以推断 82.6%的被试认为农村学校校长在引导教师进行可能性思考方面能力较强，但仍有 7.6%的被试认为农村学校校长在引导教师进行可能性思考方面表现不佳。

**表 4-37　引导教师进行可能性思考频率统计**

| 项　目 | 频　率 | 百分比/% | 有效百分比/% | 累积百分比/% |
| --- | --- | --- | --- | --- |
| 完全不符合 | 44 | 3.9 | 3.9 | 3.9 |
| 比较不符合 | 42 | 3.7 | 3.7 | 7.5 |

续表 4-37

| 项 目 | 频 率 | 百分比/% | 有效百分比/% | 累积百分比/% |
|---|---|---|---|---|
| 适中 | 113 | 9.9 | 9.9 | 17.4 |
| 比较符合 | 204 | 17.9 | 17.9 | 35.3 |
| 完全符合 | 738 | 64.7 | 64.7 | 100.0 |
| 合 计 | 1141 | 100.0 | 100.0 | |

## 第二节 农村学校校长领导力差异比较的现实描述

### 一、农村学校校长领导力整体差异比较

#### (一) 学校所在地不同的校长领导力整体差异比较

通过学校所在地不同的校长领导力情况描述统计分析（表 4-38）可以看出，学校所在地在县市的学校校长行政领导力均值为 4.3337，学校所在地在乡镇的学校校长行政领导力均值为 4.3642，学校所在地在村屯的学校校长行政领导力均值为 4.3207。

**表 4-38 学校所在地不同的校长领导力整体差异描述统计**

| 项 目 | 均 值 | 标准差 | 标准误差 |
|---|---|---|---|
| 县市 | 4.3337 | 1.02349 | 0.06869 |
| 乡镇 | 4.3642 | 0.95941 | 0.03476 |
| 村屯 | 4.3207 | 0.90452 | 0.07219 |

所在地不同学校间的校长领导力的方差分析（表 4-39）显示，组间Ⅲ型平方和为 0.342，DF 为 2，均方为 0.171，$F$ 值为 0.184；组内Ⅲ型平方和为 1059.615，DF 为 1138，均方为 0.931；不同所在地学校的校长领导力方面不存在显著差异（$p>0.05$）。

**表 4-39 学校所在地不同的校长领导力整体差异的方差分析**

| 变异来源 | SS（Ⅲ型平方和） | DF | MS（均方） | $F$ |
|---|---|---|---|---|
| 组间 | 0.342 | 2 | 0.171 | 0.184 |
| 组内 | 1059.615 | 1138 | 0.931 | |
| 全体 | 1059.957 | 1140 | | |

#### (二) 不同类型学校的校长领导力整体差异比较

通过不同类型学校的校长领导力情况描述统计分析（表 4-40）可以看出，

学校类型为小学的学校校长领导力均值为 4.3140，学校类型为初中的学校校长领导力均值为 4.4509，学校类型为高中的学校校长领导力均值为 4.3292。

**表 4-40 不同类型学校的校长领导力整体差异描述统计**

| 项　目 | 均　值 | 标准差 | 标准误差 |
|---|---|---|---|
| 小学 | 4.3140 | 0.98374 | 0.03478 |
| 初中 | 4.4509 | 0.91056 | 0.05122 |
| 高中 | 4.3292 | 0.94185 | 0.18837 |

不同类型学校的校长领导力的方差分析（表 4-41）显示，组间Ⅲ型平方和为 4.260，DF 为 2，均方为 2.130，*F* 值为 2.296；组内Ⅲ型平方和为 1055.697，DF 为 1138，均方为 0.928；不同类型学校的校长领导力方面不存在显著差异（$p>0.05$）。

**表 4-41 不同类型学校的校长领导力整体差异的方差分析**

| 变异来源 | SS（Ⅲ型平方和） | DF | MS（均方） | *F* |
|---|---|---|---|---|
| 组间 | 4.260 | 2 | 2.130 | 2.296 |
| 组内 | 1055.697 | 1138 | 0.928 | |
| 全体 | 1059.957 | 1140 | | |

### （三）不同学生人数学校的校长领导力整体差异比较

通过不同学生人数学校的校长领导力描述统计分析（表 4-42）可以看出，学生人数在 100 人以下的被试所在学校的校长领导力均值为 4.0580，学生人数在 100~200 人的被试所在学校的校长领导力均值为 4.1224，学生人数在 200~500 人的被试所在学校的校长领导力均值为 4.5198，学生人数在 500~1000 人的被试所在学校的校长领导力均值为 4.2907，学生人数在 1000 人以上的被试所在学校的校长领导力均值为 4.3949。

**表 4-42 不同学生人数学校的校长领导力整体差异描述统计**

| 项　目 | 均　值 | 标准差 | 标准误差 |
|---|---|---|---|
| 100 人以下 | 4.0580 | 1.16990 | 0.14293 |
| 100~200 人 | 4.1224 | 1.07740 | 0.09041 |
| 200~500 人 | 4.5198 | 0.81801 | 0.04417 |
| 500~1000 人 | 4.2907 | 0.99401 | 0.05837 |
| 1000 人以上 | 4.3949 | 0.94652 | 0.05474 |

不同学生人数学校的校长领导力的方差分析（表 4-43）显示，不同学生人

数学校的校长领导力方面有显著差异（$p<0.001$）。由事后比较得知，学生人数在200～500人的被试所在学校的校长领导力均值大于学生人数在100人以下的被试所在学校的校长领导力均值，即学生人数在200～500人的被试所在学校的校长领导力明显好于学生人数在100人以下的被试所在学校的校长领导力。学生人数在200～500人的被试所在学校的校长领导力均值大于学生人数在100～200人以下的被试所在学校的校长领导力均值，即学生人数在200～500人的被试所在学校的校长领导力明显好于学生人数在100～200人的被试所在学校的校长领导力。学生人数在200～500人的被试所在学校的校长领导力均值大于学生人数在500～1000人以下的被试所在学校的校长领导力均值，即学生人数在200～500人的被试所在学校的校长领导力明显好于学生人数在500～1000人的被试所在学校的校长领导力。进一步从关联强度指数来看，$\omega^2$的值等于0.020，可见，学生人数与校长领导力存在相关关系。统计检验力等于0.993，决策正确率较高，学生人数对校长领导力的解释量较大。

**表4-43　不同学生人数学校的校长领导力整体差异的方差分析**

| 变异来源 | SS（Ⅲ型平方和） | DF | MS（均方） | $F$ | 事后比较 | $\omega^2$ | 统计检验力 |
|---|---|---|---|---|---|---|---|
| 组间 | 24.579 | 4 | 6.145 | 6.742*** | 200～500人>100人以下；<br>200～500人>100～200人；<br>200～500人>500～1000人 | 0.020 | 0.993 |
| 组内 | 1035.378 | 1136 | 0.911 | | | | |
| 全体 | 1059.957 | 1140 | | | | | |

注：*** $p<0.001$。

## （四）离教育管理部门不同距离学校的校长领导力整体差异比较

通过离教育管理部门不同距离学校的校长领导力描述统计分析（见表4-44）可以看出，离教育管理部门非常远学校的校长领导力均值为4.3628，离教育管理部门比较远学校的校长领导力均值为4.3953，离教育管理部门适中学校的校长领导力均值为4.2914，离教育管理部门比较近学校的校长领导力均值为4.3927，离教育管理部门非常近学校的校长领导力均值为4.3510。

**表4-44　离教育管理部门不同距离学校的校长领导力整体差异描述统计**

| 项　目 | 均　值 | 标准差 | 标准误差 |
|---|---|---|---|
| 非常远 | 4.3628 | 0.97725 | 0.10858 |
| 比较远 | 4.3953 | 0.90802 | 0.04792 |
| 适中 | 4.2914 | 1.01339 | 0.05017 |
| 比较近 | 4.3927 | 0.90606 | 0.06194 |
| 非常近 | 4.3510 | 1.09202 | 0.12286 |

离教育管理部门不同距离学校的校长领导力的方差分析（表 4-45）显示，组间Ⅲ型平方和为 2.537，DF 为 4，均方为 0.634，*F* 值为 0.681；组内Ⅲ型平方和为 1057.420，DF 为 1136，均方为 0.931；离教育管理部门不同距离学校的校长领导力方面不存在显著差异（$p>0.05$）。

**表 4-45 离教育管理部门不同距离学校的校长领导力整体差异的方差分析**

| 变异来源 | SS（Ⅲ型平方和） | DF | MS（均方） | *F* |
|---|---|---|---|---|
| 组间 | 2.537 | 4 | 0.634 | 0.681 |
| 组内 | 1057.420 | 1136 | 0.931 | |
| 全体 | 1059.957 | 1140 | | |

## 二、农村学校校长领导力组成要素差异比较

### （一）学校所在地不同的校长领导力组成要素差异比较

1. 行政领导力

通过不同所在地学校的校长行政领导力情况描述统计分析（表 4-46）可以看出，学校所在地在县市的学校校长行政领导力均值为 4.3495，学校所在地在乡镇的学校校长行政领导力均值为 4.4031，学校所在地在村屯的学校校长行政领导力均值为 4.3414。

**表 4-46 不同所在地学校的校长行政领导力描述统计**

| 项　目 | 均　值 | 标准差 | 标准误差 |
|---|---|---|---|
| 县市 | 4.3495 | 1.08431 | 0.07277 |
| 乡镇 | 4.4031 | 0.96851 | 0.03509 |
| 村屯 | 4.3414 | 0.93130 | 0.07433 |

不同所在地学校间的校长行政领导力的方差分析（表 4-47）显示，组间Ⅲ型平方和为 0.828，DF 为 2，均方为 0.414，*F* 值为 0.425；组内Ⅲ型平方和为 1108.968，DF 为 1138，均方为 0.974；不同所在地学校的校长行政领导力方面不存在显著差异（$p>0.05$）。

**表 4-47 不同所在地学校的校长行政领导力的方差分析**

| 变异来源 | SS（Ⅲ型平方和） | DF | MS（均方） | *F* |
|---|---|---|---|---|
| 组间 | 0.828 | 2 | 0.414 | 0.425 |
| 组内 | 1108.968 | 1138 | 0.974 | |
| 全体 | 1109.796 | 1140 | | |

2. 教学领导力

通过不同所在地学校的校长教学领导力情况描述统计分析（表 4-48）可以看出，学校所在地在县市的学校校长教学领导力均值为 4. 3144，学校所在地在乡镇的学校校长教学领导力均值为 4. 3567，学校所在地在村屯的学校校长教学领导力均值为 4. 3096。

**表 4-48　不同所在地学校的校长教学领导力描述统计**

| 项　目 | 均　值 | 标准差 | 标准误差 |
|---|---|---|---|
| 县市 | 4. 3144 | 1. 06668 | 0. 07159 |
| 乡镇 | 4. 3567 | 1. 00237 | 0. 03631 |
| 村屯 | 4. 3096 | 0. 93025 | 0. 07424 |

不同所在地学校间的校长教学领导力的方差分析（表 4-49）显示，组间Ⅲ型平方和为 0. 499，DF 为 2，均方为 0. 249，*F* 值为 0. 247；组内Ⅲ型平方和为 1151. 060，DF 为 1138，均方为 1. 011；不同所在地学校的校长教学领导力方面不存在显著差异（$p>0.05$）。

**表 4-49　不同所在地学校的教学领导力的方差分析**

| 变异来源 | SS（Ⅲ型平方和） | DF | MS（均方） | *F* |
|---|---|---|---|---|
| 组间 | 0. 499 | 2 | 0. 249 | 0. 247 |
| 组内 | 1151. 060 | 1138 | 1. 011 | |
| 全体 | 1151. 559 | 1140 | | |

3. 战略领导力

通过不同所在地学校的校长战略领导力情况描述统计分析（表 4-50）可以看出，学校所在地在县市的学校校长战略领导力均值为 4. 3541，学校所在地在乡镇的学校校长战略领导力均值为 4. 3648，学校所在地在村屯的学校校长战略领导力均值为 4. 3363。

**表 4-50　不同所在地学校的校长战略领导力描述统计**

| 项　目 | 均　值 | 标准差 | 标准误差 |
|---|---|---|---|
| 县市 | 4. 3541 | 1. 04654 | 0. 07024 |
| 乡镇 | 4. 3648 | 0. 98275 | 0. 03560 |
| 村屯 | 4. 3363 | 0. 90922 | 0. 07256 |

不同所在地学校间的校长战略领导力的方差分析（表 4-51）显示，组间Ⅲ型平方和为 0. 112，DF 为 2，均方为 0. 056，*F* 值为 0. 058；组内Ⅲ型平方和为 1105. 992，DF 为 1138，均方为 0. 972；不同所在地学校的校长战略领导力方面

不存在显著差异（$p>0.05$）。

**表 4-51 不同所在地学校的战略领导力的方差分析**

| 变异来源 | SS（Ⅲ型平方和） | DF | MS（均方） | *F* |
|---|---|---|---|---|
| 组间 | 0. 112 | 2 | 0. 056 | 0. 058 |
| 组内 | 1105. 992 | 1138 | 0. 972 | |
| 全体 | 1106. 104 | 1140 | | |

4. 包容领导力

通过不同所在地学校的校长包容领导力情况描述统计分析（表 4-52）可以看出，学校所在地在县市的学校校长包容领导力均值为 4. 2669，学校所在地在乡镇的学校校长包容领导力均值为 4. 2986，学校所在地在村屯的学校校长包容领导力均值为 4. 2755。

**表 4-52 不同所在地学校的校长包容领导力描述统计**

| 项 目 | 均 值 | 标准差 | 标准误差 |
|---|---|---|---|
| 县市 | 4. 2669 | 1. 05263 | 0. 07065 |
| 乡镇 | 4. 2986 | 1. 04566 | 0. 03788 |
| 村屯 | 4. 2755 | 0. 96085 | 0. 07668 |

不同所在地学校间的校长包容领导力的方差分析（表 4-53）显示，组间Ⅲ型平方和为 0. 207，DF 为 2，均方为 0. 103，*F* 值为 0. 096；组内Ⅲ型平方和为 1220. 976，DF 为 1138，均方为 1. 073；不同所在地学校的校长包容领导力方面不存在显著差异（$p>0.05$）。

**表 4-53 不同所在地学校的包容领导力的方差分析**

| 变异来源 | SS（Ⅲ型平方和） | DF | MS（均方） | *F* |
|---|---|---|---|---|
| 组间 | 0. 207 | 2 | 0. 103 | 0. 096 |
| 组内 | 1220. 976 | 1138 | 1. 073 | |
| 全体 | 22212. 625 | 1141 | | |

5. 激励领导力

通过不同所在地学校的校长激励领导力情况描述统计分析（表 4-54）可以看出，学校所在地在县市的学校校长激励领导力均值为 4. 3597，学校所在地在乡镇的学校校长激励领导力均值为 4. 3789，学校所在地在村屯的学校校长激励领导力均值为 4. 3285。

表 4-54　不同所在地学校的激励领导力描述统计

| 项　目 | 均　值 | 标准差 | 标准误差 |
|---|---|---|---|
| 县市 | 4.3597 | 1.08335 | 0.07271 |
| 乡镇 | 4.3789 | 1.03111 | 0.03735 |
| 村屯 | 4.3285 | 0.96531 | 0.07704 |

不同所在地学校间的校长激励领导力的方差分析（表 4-55）显示，组间Ⅲ型平方和为 0.351，DF 为 2，均方为 0.175，$F$ 值为 0.164；组内Ⅲ型平方和为 1213.820，DF 为 1138，均方为 1.067；不同所在地学校的校长激励领导力方面不存在显著差异（$p>0.05$）。

表 4-55　不同所在地学校的激励领导力的方差分析

| 变异来源 | SS（Ⅲ型平方和） | DF | MS（均方） | $F$ |
|---|---|---|---|---|
| 组间 | 0.351 | 2 | 0.175 | 0.164 |
| 组内 | 1213.820 | 1138 | 1.067 | |
| 全体 | 1214.171 | 1140 | | |

## （二）不同类型学校的校长领导力组成要素差异比较

### 1. 行政领导力

通过不同类型学校的校长行政领导力情况描述统计分析（表 4-56）可以看出，学校类型为小学的学校校长行政领导力均值为 4.3478，学校类型为初中的学校校长行政领导力均值为 4.4797，学校类型为高中的学校校长行政领导力均值为 4.3440。

表 4-56　不同类型学校的校长行政领导力描述统计

| 项　目 | 均　值 | 标准差 | 标准误差 |
|---|---|---|---|
| 小学 | 4.3478 | 1.00503 | 0.03553 |
| 初中 | 4.4797 | 0.93127 | 0.05239 |
| 高中 | 4.3440 | 1.03202 | 0.20640 |

不同类型学校的校长行政领导力的方差分析（表 4-57）显示，组间Ⅲ型平方和为 3.988，DF 为 2，均方为 1.994，$F$ 值为 2.052；组内Ⅲ型平方和为 1105.808，DF 为 1138，均方为 0.972；不同类型学校的校长行政领导力方面不存在显著差异（$p>0.05$）。

**表 4-57 不同类型学校的校长行政领导力的方差分析**

| 变异来源 | SS（Ⅲ型平方和） | DF | MS（均方） | $F$ |
|---|---|---|---|---|
| 组间 | 3.988 | 2 | 1.994 | 2.052 |
| 组内 | 1105.808 | 1138 | 0.972 | |
| 全体 | 1109.796 | 1140 | | |

2. 教学领导力

通过不同类型学校的校长教学领导力情况描述统计分析（表 4-58）可以看出，学校类型为小学的学校校长教学领导力均值为 4.3090，学校类型为初中的学校校长教学领导力均值为 4.4310，学校类型为高中的学校校长教学领导力均值为 4.2720。

**表 4-58 不同类型学校的校长教学领导力描述统计**

| 项 目 | 均 值 | 标准差 | 标准误差 |
|---|---|---|---|
| 小学 | 4.3090 | 1.02114 | 0.03610 |
| 初中 | 4.4310 | 0.96012 | 0.05401 |
| 高中 | 4.2720 | 1.01140 | 0.20228 |

不同类型学校的校长教学领导力的方差分析（表 4-59）显示，组间Ⅲ型平方和为 3.497，DF 为 2，均方为 1.749，$F$ 值为 1.733；组内Ⅲ型平方和为 1148.062，DF 为 1138，均方为 1.009；不同所在地学校的校长激励领导力方面不存在显著差异（$p>0.05$）。

**表 4-59 不同类型学校的校长教学领导力的方差分析**

| 变异来源 | SS（Ⅲ型平方和） | DF | MS（均方） | $F$ |
|---|---|---|---|---|
| 组间 | 3.497 | 2 | 1.749 | 1.733 |
| 组内 | 1148.062 | 1138 | 1.009 | |
| 全体 | 1151.559 | 1140 | | |

3. 战略领导力

通过不同类型学校的校长战略领导力情况描述统计分析（表 4-60）可以看出，学校类型为小学的学校校长战略领导力均值为 4.3268，学校类型为初中的学校校长战略领导力均值为 4.4430，学校类型为高中的学校校长战略领导力均值为 4.3200。

**表 4-60 不同类型学校的校长战略领导力描述统计**

| 项 目 | 均 值 | 标准差 | 标准误差 |
|---|---|---|---|
| 小学 | 4.3268 | 1.00824 | 0.03565 |

续表 4-60

| 项　目 | 均　值 | 标准差 | 标准误差 |
|---|---|---|---|
| 初中 | 4.4430 | 0.92413 | 0.05199 |
| 高中 | 4.3200 | 0.95219 | 0.19044 |

不同类型学校的校长战略领导力的方差分析（表 4-61）显示，组间Ⅲ型平方和为 3.102，DF 为 2，均方为 1.551，$F$ 值为 1.600；组内Ⅲ型平方和为 1103.002，DF 为 1138，均方为 0.969；不同所在地学校的校长战略领导力方面不存在显著差异（$p>0.05$）。

**表 4-61　不同类型学校的校长战略领导力的方差分析**

| 变异来源 | SS（Ⅲ型平方和） | DF | MS（均方） | $F$ |
|---|---|---|---|---|
| 组间 | 3.102 | 2 | 1.551 | 1.600 |
| 组内 | 1103.002 | 1138 | 0.969 | |
| 全体 | 1106.104 | 1140 | | |

4. 包容领导力

通过不同类型学校的校长包容领导力情况描述统计分析（表 4-62）可以看出，学校类型为小学的学校校长包容领导力均值为 4.2444，学校类型为初中的学校校长包容领导力均值为 4.4027，学校类型为高中的学校校长包容领导力均值为 4.2900。

**表 4-62　不同类型学校的校长包容领导力描述统计**

| 项　目 | 均　值 | 标准差 | 标准误差 |
|---|---|---|---|
| 小学 | 4.2444 | 1.06138 | 0.03753 |
| 初中 | 4.4027 | 0.96044 | 0.05403 |
| 高中 | 4.2900 | 1.01725 | 0.20345 |

不同类型学校的校长包容领导力的方差分析（表 4-63）显示，组间Ⅲ型平方和为 5.678，DF 为 2，均方为 2.839，$F$ 值为 2.658；组内Ⅲ型平方和为 1215.505，DF 为 1138，均方为 1.068；不同所在地学校的校长包容领导力方面不存在显著差异（$p>0.05$）。

**表 4-63　不同类型学校的校长包容领导力的方差分析**

| 变异来源 | SS（Ⅲ型平方和） | DF | MS（均方） | $F$ |
|---|---|---|---|---|
| 组间 | 5.678 | 2 | 2.839 | 2.658 |
| 组内 | 1215.505 | 1138 | 1.068 | |
| 全体 | 1221.182 | 1140 | | |

5. 激励领导力

通过不同类型学校的校长激励领导力情况描述统计分析（表4-64）可以看出，学校类型为小学的学校校长激励领导力均值为4.3243，学校类型为初中的学校校长激励领导力均值为4.4778，学校类型为高中的学校校长激励领导力均值为4.3886。

**表4-64 不同类型学校的校长激励领导力描述统计**

| 项 目 | 均 值 | 标准差 | 标准误差 |
|---|---|---|---|
| 小学 | 4.3243 | 1.05279 | 0.03722 |
| 初中 | 4.4778 | 0.97149 | 0.05465 |
| 高中 | 4.3886 | 1.03962 | 0.20792 |

不同类型学校的校长激励领导力的方差分析（表4-65）显示，组间Ⅲ型平方和为5.352，DF为2，均方为2.676，*F*值为2.519；组内Ⅲ型平方和为1208.819，DF为1138，均方为1.062；不同所在地学校的校长激励领导力方面不存在显著差异（$p>0.05$）。

**表4-65 不同类型学校的校长激励领导力的方差分析**

| 变异来源 | SS（Ⅲ型平方和） | DF | MS（均方） | *F* |
|---|---|---|---|---|
| 组间 | 5.352 | 2 | 2.676 | 2.519 |
| 组内 | 1208.819 | 1138 | 1.062 | |
| 全体 | 1214.171 | 1140 | | |

（三）不同学生人数学校的校长领导力组成要素差异比较

1. 行政领导力

通过不同学生人数学校的校长行政领导力描述统计分析（表4-66）可以看出，学生人数在100人以下的被试所在学校的校长行政领导力均值为4.0925，学生人数在100~200人的被试所在学校的校长行政领导力均值为4.1676，学生人数在200~500人的被试所在学校的校长行政领导力均值为4.5528，学生人数在500~1000人的被试所在学校的校长行政领导力均值为4.3338，学生人数在1000人以上的被试所在学校的校长行政领导力均值为4.4080。

**表4-66 不同学生人数学校的校长行政领导力描述统计**

| 项 目 | 均 值 | 标准差 | 标准误差 |
|---|---|---|---|
| 100人以下 | 4.0925 | 1.20571 | 0.14730 |
| 100~200人 | 4.1676 | 1.11639 | 0.09369 |

续表 4-66

| 项　目 | 均　值 | 标准差 | 标准误差 |
|---|---|---|---|
| 200~500 人 | 4.5528 | 0.82206 | 0.04439 |
| 500~1000 人 | 4.3338 | 0.97797 | 0.05743 |
| 1000 人以上 | 4.4080 | 1.01595 | 0.05875 |

不同学生人数学校的校长行政领导力的方差分析（表 4-67）显示，不同学生人数学校的校长行政领导力方面存在显著差异（$p<0.001$）。由事后比较得知，学生人数在 200~500 人的被试所在学校的校长行政领导力均值大于学生人数在 100 人以下的被试所在学校的校长行政领导力均值，即学生人数在 200~500 人的被试所在学校的校长行政领导力明显好于学生人数在 100 人以下的被试所在学校的校长行政领导力。学生人数在 200~500 人的被试所在学校的校长行政领导力均值大于学生人数在 100~200 人以下的被试所在学校的校长行政领导力均值，即学生人数在 200~500 人的被试所在学校的校长行政领导力明显好于学生人数在 100~200 人的被试所在学校的校长行政领导力。学生人数在 200~500 人的被试所在学校的校长行政领导力均值大于学生人数在 500~1000 人以下的被试所在学校的校长行政领导力均值，即学生人数在 200~500 人的被试所在学校的校长行政领导力明显好于学生人数在 500~1000 人的被试所在学校的校长行政领导力。进一步从关联强度指数来看，$\omega^2$ 的值等于 0.017，可见，学生人数与校长行政领导力存在相关关系。统计检验力等于 0.986，决策正确率较高，学生人数对校长行政领导力的解释量较大。

**表 4-67　不同学生人数学校的校长行政领导力的方差分析**

| 变异来源 | SS（Ⅲ型平方和） | DF | MS（均方） | $F$ | 事后比较 | $\omega^2$ | 统计检验力 |
|---|---|---|---|---|---|---|---|
| 组间 | 23.014 | 4 | 5.754 | 6.014*** | 200~500 人>100 人以下； | 0.017 | 0.986 |
| 组内 | 1086.782 | 1136 | 0.957 | | 200~500 人>100~200 人； | | |
| 全体 | 1109.796 | 1140 | | | 200~500 人>500~1000 人 | | |

注：$^{***}p<0.001$。

2. 教学领导力

通过不同学生人数学校的校长教学领导力描述统计分析（表 4-68）可以看出，学生人数在 100 人以下的被试所在学校的校长教学领导力均值为 3.9821，学生人数在 100~200 人的被试所在学校的校长教学领导力均值为 4.1310，学生人数在 200~500 人的被试所在学校的校长教学领导力均值为 4.5114，学生人数在 500~1000 人的被试所在学校的校长教学领导力均值为 4.2855，学生人数在 1000 人以上的被试所在学校的校长教学领导力均值为 4.3833。

表 4-68 不同学生人数学校的校长教学领导力描述统计

| 项 目 | 均 值 | 标准差 | 标准误差 |
|---|---|---|---|
| 100 人以下 | 3.9821 | 1.26046 | 0.15399 |
| 100~200 人 | 4.1310 | 1.08400 | 0.09097 |
| 200~500 人 | 4.5114 | 0.86021 | 0.04645 |
| 500~1000 人 | 4.2855 | 1.03228 | 0.06062 |
| 1000 人以上 | 4.3833 | 0.99279 | 0.05741 |

不同学生人数学校的校长教学领导力的方差分析（表 4-69）显示，不同学生人数学校的校长教学领导力方面有显著差异（$p<0.001$）。由事后比较得知，学生人数在 200~500 人的被试所在学校的校长教学领导力均值大于学生人数在 100 人以下的被试所在学校的校长教学领导力均值，即学生人数在 200~500 人的被试所在学校的校长教学领导力明显好于学生人数在 100 人以下的被试所在学校的校长教学领导力。学生人数在 200~500 人的被试所在学校的校长教学领导力均值大于学生人数在 100~200 人以下的被试所在学校的校长教学领导力均值，即学生人数在 200~500 人的被试所在学校的校长教学领导力明显好于学生人数在 100~200 人的被试所在学校的校长教学领导力。学生人数在 200~500 人的被试所在学校的校长教学领导力均值大于学生人数在 500~1000 人以下的被试所在学校的校长教学领导力均值，即学生人数在 200~500 人的被试所在学校的校长教学领导力明显好于学生人数在 500~1000 人的被试所在学校的校长教学领导力。进一步从关联强度指数来看，$\omega^2$ 的值等于 0.019，可见，学生人数与校长教学领导力存在相关关系。统计检验力等于 0.993，决策正确率较高，学生人数对校长教学领导力的解释量较大。

表 4-69 不同学生人数学校的校长教学领导力的方差分析

| 变异来源 | SS（Ⅲ型平方和） | DF | MS（均方） | *F* | 事后比较 | $\omega^2$ | 统计检验力 |
|---|---|---|---|---|---|---|---|
| 组间 | 26.276 | 4 | 6.569 | 6.631*** | 200~500 人>100 人以下；<br>200~500 人>100~200 人；<br>200~500 人>500~1000 人 | 0.019 | 0.993 |
| 组内 | 1125.283 | 1136 | 0.991 | | | | |
| 全体 | 1151.559 | 1140 | | | | | |

注：*** $p<0.001$。

3. 战略领导力

通过不同学生人数学校的校长战略领导力描述统计分析（表 4-70）可以看出，学生人数在 100 人以下的被试所在学校的校长战略领导力均值为 4.0567，学生人数在 100~200 人的被试所在学校的校长战略领导力均值为 4.1070，学生人数在 200~500 人的被试所在学校的校长战略领导力均值为 4.5219，学生人数在

500~1000 人的被试所在学校的校长战略领导力均值为 4.3041，学生人数在 1000 人以上的被试所在学校的校长战略领导力均值为 4.4120。

**表 4-70　不同学生人数学校的校长战略领导力描述统计**

| 项　目 | 均　值 | 标准差 | 标准误差 |
|---|---|---|---|
| 100 人以下 | 4.0567 | 1.22786 | 0.15001 |
| 100~200 人 | 4.1070 | 1.10516 | 0.09274 |
| 200~500 人 | 4.5219 | 0.85139 | 0.04597 |
| 500~1000 人 | 4.3041 | 0.99649 | 0.05852 |
| 1000 人以上 | 4.4120 | 0.95811 | 0.05541 |

不同学生人数学校的校长战略领导力的方差分析（表 4-71）显示，不同学生人数学校的校长战略领导力方面有显著差异（$p<0.001$）。由事后比较得知，学生人数在 200~500 人的被试所在学校的校长战略领导力均值大于学生人数在 100 人以下的被试所在学校的校长战略领导力均值，即学生人数在 200~500 人的被试所在学校的校长战略领导力明显好于学生人数在 100 人以下的被试所在学校的校长战略领导力。学生人数在 200~500 人的被试所在学校的校长战略领导力均值大于学生人数在 100~200 人以下的被试所在学校的校长战略领导力均值，即学生人数在 200~500 人的被试所在学校的校长战略领导力明显好于学生人数在 100~200 人的被试所在学校的校长战略领导力。学生人数在 200~500 人的被试所在学校的校长战略领导力均值大于学生人数在 500~1000 人以下的被试所在学校的校长战略领导力均值，即学生人数在 200~500 人的被试所在学校的校长战略领导力明显好于学生人数在 500~1000 人的被试所在学校的校长战略领导力。进一步从关联强度指数来看，$\omega^2$ 的值等于 0.020，可见，学生人数与校长战略领导力存在相关关系。统计检验力等于 0.994，决策正确率较高，学生人数对校长战略领导力的解释量较大。

**表 4-71　不同学生人数学校的校长战略领导力的方差分析**

<table>
<tr><th>变异来源</th><th>SS<br>（Ⅲ型平方和）</th><th>DF</th><th>MS<br>（均方）</th><th>F</th><th>事后比较</th><th>ω²</th><th>统计<br>检验力</th></tr>
<tr><td>组间</td><td>25.949</td><td>4</td><td>6.487</td><td>6.823***</td><td rowspan="3">200~500 人>100 人以下；<br>200~500 人>100~200 人；<br>200~500 人>500~1000 人</td><td rowspan="3">0.020</td><td rowspan="3">0.994</td></tr>
<tr><td>组内</td><td>1080.155</td><td>1136</td><td>0.951</td><td></td></tr>
<tr><td>全体</td><td>1106.104</td><td>1140</td><td></td><td></td></tr>
</table>

注：*** $p<0.001$。

4. 包容领导力

通过不同学生人数学校的校长包容领导力描述统计分析（表 4-72）可以看出，学生人数在 100 人以下的被试所在学校的校长包容领导力均值为 4.0821，学生人数在 100~200 人的被试所在学校的校长包容领导力均值为 4. 0475，学生人数在 200~500 人的被试所在学校的校长包容领导力均值为 4. 4490，学生人数在 500~1000 人的被试所在学校的校长包容领导力均值为 4. 2379，学生人数在 1000 人以上的被试所在学校的校长包容领导力均值为 4. 3169。

**表 4-72 不同学生人数学校的校长包容领导力描述统计**

| 项 目 | 均 值 | 标准差 | 标准误差 |
|---|---|---|---|
| 100 人以下 | 4. 0821 | 1. 18257 | 0. 14447 |
| 100~200 人 | 4. 0475 | 1. 14736 | 0. 09628 |
| 200~500 人 | 4. 4490 | 0. 90540 | 0. 04889 |
| 500~1000 人 | 4. 2379 | 1. 06791 | 0. 06271 |
| 1000 人以上 | 4. 3169 | 1. 02390 | 0. 05921 |

不同学生人数学校的校长包容领导力的方差分析（表 4-73）显示，不同学生人数学校的校长包容领导力方面有显著差异（$p<0.001$）。由事后比较得知，学生人数在 200~500 人的被试所在学校的校长包容领导力均值大于学生人数在 100~200 人以下的被试所在学校的校长包容领导力均值，即学生人数在 200~500 人的被试所在学校的校长包容领导力明显好于学生人数在 100~200 人的被试所在学校的校长包容领导力。进一步从关联强度指数来看，$\omega^2$ 的值等于 0. 014，可见，学生人数与校长包容领导力存在相关关系。统计检验力等于 0. 962，决策正确率较高，学生人数对校长包容领导力的解释量较大。

**表 4-73 不同学生人数学校的校长包容领导力的方差分析**

| 变异来源 | SS（Ⅲ型平方和） | DF | MS（均方） | $F$ | 事后比较 | $\omega^2$ | 统计检验力 |
|---|---|---|---|---|---|---|---|
| 组间 | 20. 915 | 4 | 5. 229 | 4. 949 ** | 200~500 人>100~200 人 | 0. 014 | 0. 962 |
| 组内 | 1200. 267 | 1136 | 1. 057 | | | | |
| 全体 | 1221. 182 | 1140 | | | | | |

注：** $p<0.01$。

5. 激励领导力

通过不同学生人数学校的校长激励领导力描述统计分析（表 4-74）可以看出，学生人数在 100 人以下的被试所在学校的校长激励领导力均值为 4. 0746，学生人数在 100~200 人的被试所在学校的校长激励领导力均值为 4. 1378，学生人数在 200~500 人的被试所在学校的校长激励领导力均值为 4. 5414，学生人数在 500~1000 人的被试所在学校的校长激励领导力均值为 4. 2842，学生人数在 1000 人以上的被试所在学校的校长激励领导力均值为 4. 4262。

**表 4-74 不同学生人数学校的校长激励领导力描述统计**

| 项 目 | 均 值 | 标准差 | 标准误差 |
|---|---|---|---|
| 100 人以下 | 4. 0746 | 1. 28363 | 0. 15682 |
| 100~200 人 | 4. 1378 | 1. 17943 | 0. 09898 |
| 200~500 人 | 4. 5414 | 0. 86245 | 0. 04657 |
| 500~1000 人 | 4. 2842 | 1. 08631 | 0. 06379 |
| 1000 人以上 | 4. 4262 | 0. 98172 | 0. 05677 |

不同学生人数学校的校长激励领导力的方差分析（表 4-75）显示，不同学生人数学校的校长激励领导力方面有显著差异（$p<0.001$）。由事后比较得知，学生人数在 200~500 人的被试所在学校的校长激励领导力均值大于学生人数在 100~200 人以下的被试所在学校的校长激励领导力均值，即学生人数在 200~500 人的被试所在学校的校长激励领导力明显好于学生人数在 100~200 人的被试所在学校的校长激励领导力。学生人数在 200~500 人的被试所在学校的校长激励领导力均值大于学生人数在 500~1000 人以下的被试所在学校的校长激励领导力均值，即学生人数在 200~500 人的被试所在学校的校长激励领导力明显好于学生人数在 500~1000 人的被试所在学校的校长激励领导力。进一步从关联强度指数来看，$\omega^2$ 的值等于 0. 019，可见，学生人数与校长激励领导力存在相关关系。统计检验力等于 0. 990，决策正确率较高，学生人数对校长激励领导力的解释量较大。

**表 4-75 不同学生人数学校的校长激励领导力的方差分析**

| 变异来源 | SS（Ⅲ型平方和） | DF | MS（均方） | $F$ | 事后比较 | $\omega^2$ | 统计检验力 |
|---|---|---|---|---|---|---|---|
| 组间 | 26. 655 | 4 | 6. 664 | 6. 375*** | 200~500 人>100~200 人；200~500 人>500~1000 人 | 0. 019 | 0. 990 |
| 组内 | 1187. 517 | 1136 | 1. 045 | | | | |
| 全体 | 1214. 171 | 1140 | | | | | |

注：*** $p<0.001$。

## （四）离教育管理部门不同距离学校的校长领导力组成要素差异比较

### 1. 行政领导力

通过离教育管理部门不同距离学校的校长行政领导力描述统计分析（表 4-76）可以看出，离教育管理部门非常远学校的校长行政领导力均值为 4. 4074，离教育管理部门比较远学校的校长行政领导力均值为 4. 4290，离教育管理部门适中学校的校长行政领导力均值为 4. 3025，离教育管理部门比较近学校的校长行政领导力均值为 4. 4458，离教育管理部门非常近学校的校长行政领导力均值为 4. 4127。

表 4-76　离教育管理部门不同距离学校的校长行政领导力描述统计

| 项　目 | 均　值 | 标准差 | 标准误差 |
|---|---|---|---|
| 非常远 | 4.4074 | 1.01904 | 0.11323 |
| 比较远 | 4.4290 | 0.91386 | 0.04823 |
| 适中 | 4.3025 | 1.03349 | 0.05117 |
| 比较近 | 4.4458 | 0.93626 | 0.06400 |
| 非常近 | 4.4127 | 1.14325 | 0.12863 |

离教育管理部门不同距离学校的校长行政领导力的方差分析（表 4-77）显示，组间Ⅲ型平方和为 4.366，DF 为 4，均方为 1.091，$F$ 值为 1.122；组内Ⅲ型平方和为 1105.430，DF 为 1136，均方为 0.973；离教育管理部门不同距离学校的校长行政领导力方面不存在显著差异（$p>0.05$）。

表 4-77　离教育管理部门不同距离学校的校长行政领导力的方差分析

| 变异来源 | SS（Ⅲ型平方和） | DF | MS（均方） | $F$ |
|---|---|---|---|---|
| 组间 | 4.366 | 4 | 1.091 | 1.122 |
| 组内 | 1105.430 | 1136 | 0.973 | |
| 全体 | 1109.796 | 1140 | | |

2. 教学领导力

通过离教育管理部门不同距离学校的校长教学领导力描述统计分析（表 4-78）可以看出，离教育管理部门非常远学校的校长教学领导力均值为 4.3284，离教育管理部门比较远学校的校长教学领导力均值为 4.3928，离教育管理部门适中学校的校长教学领导力均值为 4.2618，离教育管理部门比较近学校的校长教学领导力均值为 4.3972，离教育管理部门非常近学校的校长教学领导力均值为 4.3899。

表 4-78　离教育管理部门不同距离学校的校长教学领导力描述统计

| 项　目 | 均　值 | 标准差 | 标准误差 |
|---|---|---|---|
| 非常远 | 4.3284 | 1.04274 | 0.11586 |
| 比较远 | 4.3928 | 0.92577 | 0.04886 |
| 适中 | 4.2618 | 1.07777 | 0.05336 |
| 比较近 | 4.3972 | 0.92487 | 0.06322 |
| 非常近 | 4.3899 | 1.12314 | 0.12636 |

离教育管理部门不同距离学校的校长教学领导力的方差分析（表 4-79）显示，组间Ⅲ型平方和为 4.400，DF 为 4，均方为 1.100，$F$ 值为 1.089；组内Ⅲ型

平方和为1147.160，DF为1136，均方为1.010；离教育管理部门不同距离学校的校长教学领导力方面不存在显著差异（$p>0.05$）。

**表4-79　离教育管理部门不同距离学校的校长教学领导力的方差分析**

| 变异来源 | SS（Ⅲ型平方和） | DF | MS（均方） | *F* |
|---|---|---|---|---|
| 组间 | 4.400 | 4 | 1.100 | 1.089 |
| 组内 | 1147.160 | 1136 | 1.010 | |
| 全体 | 1151.559 | 1140 | | |

3. 战略领导力

通过离教育管理部门不同距离学校的校长战略领导力描述统计分析（表4-80）可以看出，离教育管理部门非常远学校的校长战略领导力均值为4.4173，离教育管理部门比较远学校的校长战略领导力均值为4.3877，离教育管理部门适中学校的校长战略领导力均值为4.2951，离教育管理部门比较近学校的校长战略领导力均值为4.4178，离教育管理部门非常近学校的校长战略领导力均值为4.3367。

**表4-80　离教育管理部门不同距离学校的校长战略领导力描述统计**

| 项　目 | 均　值 | 标准差 | 标准误差 |
|---|---|---|---|
| 非常远 | 4.4173 | 0.97375 | 0.10819 |
| 比较远 | 4.3877 | 0.93119 | 0.04915 |
| 适中 | 4.2951 | 1.03443 | 0.05121 |
| 比较近 | 4.4178 | 0.92349 | 0.06313 |
| 非常近 | 4.3367 | 1.13026 | 0.12716 |

离教育管理部门不同距离学校的校长战略领导力的方差分析（表4-81）显示，组间Ⅲ型平方和为3.016，DF为4，均方为0.754，*F*值为0.776；组内Ⅲ型平方和为1103.088，DF为1136，均方为0.971；离教育管理部门不同距离学校的校长战略领导力方面不存在显著差异（$p>0.05$）。

**表4-81　离教育管理部门不同距离学校的校长战略领导力的方差分析**

| 变异来源 | SS（Ⅲ型平方和） | DF | MS（均方） | *F* |
|---|---|---|---|---|
| 组间 | 3.016 | 4 | 0.754 | 0.776 |
| 组内 | 1103.088 | 1136 | 0.971 | |
| 全体 | 1106.104 | 1140 | | |

4. 包容领导力

通过离教育管理部门不同距离学校的校长包容领导力描述统计分析（表

4-82）可以看出，离教育管理部门非常远学校的校长包容领导力均值为 4. 2963，离教育管理部门比较远学校的校长包容领导力均值为 4. 3364，离教育管理部门适中学校的校长包容领导力均值为 4. 2647，离教育管理部门比较近学校的校长包容领导力均值为 4. 2757，离教育管理部门非常近学校的校长包容领导力均值为 4. 2310。

**表 4-82 离教育管理部门不同距离学校的校长包容领导力描述统计**

| 项 目 | 均 值 | 标准差 | 标准误差 |
|---|---|---|---|
| 非常远 | 4. 2963 | 1. 06954 | 0. 11884 |
| 比较远 | 4. 3364 | 0. 96202 | 0. 05077 |
| 适中 | 4. 2647 | 1. 06561 | 0. 05276 |
| 比较近 | 4. 2757 | 1. 04249 | 0. 07126 |
| 非常近 | 4. 2310 | 1. 15107 | 0. 12951 |

离教育管理部门不同距离学校的校长包容领导力的方差分析（表 4-83）显示，组间Ⅲ型平方和为 1. 353，DF 为 4，均方为 0. 338，*F* 值为 0. 315；组内Ⅲ型平方和为 1219. 829，DF 为 1136，均方为 1. 074；离教育管理部门不同距离学校的校长包容领导力方面不存在显著差异（$p>0.05$）。

**表 4-83 离教育管理部门不同距离学校的校长包容领导力的方差分析**

| 变异来源 | SS（Ⅲ型平方和） | DF | MS（均方） | *F* |
|---|---|---|---|---|
| 组间 | 1. 353 | 4 | 0. 338 | 0. 315 |
| 组内 | 1219. 829 | 1136 | 1. 074 | |
| 全体 | 1221. 182 | 1140 | | |

5. 激励领导力

通过离教育管理部门不同距离学校的校长激励领导力描述统计分析（表 4-84）可以看出，离教育管理部门非常远学校的校长激励领导力均值为 4. 3545，离教育管理部门比较远学校的校长激励领导力均值为 4. 4123，离教育管理部门适中学校的校长激励领导力均值为 4. 3172，离教育管理部门比较近学校的校长激励领导力均值为 4. 4005，离教育管理部门非常近学校的校长激励领导力均值为 4. 3580。

**表 4-84 离教育管理部门不同距离学校的校长激励领导力描述统计**

| 项 目 | 均 值 | 标准差 | 标准误差 |
|---|---|---|---|
| 非常远 | 4. 3545 | 1. 04494 | 0. 11610 |
| 比较远 | 4. 4123 | 0. 98212 | 0. 05183 |

续表 4-84

| 项　目 | 均　值 | 标准差 | 标准误差 |
|---|---|---|---|
| 适中 | 4.3172 | 1.05198 | 0.05208 |
| 比较近 | 4.4005 | 1.00938 | 0.06900 |
| 非常近 | 4.3580 | 1.19870 | 0.13486 |

离教育管理部门不同距离学校的校长激励领导力的方差分析（表 4-85）显示，组间Ⅲ型平方和为 2.004，DF 为 4，均方为 0.501，$F$ 值为 0.470；组内Ⅲ型平方和为 1212.167，DF 为 1136，均方为 1.067；离教育管理部门不同距离学校的校长激励领导力方面不存在显著差异（$p>0.05$）。

**表 4-85　离教育管理部门不同距离学校的校长激励领导力的方差分析**

| 变异来源 | SS（Ⅲ型平方和） | DF | MS（均方） | $F$ |
|---|---|---|---|---|
| 组间 | 2.004 | 4 | 0.501 | 0.470 |
| 组内 | 1212.167 | 1136 | 1.067 | |
| 全体 | 1214.171 | 1140 | | |

# 第五章 农村学校中的学校效能

学校效能是任何一所学校在办学过程中都会追求的目标。学校效能主要体现在培养的人才质量和办学质量上。人才培养质量通过学生学业成绩表现出来，办学质量是通过教育系统内部以及所有利益相关者的认可而呈现出来。本章依据农村学校的数据对农村学校效能的现状进行分析，为进一步揭示农村学校校长领导力对学校效能的影响提供数据基础。

## 第一节 农村学校效能的现实描述

### 一、农村学校效能整体基本概况

学校效能的主要判断指标是学生学业成绩和学校办学质量。学生是学校教育的对象与主体，学生学业成绩水平的高低是学校效能的重要指标。学校办学质量的高低是社会对学校效能判断的重要指标。这两个方面能很好地呈现一个学校效能的状态。从农村学校效能的现实数据（表 5-1）来看，农村学校效能的水平处于较好的状况，均值为 4. 1629。

**表 5-1 农村学校效能描述统计**

| 项　目 | *N* | 极小值 | 极大值 | 均值 | 标准差 |
|---|---|---|---|---|---|
| 学校效能 | 1141 | 1. 00 | 5. 00 | 4. 1629 | 0. 93199 |
| 有效的 *N* | 1141 | | | | |

### 二、农村学校效能组成要素基本概况

#### （一）学生学业成绩

从表 5-2 中可以看出，农村学校的学生学业成绩情况最小值为 1，最大值为 5，均值为 4. 0584，标准差为 1. 01262，农村学校的学生学业成绩水平较好。

**表 5-2 学生学业成绩描述统计**

| 项　目 | *N* | 极小值 | 极大值 | 均值 | 标准差 |
|---|---|---|---|---|---|
| 学生学业成绩均值 | 1141 | 1. 00 | 5. 00 | 4. 0584 | 1. 01262 |
| 有效的 *N* | 1141 | | | | |

为了更好地了解学生学业成绩的概况，对学生学业成绩进行进一步的分析。从农村学生学业成绩的现实数据（表5-3）来看，农村学生学业成绩各方面的水平均处于较好的状况，学生学习成绩很好均值为3.82，学生没有旷课的均值为4.10，学生对学习的态度很积极均值为4.04，学生毕业时成绩都能达到合格均值为4.11，学生没有辍学的均值为4.23，相比之下学生没有辍学的处于最佳水平。

**表5-3 学生学业成绩组成要素描述统计**

| 项 目 | $N$ | 极小值 | 极大值 | 均值 | 标准差 |
|---|---|---|---|---|---|
| 学生学习成绩很好 | 1141 | 1 | 5 | 3.82 | 1.167 |
| 学生没有旷课的 | 1141 | 1 | 5 | 4.10 | 1.195 |
| 学生对学习的态度很积极 | 1141 | 1 | 5 | 4.04 | 1.110 |
| 学生毕业时成绩都能达到合格 | 1141 | 1 | 5 | 4.11 | 1.109 |
| 学生没有辍学的 | 1141 | 1 | 5 | 4.23 | 1.161 |
| 有效的 $N$ | 1141 | | | | |

表5-4为学生学习成绩很好的情况。其中完全不符合的学校被试有61人，占5.3%；比较不符合的学校被试有88人，占7.7%；适中的学校被试有268人，占23.5%；比较符合的学校被试有303人，占26.6%；完全符合的学校被试有421人，占36.9%。依据统计结果可以推断63.5%的被试认为农村学生学习成绩很好，但仍有13%的被试认为农村学生学习成绩不佳。

**表5-4 学生学习成绩很好频率统计**

| 项 目 | 频 率 | 百分比/% | 有效百分比/% | 累积百分比/% |
|---|---|---|---|---|
| 完全不符合 | 61 | 5.3 | 5.3 | 5.3 |
| 比较不符合 | 88 | 7.7 | 7.7 | 13.1 |
| 适中 | 268 | 23.5 | 23.5 | 36.5 |
| 比较符合 | 303 | 26.6 | 26.6 | 63.1 |
| 完全符合 | 421 | 36.9 | 36.9 | 100.0 |
| 合 计 | 1141 | 100.0 | 100.0 | |

表5-5为学生没有旷课的情况。其中完全不符合的学校被试有69人，占6.0%；比较不符合的学校被试有66人，占5.8%；适中的学校被试有152人，占13.3%；比较符合的学校被试有252人，占22.1%；完全符合的学校被试有602人，占52.8%。依据统计结果可以推断74.9%的被试认为农村学生没有旷课

的，但仍有 11.8%的被试认为农村学生有旷课的现象。

**表 5-5　学生没有旷课的频率统计**

| 项　目 | 频　率 | 百分比/% | 有效百分比/% | 累积百分比/% |
|---|---|---|---|---|
| 完全不符合 | 69 | 6.0 | 6.0 | 6.0 |
| 比较不符合 | 66 | 5.8 | 5.8 | 11.8 |
| 适中 | 152 | 13.3 | 13.3 | 25.2 |
| 比较符合 | 252 | 22.1 | 22.1 | 47.2 |
| 完全符合 | 602 | 52.8 | 52.8 | 100.0 |
| 合　计 | 1141 | 100.0 | 100.0 | |

表 5-6 为学生对学习的态度很积极的情况。其中完全不符合的学校被试有 44 人，占 3.9%；比较不符合的学校被试有 65 人，占 5.7%；适中的学校被试有 223 人，占 19.5%；比较符合的学校被试有 282 人，占 24.7%；完全符合的学校被试有 527 人，占 46.2%。依据统计结果可以推断 70.9%的被试认为学生对学习的态度很积极，但仍有 9.6%的被试认为农村学生对学习的态度不积极。

**表 5-6　学生对学习的态度很积极频率统计**

| 项　目 | 频　率 | 百分比/% | 有效百分比/% | 累积百分比/% |
|---|---|---|---|---|
| 完全不符合 | 44 | 3.9 | 3.9 | 3.9 |
| 比较不符合 | 65 | 5.7 | 5.7 | 9.6 |
| 适中 | 223 | 19.5 | 19.5 | 29.1 |
| 比较符合 | 282 | 24.7 | 24.7 | 53.8 |
| 完全符合 | 527 | 46.2 | 46.2 | 100.0 |
| 合　计 | 1141 | 100.0 | 100.0 | |

表 5-7 为学生毕业时成绩都能达到合格的情况。其中完全不符合的学校被试有 47 人，占 4.1%；比较不符合的学校被试有 53 人，占 4.6%；适中的学校被试有 205 人，占 18.0%；比较符合的学校被试有 261 人，占 22.9%；完全符合的学校被试有 575 人，占 50.4%。依据统计结果可以推断 73.3%的被试认为学生毕业时成绩都能达到合格，但仍有 8.7%的被试认为农村学生毕业时成绩并未都能达到合格。

**表 5-7　学生毕业时成绩都能达到合格频率统计**

| 项　目 | 频　率 | 百分比/% | 有效百分比/% | 累积百分比/% |
|---|---|---|---|---|
| 完全不符合 | 47 | 4.1 | 4.1 | 4.1 |

续表 5-7

| 项　目 | 频　率 | 百分比/% | 有效百分比/% | 累积百分比/% |
|---|---|---|---|---|
| 比较不符合 | 53 | 4.6 | 4.6 | 8.8 |
| 适中 | 205 | 18.0 | 18.0 | 26.7 |
| 比较符合 | 261 | 22.9 | 22.9 | 49.6 |
| 完全符合 | 575 | 50.4 | 50.4 | 100.0 |
| 合　计 | 1141 | 100.0 | 100.0 | |

表 5-8 为学生没有辍学的情况。其中完全不符合的学校被试有 62 人，占 5.4%；比较不符合的学校被试有 48 人，占 4.2%；适中的学校被试有 151 人，占 13.2%；比较符合的学校被试有 184 人，占 16.1%；完全符合的学校被试有 696 人，占 61.0%。依据统计结果可以推断 77.1%的被试认为学生没有辍学的，但仍有 9.6%的被试认为农村学生有辍学的。

**表 5-8　学生没有辍学的频率统计**

| 项　目 | 频　率 | 百分比/% | 有效百分比/% | 累积百分比/% |
|---|---|---|---|---|
| 完全不符合 | 62 | 5.4 | 5.4 | 5.4 |
| 比较不符合 | 48 | 4.2 | 4.2 | 9.6 |
| 适中 | 151 | 13.2 | 13.2 | 22.9 |
| 比较符合 | 184 | 16.1 | 16.1 | 39.0 |
| 完全符合 | 696 | 61.0 | 61.0 | 100.0 |
| 合　计 | 1141 | 100.0 | 100.0 | |

### (二) 学校办学质量

从表 5-9 中可以看出，农村学校办学质量最小值为 1，最大值为 5，均值为 4.2375，标准差为 0.95492，农村校学校办学质量水平较好。

**表 5-9　学校办学质量描述统计**

| 项目 | $N$ | 极小值 | 极大值 | 均值 | 标准差 |
|---|---|---|---|---|---|
| 学校办学质量均值 | 1141 | 1.00 | 5.00 | 4.2375 | 0.95492 |
| 有效的 $N$ | 1141 | | | | |

为了更好地了解学校办学质量的概况，对学校办学质量进行了进一步的分析。从农村学校办学质量的现实数据（表 5-10）来看，农村学校办学质量各方面的水平均处于较好的状况，学校很少出现打架斗殴等恶性事件均值为 4.31，学校教师没有缺勤的均值为 4.03，教师对学校很满意均值为 4.16，家长对学校很

满意均值为4.27，学校一级教学条件能满足学生需要均值为4.25，老师的课堂教学能满足学生学习需求均值为4.38，学校整体课堂教学质量很高均值为4.27，相比之下老师的课堂教学能满足学生学习需求处于最佳水平。

**表5-10　学校办学质量组成要素描述统计**

| 项　目 | N | 极小值 | 极大值 | 均值 | 标准差 |
|---|---|---|---|---|---|
| 学校很少出现打架斗殴等恶性事件 | 1141 | 1 | 5 | 4.31 | 1.150 |
| 学校教师没有缺勤的 | 1141 | 1 | 5 | 4.03 | 1.181 |
| 教师对学校很满意 | 1141 | 1 | 5 | 4.16 | 1.143 |
| 家长对学校很满意 | 1141 | 1 | 5 | 4.27 | 1.067 |
| 学校一级教学条件能满足学生需要 | 1141 | 1 | 5 | 4.25 | 1.067 |
| 老师的课堂教学能满足学生学习需求 | 1141 | 1 | 5 | 4.38 | 0.979 |
| 学校整体课堂教学质量很高 | 1141 | 1 | 5 | 4.27 | 1.054 |
| 有效的 N | 1141 | | | | |

表5-11为学校很少出现打架斗殴等恶性事件的情况。其中完全不符合的学校被试有66人，占5.8%；比较不符合的学校被试有40人，占3.5%；适中的学校被试有115人，占10.1%；比较符合的学校被试有172人，占15.1%；完全符合的学校被试有748人，占65.6%。依据统计结果可以推断80.7%的被试认为学校很少出现打架斗殴等恶性事件，但仍有9.3%的被试认为学校出现打架斗殴等恶性事件。

**表5-11　学校很少出现打架斗殴等恶性事件频率统计**

| 项　目 | 频　率 | 百分比/% | 有效百分比/% | 累积百分比/% |
|---|---|---|---|---|
| 完全不符合 | 66 | 5.8 | 5.8 | 5.8 |
| 比较不符合 | 40 | 3.5 | 3.5 | 9.3 |
| 适中 | 115 | 10.1 | 10.1 | 19.4 |
| 比较符合 | 172 | 15.1 | 15.1 | 34.4 |
| 完全符合 | 748 | 65.6 | 65.6 | 100.0 |
| 合　计 | 1141 | 100.0 | 100.0 | |

表5-12为学校教师没有缺勤的情况。其中完全不符合的学校被试有63人，占5.5%；比较不符合的学校被试有70人，占6.1%；适中的学校被试有189人，占16.6%；比较符合的学校被试有263人，占23.0%；完全符合的学校被试有556人，占48.7%。依据统计结果可以推断71.7%的被试认为学校教师没有缺勤的，但仍有11.6%的被试认为学校教师有缺勤的。

**表 5-12　学校教师没有缺勤频率统计**

| 项　目 | 频　率 | 百分比/% | 有效百分比/% | 累积百分比/% |
|---|---|---|---|---|
| 完全不符合 | 63 | 5.5 | 5.5 | 5.5 |
| 比较不符合 | 70 | 6.1 | 6.1 | 11.7 |
| 适中 | 189 | 16.6 | 16.6 | 28.2 |
| 比较符合 | 263 | 23.0 | 23.0 | 51.3 |
| 完全符合 | 556 | 48.7 | 48.7 | 100.0 |
| 合　计 | 1141 | 100.0 | 100.0 | |

表 5-13 为教师对学校很满意的情况。其中完全不符合的学校被试有 49 人，占 4.3%；比较不符合的学校被试有 69 人，占 6.0%；适中的学校被试有 169 人，占 14.8%；比较符合的学校被试有 222 人，占 19.5%；完全符合的学校被试有 632 人，占 55.4%。依据统计结果可以推断 74.9%的被试认为教师对学校很满意，但仍有 10.3%的被试认为教师对学校不是很满意。

**表 5-13　教师对学校很满意频率统计**

| 项　目 | 频　率 | 百分比/% | 有效百分比/% | 累积百分比/% |
|---|---|---|---|---|
| 完全不符合 | 49 | 4.3 | 4.3 | 4.3 |
| 比较不符合 | 69 | 6.0 | 6.0 | 10.3 |
| 适中 | 169 | 14.8 | 14.8 | 25.2 |
| 比较符合 | 222 | 19.5 | 19.5 | 44.6 |
| 完全符合 | 632 | 55.4 | 55.4 | 100.0 |
| 合　计 | 1141 | 100.0 | 100.0 | |

表 5-14 为家长对学校很满意的情况。其中完全不符合的学校被试有 42 人，占 3.7%；比较不符合的学校被试有 45 人，占 3.9%；适中的学校被试有 150 人，占 13.1%；比较符合的学校被试有 230 人，占 20.2%；完全符合的学校被试有 674 人，占 59.1%。依据统计结果可以推断 79.3%的被试认为家长对学校很满意，但仍有 7.6%的被试认为家长对学校不是很满意。

**表 5-14　家长对学校很满意频率统计**

| 项　目 | 频　率 | 百分比/% | 有效百分比/% | 累积百分比/% |
|---|---|---|---|---|
| 完全不符合 | 42 | 3.7 | 3.7 | 3.7 |
| 比较不符合 | 45 | 3.9 | 3.9 | 7.6 |
| 适中 | 150 | 13.1 | 13.1 | 20.8 |
| 比较符合 | 230 | 20.2 | 20.2 | 40.9 |

续表 5-14

| 项　目 | 频　率 | 百分比/% | 有效百分比/% | 累积百分比/% |
|---|---|---|---|---|
| 完全符合 | 674 | 59.1 | 59.1 | 100.0 |
| 合　计 | 1141 | 100.0 | 100.0 | |

表 5-15 为学校一级教学条件能满足学生需要的情况。其中完全不符合的学校被试有 41 人，占 3.6%；比较不符合的学校被试有 43 人，占 3.8%；适中的学校被试有 168 人，占 14.7%；比较符合的学校被试有 231 人，占 20.2%；完全符合的学校被试有 658 人，占 57.7%。依据统计结果可以推断 77.9%的被试认为学校一级教学条件能满足学生需要，但仍有 7.4%的被试认为学校一级教学条件不能满足学生需要。

**表 5-15　学校一级教学条件能满足学生需要频率统计**

| 项　目 | 频　率 | 百分比/% | 有效百分比/% | 累积百分比/% |
|---|---|---|---|---|
| 完全不符合 | 41 | 3.6 | 3.6 | 3.6 |
| 比较不符合 | 43 | 3.8 | 3.8 | 7.4 |
| 适中 | 168 | 14.7 | 14.7 | 22.1 |
| 比较符合 | 231 | 20.2 | 20.2 | 42.3 |
| 完全符合 | 658 | 57.7 | 57.7 | 100.0 |
| 合　计 | 1141 | 100.0 | 100.0 | |

表 5-16 为老师的课堂教学能满足学生学习需求的情况。其中完全不符合的学校被试有 35 人，占 3.1%；比较不符合的学校被试有 22 人，占 1.9%；适中的学校被试有 136 人，占 11.9%；比较符合的学校被试有 233 人，占 20.4%；完全符合的学校被试有 715 人，占 62.7%。依据统计结果可以推断 83.1%的被试认为老师的课堂教学能满足学生学习需求，但仍有 5.0%的被试认为老师的课堂教学不能满足学生学习需求。

**表 5-16　老师的课堂教学能满足学生学习需求频率统计**

| 项　目 | 频　率 | 百分比/% | 有效百分比/% | 累积百分比/% |
|---|---|---|---|---|
| 完全不符合 | 35 | 3.1 | 3.1 | 3.1 |
| 比较不符合 | 22 | 1.9 | 1.9 | 5.0 |
| 适中 | 136 | 11.9 | 11.9 | 16.9 |
| 比较符合 | 233 | 20.4 | 20.4 | 37.3 |
| 完全符合 | 715 | 62.7 | 62.7 | 100.0 |
| 合　计 | 1141 | 100.0 | 100.0 | |

表5-17为学校整体课堂教学质量很高的情况。其中完全不符合的学校被试有44人，占3.9%；比较不符合的学校被试有36人，占3.2%；适中的学校被试有149人，占13.1%；比较符合的学校被试有252人，占22.1%；完全符合的学校被试有660人，占57.8%。依据统计结果可以推断79.9%的被试认为学校整体课堂教学质量很高，但仍有7.1%的被试认为学校整体课堂教学质量不是很高。

**表5-17　学校整体课堂教学质量很高频率统计**

| 项　目 | 频　率 | 百分比/% | 有效百分比/% | 累积百分比/% |
|---|---|---|---|---|
| 完全不符合 | 44 | 3.9 | 3.9 | 3.9 |
| 比较不符合 | 36 | 3.2 | 3.2 | 7.0 |
| 适中 | 149 | 13.1 | 13.1 | 20.1 |
| 比较符合 | 252 | 22.1 | 22.1 | 42.2 |
| 完全符合 | 660 | 57.8 | 57.8 | 100.0 |
| 合　计 | 1141 | 100.0 | 100.0 | |

# 第二节　农村学校效能差异比较的现实描述

## 一、农村学校效能整体差异比较

### （一）不同所在地学校的学校效能整体差异比较

通过不同所在地学校的学校效能情况描述统计分析（表5-18）可以看出，学校所在地在县市的学校效能均值为4.1179，学校所在地在乡镇的学校效能均值为4.1547，学校所在地在村屯的学校效能均值为4.2659。

**表5-18　不同所在地学校的学校效能整体差异描述统计**

| 项　目 | 均　值 | 标准差 | 标准误差 |
|---|---|---|---|
| 县市 | 4.1179 | 1.00810 | 0.06766 |
| 乡镇 | 4.1547 | 0.91844 | 0.03327 |
| 村屯 | 4.2659 | 0.88263 | 0.07044 |

不同所在地学校间的学校效能的方差分析（表5-19）显示，组间Ⅲ型平方和为2.167，DF为2，均方为1.084，$F$值为1.248；组内Ⅲ型平方和为988.052，DF为1138，均方为0.868；不同所在地学校的学校效能方面不存在显著差异（$p>0.05$）。

**表 5-19　不同所在地学校的学校效能整体差异的方差分析**

| 变异来源 | SS（Ⅲ型平方和） | DF | MS（均方） | *F* |
|---|---|---|---|---|
| 组间 | 2. 167 | 2 | 1. 084 | 1. 248 |
| 组内 | 988. 052 | 1138 | 0. 868 | |
| 全体 | 990. 220 | 1140 | | |

（二）不同类型学校的学校效能整体差异比较

通过不同类型学校的学校效能描述统计分析（表 5-20）可以看出，小学的被试所在学校的学校效能均值为 4. 2381，初中的被试所在学校的学校效能均值为 4. 0277，高中的被试所在学校的学校效能均值为 3. 4633。

**表 5-20　不同类型学校的学校效能整体差异描述统计**

| 项　目 | 均　值 | 标准差 | 标准误差 |
|---|---|---|---|
| 小学 | 4. 2381 | 0. 90858 | 0. 03212 |
| 初中 | 4. 0277 | 0. 93256 | 0. 05246 |
| 高中 | 3. 4633 | 1. 19269 | 0. 23854 |

不同类型学校的学校效能的方差分析（表 5-21）显示，不同类型学校的学校效能方面有显著差异（$p<0.001$）。由事后比较得知，小学的被试所在学校的学校效能均值大于初中的被试所在学校的学校效能均值，即小学的被试所在学校的学校效能明显好于初中的被试所在学校的学校效能。小学的被试所在学校的学校效能均值大于高中的被试所在学校的学校效能均值，即小学的被试所在学校的学校效能明显好于高中的被试所在学校的学校效能。初中的被试所在学校的学校效能均值大于高中的被试所在学校的学校效能均值，即初中的被试所在学校的学校效能明显好于高中的被试所在学校的学校效能。进一步从关联强度指数来看，$\omega^2$ 的值等于 0. 021，可见，不同类型学校与学校效能存在相关关系。统计检验力等于 0. 998，决策正确率较高，不同类型学校对学校效能的解释量较大。

**表 5-21　不同类型学校的学校效能整体差异的方差分析**

| 变异来源 | SS（Ⅲ型平方和） | DF | MS（均方） | *F* | 事后比较 | $\omega^2$ | 统计检验力 |
|---|---|---|---|---|---|---|---|
| 组间 | 22. 539 | 2 | 11. 269 | 13. 253 *** | 小学>初中； | 0. 021 | 0. 998 |
| 组内 | 967. 681 | 1138 | 0. 850 | | 小学>高中； | | |
| 全体 | 990. 220 | 1140 | | | 初中>高中 | | |

注：*** $p<0.001$。

### （三）不同学生人数学校的学校效能整体差异比较

通过不同学生人数学校的学校效能描述统计分析（表 5-22）可以看出，学生人数在 100 人以下的被试所在学校的学校效能均值为 3.9104，学生人数在100~200人的被试所在学校的学校效能均值为 3.8826，学生人数是200~500 人的被试所在学校的学校效能均值为 4.2218。学生人数在 500~1000 人的被试所在学校的学校效能均值为 4.2026，学生人数在 1000 人以上的被试所在学校的学校效能均值为 4.2464。

**表 5-22　不同学生人数学校的学校效能整体差异描述统计**

| 项　目 | 均　值 | 标准差 | 标准误差 |
|---|---|---|---|
| 100 人以下 | 3.9104 | 1.15464 | 0.14106 |
| 100~200 人 | 3.8826 | 1.03424 | 0.08679 |
| 200~500 人 | 4.2218 | 0.86910 | 0.04693 |
| 500~1000 人 | 4.2026 | 0.85205 | 0.05003 |
| 1000 人以上 | 4.2464 | 0.94143 | 0.05444 |

不同学生人数学校的学校效能的方差分析（表 5-23）显示，不同学生人数学校的学校效能方面有显著差异（$p<0.001$）。由事后比较得知，学生人数在 200~500 人的被试所在学校的学校效能均值大于学生人数在 100~200 人以下的被试所在学校的学校效能均值，即学生人数在 200~500 人的被试所在学校的学校效能明显好于学生人数在 100~200 人的被试所在学校的学校效能。学生人数在500~1000 人的被试所在学校的学校效能均值大于学生人数在 100~200 人的被试所在学校的学校效能均值，即学生人数在 500~1000 人的被试所在学校的学校效能明显好于学生人数在 100~200 人的被试所在学校的学校效能。学生人数在 1000 人以上的被试所在学校的学校效能均值大于学生人数在 100~200 人的被试所在学校的学校效能均值，即学生人数在 1000 人以上的被试所在学校的学校效能明显好于学生人数在 100~200 人的被试所在学校的学校效能。进一步从关联强度指数来看，$\omega^2$ 的值等于 0.016，可见，学生人数与学校效能存在相关关系。统计检验力等于 0.979，决策正确率较高，学生人数对学校效能的解释量较大。

**表 5-23　不同学生人数学校的学校效能整体差异的方差分析**

| 变异来源 | SS（Ⅲ型平方和） | DF | MS（均方） | $F$ | 事后比较 | $\omega^2$ | 统计检验力 |
|---|---|---|---|---|---|---|---|
| 组间 | 19.155 | 4 | 4.789 | 5.602*** | 200~500 人>100~200 人；500~1000 人>100~200 人；1000 人以上>100~200 人 | 0.016 | 0.979 |
| 组内 | 971.064 | 1136 | 0.855 | | | | |
| 全体 | 990.220 | 1140 | | | | | |

注：*** $p<0.001$。

### （四）离教育管理部门不同距离学校的学校效能整体差异比较

通过离教育管理部门不同距离学校的学校效能描述统计分析（表 5-24）可以看出，离教育管理部门非常远学校的学校效能均值为 4.1944，离教育管理部门比较远学校的学校效能均值为 4.1493，离教育管理部门适中学校的学校效能均值为 4.1299，离教育管理部门比较近学校的学校效能均值为 4.2216，离教育管理部门非常近学校的学校效能均值为 4.2036。

**表 5-24　离教育管理部门不同距离学校的学校效能整体差异描述统计**

| 项　目 | 均　值 | 标准差 | 标准误差 |
|---|---|---|---|
| 非常远 | 4.1944 | 0.96303 | 0.10700 |
| 比较远 | 4.1493 | 0.89460 | 0.04722 |
| 适中 | 4.1299 | 0.96512 | 0.04778 |
| 比较近 | 4.2216 | 0.90242 | 0.06169 |
| 非常近 | 4.2036 | 0.98382 | 0.11069 |

离教育管理部门不同距离学校的学校效能的方差分析（表 5-25）显示，组间Ⅲ型平方和为 1.459，DF 为 4，均方为 0.365，$F$ 值为 0.419；组内Ⅲ型平方和为 988.760，DF 为 1136，均方为 0.870；离教育管理部门不同距离学校的学校效能方面不存在显著差异（$p>0.05$）。

**表 5-25　离教育管理部门不同距离学校的学校效能整体差异的方差分析**

| 变异来源 | SS（Ⅲ型平方和） | DF | MS（均方） | $F$ |
|---|---|---|---|---|
| 组间 | 1.459 | 4 | 0.365 | 0.419 |
| 组内 | 988.760 | 1136 | 0.870 | |
| 全体 | 990.220 | 1140 | | |

## 二、农村学校效能组成要素差异比较

### （一）不同所在地学校的学校效能组成要素差异比较

#### 1. 学生学业成绩

通过不同所在地学校的学生学业成绩情况描述统计分析（表 5-26）可以看出，学校所在地在县市的学生学业成绩均值为 4.0523，学校所在地在乡镇的学生学业成绩均值为 4.0373，学校所在地在村屯的学生学业成绩均值为 4.1694。

**表 5-26　不同所在地学校的学生学业成绩描述统计**

| 项　目 | 均　值 | 标准差 | 标准误差 |
|---|---|---|---|
| 县市 | 4.0523 | 1.06943 | 0.07178 |
| 乡镇 | 4.0373 | 1.00117 | 0.03627 |
| 村屯 | 4.1694 | 0.98428 | 0.07855 |

不同所在地学校间的学生学业成绩的方差分析（表 5-27）显示，组间Ⅲ型平方和为 2.284，DF 为 2，均方为 1.142，$F$ 值为 1.114；组内Ⅲ型平方和为 1166.669，DF 为 1138，均方为 1.025；不同所在地学校的学生学业成绩方面不存在显著差异（$p>0.05$）。

**表 5-27　不同所在地学校的学生学业成绩的方差分析**

| 变异来源 | SS（Ⅲ型平方和） | DF | MS（均方） | $F$ |
|---|---|---|---|---|
| 组间 | 2.284 | 2 | 1.142 | 1.114 |
| 组内 | 1166.669 | 1138 | 1.025 | |
| 全体 | 1168.953 | 1140 | | |

2. 学校办学质量

通过不同所在地学校的学校办学质量情况描述统计分析（表 5-28）可以看出，学校所在地在县市的学校办学质量均值为 4.1647，学校所在地在乡镇的学校办学质量均值为 4.2387，学校所在地在村屯的学校办学质量均值为 4.3348。

**表 5-28　不同所在地学校的学校办学质量描述统计**

| 项　目 | 均　值 | 标准差 | 标准误差 |
|---|---|---|---|
| 县市 | 4.1647 | 1.05122 | 0.07055 |
| 乡镇 | 4.2387 | 0.93940 | 0.03403 |
| 村屯 | 4.3348 | 0.88103 | 0.07031 |

不同所在地学校间的学校办学质量的方差分析（表 5-29）可以显示，组间Ⅲ型平方和为 2.664，DF 为 2，均方为 1.332，$F$ 值为 1.462；组内Ⅲ型平方和为 1036.868，DF 为 1138，均方为 0.911；不同所在地学校的学校办学质量方面不存在显著差异（$p>0.05$）。

**表 5-29　不同所在地学校的学校办学质量的方差分析**

| 变异来源 | SS（Ⅲ型平方和） | DF | MS（均方） | $F$ |
|---|---|---|---|---|
| 组间 | 2.664 | 2 | 1.332 | 1.462 |
| 组内 | 1036.868 | 1138 | 0.911 | |
| 全体 | 1039.532 | 1140 | | |

## (二) 不同类型学校的学校效能组成要素差异比较

### 1. 学生学业成绩

通过不同类型学校的学生学业成绩情况描述统计分析（表 5-30）可以看出，小学的学生学业成绩均值为 4.1968，初中的学生学业成绩均值为 3.7899，高中的学生学业成绩均值为 3.0240。

**表 5-30 不同类型学校的学生学业成绩描述统计**

| 项 目 | 均 值 | 标准差 | 标准误差 |
|---|---|---|---|
| 小学 | 4.1968 | 0.95644 | 0.03382 |
| 初中 | 3.7899 | 1.02472 | 0.05765 |
| 高中 | 3.0240 | 1.32956 | 0.26591 |

不同类型学校的学生学业成绩的方差分析（表 5-31）显示，不同类型学校的学生学业成绩方面有显著差异（$p<0.001$）。由事后比较得知，小学的被试所在学校的学生学业成绩均值大于初中的被试所在学校的学生学业成绩均值，即小学的被试所在学校的学生学业成绩明显好于初中的被试所在学校的学生学业成绩。小学的被试所在学校的学生学业成绩均值大于高中的被试所在学校的学生学业成绩均值，即小学的被试所在学校的学生学业成绩明显好于高中的被试所在学校的学生学业成绩。初中的被试所在学校的学生学业成绩均值大于高中的被试所在学校的学生学业成绩均值，即初中的被试所在学校的学生学业成绩明显好于高中的被试所在学校的学生学业成绩。进一步从关联强度指数来看，$\omega^2$ 的值等于 0.054，可见，不同类型学校与学生学业成绩存在相关关系。统计检验力等于 1.000，决策正确率很高，不同类型学校对学生学业成绩的解释量很大。

**表 5-31 不同类型学校的学生学业成绩差异的方差分析**

| 变异来源 | SS（Ⅲ型平方和） | DF | MS（均方） | $F$ | 事后比较 | $\omega^2$ | 统计检验力 |
|---|---|---|---|---|---|---|---|
| 组间 | 64.848 | 2 | 32.424 | 33.419*** | 小学>初中；<br>小学>高中；<br>初中>高中 | 0.054 | 1.000 |
| 组内 | 1104.105 | 1138 | 0.970 | | | | |
| 全体 | 1168.953 | 1140 | | | | | |

注：*** $p<0.001$。

### 2. 学校办学质量

通过不同类型学校的学校办学质量情况描述统计分析（表 5-32）可以看出，小学的学生学业成绩均值为 4.2677，初中的学生学业成绩均值为 4.1976，高中的学生学业成绩均值为 3.7771。

**表 5-32　不同类型学校的学校办学质量描述统计**

| 项　目 | 均　值 | 标准差 | 标准误差 |
|---|---|---|---|
| 小学 | 4.2677 | 0.94334 | 0.03335 |
| 初中 | 4.1976 | 0.95403 | 0.05367 |
| 高中 | 3.7771 | 1.21224 | 0.24245 |

不同类型学校的学校办学质量的方差分析（表 5-33）显示，不同类型学校的学校办学质量方面有显著差异（$p<0.001$）。由事后比较得知，小学的被试所在学校的学校办学质量均值大于高中的被试所在学校的学校办学质量均值，即小学的被试所在学校的学校办学质量明显好于高中的被试所在学校的学校办学质量。进一步从关联强度指数来看，$\omega^2$ 的值等于 0.005，可见，不同类型学校与学校办学质量存在相关关系。统计检验力等于 0.667，决策正确率不高，不同类型学校对学校办学质量的解释量不高。

**表 5-33　不同类型学校的学校办学质量的方差分析**

| 变异来源 | SS（Ⅲ型平方和） | DF | MS（均方） | $F$ | 事后比较 | $\omega^2$ | 统计检验力 |
|---|---|---|---|---|---|---|---|
| 组间 | 6.531 | 2 | 3.265 | 3.597* | | 0.005 | 0.667 |
| 组内 | 1033.002 | 1138 | 0.908 | | 小学>高中 | | |
| 全体 | 1039.532 | 1140 | | | | | |

注：*** $p<0.001$。

### （三）不同学生人数学校的学校效能组成要素差异比较

#### 1. 学生学业成绩

通过不同学生人数学校的学生学业成绩情况描述统计分析（表 5-34）可以看出，学生人数在 100 人以下的学生学业成绩均值为 3.7791，学生人数在 100~200 人的学生学业成绩均值为 3.7662，学生人数在 200~500 人的学生学业成绩均值为 4.0606，学生人数在 500~1000 人的学生学业成绩均值为 4.1379，学生人数在 1000 人以上的学生学业成绩均值为 4.1799。

**表 5-34　不同学生人数学校的学生学业成绩描述统计**

| 项　目 | 均　值 | 标准差 | 标准误差 |
|---|---|---|---|
| 100 人以下 | 3.7791 | 1.20561 | 0.14729 |
| 100~200 人 | 3.7662 | 1.10959 | 0.09311 |
| 200~500 人 | 4.0606 | 1.01166 | 0.05462 |
| 500~1000 人 | 4.1379 | 0.89721 | 0.05269 |
| 1000 人以上 | 4.1799 | 0.99185 | 0.05736 |

不同学生人数学校的学生学业成绩的方差分析（表 5-35）显示，不同学生人数学校的学生学业成绩方面有显著差异（$p<0.001$）。由事后比较得知，学生人数在 500～1000 人的被试所在学校的学生学业成绩均值大于学生人数在 100～200 人的被试所在学校的学生学业成绩均值，即学生人数在 500～1000 人的被试所在学校的学生学业成绩明显好于学生人数在 100～200 人的被试所在学校的学生学业成绩。学生人数在 1000 人以上的被试所在学校的学生学业成绩均值大于学生人数在 100～200 人的被试所在学校的学生学业成绩均值，即学生人数在 1000 人以上的被试所在学校的学生学业成绩明显好于学生人数在 100～200 人的被试所在学校的学生学业成绩。进一步从关联强度指数来看，$\omega^2$ 的值等于 0.017，可见，学生人数与学生学业成绩存在相关关系。统计检验力等于 0.984，决策正确率较高，学生人数对学生学业成绩的解释量较大。

**表 5-35　不同学生人数学校的学生学业成绩的方差分析**

| 变异来源 | SS（III 型平方和） | DF | MS（均方） | $F$ | 事后比较 | $\omega^2$ | 统计检验力 |
|---|---|---|---|---|---|---|---|
| 组间 | 23.603 | 4 | 5.901 | 5.853*** | 500～1000 人>100～200 人；1000 人以上>100～200 人 | 0.017 | 0.984 |
| 组内 | 1145.350 | 1136 | 1.008 | | | | |
| 全体 | 1168.953 | 1140 | | | | | |

注：*** $p<0.001$。

2. 学校办学质量

通过不同学生人数学校的学校办学质量情况描述统计分析（表 5-36）可以看出，学生人数在 100 人以下的学校办学质量均值为 4.0043，学生人数在 100～200 人的学校办学质量均值为 3.9658，学生人数在 200～500 人的学校办学质量均值为 4.3369，学生人数在 500～1000 人的学校办学质量均值为 4.2488，学生人数在 1000 人以上的学校办学质量均值为 4.2938。

**表 5-36　不同学生人数学校的学校办学质量描述统计**

| 项　目 | 均　值 | 标准差 | 标准误差 |
|---|---|---|---|
| 100 人以下 | 4.0043 | 1.18952 | 0.14532 |
| 100～200 人 | 3.9658 | 1.04590 | 0.08777 |
| 200～500 人 | 4.3369 | 0.86783 | 0.04686 |
| 500～1000 人 | 4.2488 | 0.90248 | 0.05300 |
| 1000 人以上 | 4.2938 | 0.97011 | 0.05610 |

不同学生人数学校的学校办学质量的方差分析（表 5-37）显示，不同学生人数学校的学校办学质量方面有显著差异（$p<0.001$）。由事后比较得知，学生

人数在200~500人的被试所在学校的学校办学质量均值大于学生人数在100~200人的被试所在学校的学校办学质量均值，即学生人数在200~500人的被试所在学校的学校办学质量明显好于学生人数在100~200人的被试所在学校的学校办学质量。学生人数在1000人以上的被试所在学校的学校办学质量均值大于学生人数在100~200人的被试所在学校的学校办学质量均值，即学生人数在1000人以上的被试所在学校的学校办学质量明显好于学生人数在100~200人的被试所在学校的学校办学质量。进一步从关联强度指数来看，$\omega^2$ 的值等于0.014，可见，学生人数与学校办学质量存在相关关系。统计检验力等于0.968，决策正确率较高，学生人数对学校办学质量的解释量较大。

**表5-37　不同学生人数学校的学校办学质量的方差分析**

| 变异来源 | SS（Ⅲ型平方和） | DF | MS（均方） | $F$ | 事后比较 | $\omega^2$ | 统计检验力 |
|---|---|---|---|---|---|---|---|
| 组间 | 18.505 | 4 | 4.626 | 5.147*** | 200~500人>100~200人；1000人以上>100~200人 | 0.014 | 0.968 |
| 组内 | 1021.027 | 1136 | 0.899 | | | | |
| 全体 | 1039.532 | 1140 | | | | | |

注：*** $p<0.001$。

### （四）离教育管理部门不同距离学校的学校效能组成要素差异比较

#### 1. 学生学业成绩

通过离教育管理部门不同距离学校的学生学业成绩描述统计分析（表5-38）可以看出，离教育管理部门非常远学校的学生学业成绩均值为4.1235，离教育管理部门比较远学校的学生学业成绩均值为4.0273，离教育管理部门适中学校的学生学业成绩均值为4.0348，离教育管理部门比较近学校的学生学业成绩均值为4.1262，离教育管理部门非常近学校的学生学业成绩均值为4.0709。

**表5-38　离教育管理部门不同距离学校的学生学业成绩描述统计**

| 项　目 | 均　值 | 标准差 | 标准误差 |
|---|---|---|---|
| 非常远 | 4.1235 | 1.00328 | 0.11148 |
| 比较远 | 4.0273 | 0.98867 | 0.05218 |
| 适中 | 4.0348 | 1.03038 | 0.05101 |
| 比较近 | 4.1262 | 0.99178 | 0.06780 |
| 非常近 | 4.0709 | 1.10339 | 0.12414 |

离教育管理部门不同距离学校的学生学业成绩的方差分析（表5-39）显示，组间Ⅲ型平方和为1.912，DF为4，均方为0.478，$F$ 值为0.465；组内Ⅲ型平方和为1167.040，DF为1136，均方为1.027；离教育管理部门不同距离学校的学

生学业成绩方面不存在显著差异（$p>0.05$）。

表 5-39 离教育管理部门不同距离学校的学生学业成绩的方差分析

| 变异来源 | SS（Ⅲ型平方和） | DF | MS（均方） | F |
|---|---|---|---|---|
| 组间 | 1.912 | 4 | 0.478 | 0.465 |
| 组内 | 1167.040 | 1136 | 1.027 | |
| 全体 | 1168.953 | 1140 | | |

2. 学校办学质量

通过离教育管理部门不同距离学校的学校办学质量描述统计分析（表 5-40）可以看出，离教育管理部门非常远学校的学校办学质量均值为 4.2451，离教育管理部门比较远学校的学校办学质量均值为 4.2364，离教育管理部门适中学校的学校办学质量均值为 4.1978，离教育管理部门比较近学校的学校办学质量均值为 4.2897，离教育管理部门非常近学校的学校办学质量均值为 4.2984。

表 5-40 离教育管理部门不同距离学校的学校办学质量描述统计

| 项 目 | 均 值 | 标准差 | 标准误差 |
|---|---|---|---|
| 非常远 | 4.2451 | 1.00439 | 0.11160 |
| 比较远 | 4.2364 | 0.91240 | 0.04815 |
| 适中 | 4.1978 | 0.99370 | 0.04920 |
| 比较近 | 4.2897 | 0.91635 | 0.06264 |
| 非常近 | 4.2984 | 1.00345 | 0.11290 |

离教育管理部门不同距离学校的学校办学质量的方差分析（表 5-41）显示，组间Ⅲ型平方和为 1.524，DF 为 4，均方为 0.381，$F$ 值为 0.417；组内Ⅲ型平方和为 1038.009，DF 为 1136，均方为 0.914；离教育管理部门不同距离学校的学校办学质量方面不存在显著差异（$p>0.05$）。

表 5-41 离教育管理部门不同距离学校的学校办学质量的方差分析

| 变异来源 | SS（Ⅲ型平方和） | DF | MS（均方） | F |
|---|---|---|---|---|
| 组间 | 1.524 | 4 | 0.381 | 0.417 |
| 组内 | 1038.009 | 1136 | 0.914 | |
| 全体 | 1039.532 | 1140 | | |

# 第六章 农村学校中的学校文化

学校文化按其影响与作用方向可以分为三类：积极文化、中性文化、消极文化。积极文化对学校的发展起促进作用，中性文化和消极文化对学校发展不仅没有促进作用，可能还会有阻碍和抑制作用。因此，在了解校长领导力对学校效能的影响过程中要对学校文化进行深入分析和研究，以找到学校文化在其中的功效。

## 第一节 农村学校文化的现实描述

### 一、农村学校文化整体基本概况

学校文化是由全体师生共同建立起来的，对学校、师生的发展起到潜移默化的影响。学校文化建设的状况可以透露出校长的领导力水平。从农村学校文化的现实数据（表6-1）可以看出，农村学校文化的水平均处于不太理想的状况，均值为2.9886。

**表6-1 农村学校文化整体概况描述统计**

| 项　目 | *N* | 极小值 | 极大值 | 均值 | 标准差 |
|---|---|---|---|---|---|
| 学校文化 | 1141 | 1.00 | 5.00 | 2.9886 | 0.71976 |
| 有效的 *N* | 1141 | | | | |

### 二、农村学校文化组成要素基本概况

#### （一）积极文化

从表6-2可以看出，农村学校的积极文化情况最小值为1，最大值为5，均值为4.2636，标准差为1.03109，农村学校的积极文化状态较好。

**表6-2 农村学校积极文化描述统计**

| 项　目 | *N* | 极小值 | 极大值 | 均值 | 标准差 |
|---|---|---|---|---|---|
| 积极文化 | 1141 | 1.00 | 5.00 | 4.2636 | 1.03109 |
| 有效的 *N* | 1141 | | | | |

为了更好地了解农村学校积极文化的概况，对积极文化进行进一步的分析。从农村积极文化的现实数据（表6-3）来看，农村积极文化各方面的水平均处于较好的状况，学校有共同的价值观和愿景均值为4.31，学校所有人都有集体责任意识均值为4.27，学校教师习惯于反思性学习均值为4.26，学校教师间开展专业合作与互动均值为4.31，学校创设了支持个人学习的条件均值为4.23，学校所有人之间能相互信任和尊重均值为4.24，学校与外界开展互动与交流均值为4.23。相比之下学校有共同的价值观和愿景、学校教师间开展专业合作与互动处于最佳水平。

**表6-3　农村学校积极文化组成要素描述统计**

| 项　目 | *N* | 极小值 | 极大值 | 均值 | 标准差 |
|---|---|---|---|---|---|
| 学校有共同的价值观和愿景 | 1141 | 1 | 5 | 4.31 | 1.089 |
| 学校所有人都有集体责任意识 | 1141 | 1 | 5 | 4.27 | 1.100 |
| 学校教师习惯于反思性学习 | 1141 | 1 | 5 | 4.26 | 1.085 |
| 学校教师间开展专业合作与互动 | 1141 | 1 | 5 | 4.31 | 1.076 |
| 学校创设了支持个人学习的条件 | 1141 | 1 | 5 | 4.23 | 1.139 |
| 学校所有人之间能相互信任和尊重 | 1141 | 1 | 5 | 4.24 | 1.115 |
| 学校与外界开展互动与交流 | 1141 | 1 | 5 | 4.23 | 1.101 |
| 有效的 *N* | 1141 | | | | |

表6-4为学校有共同的价值观和愿景的情况。其中完全不符合的学校被试有55人，占4.8%；比较不符合的学校被试有30人，占2.6%；适中的学校被试有135人，占11.8%；比较符合的学校被试有210人，占18.4%；完全符合的学校被试有711人，占62.3%。依据统计结果可以推断80.7%的被试认为农村学校有共同的价值观和愿景，但仍有7.4%的被试认为农村学校有共同的价值观和愿景情况不佳。

**表6-4　学校有共同的价值观和愿景频率统计**

| 项　目 | 频　率 | 百分比/% | 有效百分比/% | 累积百分比/% |
|---|---|---|---|---|
| 完全不符合 | 55 | 4.8 | 4.8 | 4.8 |
| 比较不符合 | 30 | 2.6 | 2.6 | 7.4 |
| 适中 | 135 | 11.8 | 11.8 | 19.3 |
| 比较符合 | 210 | 18.4 | 18.4 | 37.7 |
| 完全符合 | 711 | 62.3 | 62.3 | 100.0 |
| 合　计 | 1141 | 100.0 | 100.0 | |

表6-5为学校所有人都有集体责任意识的情况。其中完全不符合的学校被试

有 52 人，占 4.6%；比较不符合的学校被试有 41 人，占 3.6%；适中的学校被试有 142 人，占 12.4%；比较符合的学校被试有 219 人，占 19.2%；完全符合的学校被试有 687 人，占 60.2%。依据统计结果可以推断 79.4%的被试认为农村学校所有人都有集体责任意识，但仍有 8.2%的被试认为农村学校所有人都有集体责任意识情况不佳。

**表 6-5　学校所有人都有集体责任意识频率统计**

| 项　目 | 频　率 | 百分比/% | 有效百分比/% | 累积百分比/% |
|---|---|---|---|---|
| 完全不符合 | 52 | 4.6 | 4.6 | 4.6 |
| 比较不符合 | 41 | 3.6 | 3.6 | 8.2 |
| 适中 | 142 | 12.4 | 12.4 | 20.6 |
| 比较符合 | 219 | 19.2 | 19.2 | 39.8 |
| 完全符合 | 687 | 60.2 | 60.2 | 100.0 |
| 合　计 | 1141 | 100.0 | 100.0 | |

表 6-6 为学校教师习惯于反思性学习的情况。其中完全不符合的学校被试有 49 人，占 4.3%；比较不符合的学校被试有 37 人，占 3.2%；适中的学校被试有 155 人，占 13.6%；比较符合的学校被试有 224 人，占 19.6%；完全符合的学校被试有 676 人，占 59.2%。依据统计结果可以推断 78.8%的被试认为农村学校教师习惯于反思性学习，但仍有 7.5%的被试认为农村学校教师习惯于反思性学习情况不佳。

**表 6-6　学校教师习惯于反思性学习频率统计**

| 项　目 | 频　率 | 百分比/% | 有效百分比/% | 累积百分比/% |
|---|---|---|---|---|
| 完全不符合 | 49 | 4.3 | 4.3 | 4.3 |
| 比较不符合 | 37 | 3.2 | 3.2 | 7.5 |
| 适中 | 155 | 13.6 | 13.6 | 21.1 |
| 比较符合 | 224 | 19.6 | 19.6 | 40.8 |
| 完全符合 | 676 | 59.2 | 59.2 | 100.0 |
| 合　计 | 1141 | 100.0 | 100.0 | |

表 6-7 为学校教师间开展专业合作与互动的情况。其中完全不符合的学校被试有 51 人，占 4.5%；比较不符合的学校被试有 30 人，占 2.6%；适中的学校被试有 142 人，占 12.4%；比较符合的学校被试有 209 人，占 18.3%；完全符合的学校被试有 709 人，占 62.1%。依据统计结果可以推断 80.4%的被试认为农村学校教师间开展专业合作与互动，但仍有 7.1%的被试认为农村学校教师间开展专业合作与互动情况不佳。

**表 6-7 学校教师间开展专业合作与互动频率统计**

| 项 目 | 频 率 | 百分比/% | 有效百分比/% | 累积百分比/% |
|---|---|---|---|---|
| 完全不符合 | 51 | 4.5 | 4.5 | 4.5 |
| 比较不符合 | 30 | 2.6 | 2.6 | 7.1 |
| 适中 | 142 | 12.4 | 12.4 | 19.5 |
| 比较符合 | 209 | 18.3 | 18.3 | 37.9 |
| 完全符合 | 709 | 62.1 | 62.1 | 100.0 |
| 合 计 | 1141 | 100.0 | 100.0 | |

表 6-8 为学校创设了支持个人学习条件的情况。其中完全不符合的学校被试有 57 人，占 5.0%；比较不符合的学校被试有 52 人，占 4.6%；适中的学校被试有 142 人，占 12.4%；比较符合的学校被试有 215 人，占 18.8%；完全符合的学校被试有 675 人，占 59.2%。依据统计结果可以推断 78.0%的被试认为农村学校创设了支持个人学习的条件，但仍有 9.6%的被试认为农村学校创设了支持个人学习的条件情况不佳。

**表 6-8 学校创设了支持个人学习的条件频率统计**

| 项 目 | 频 率 | 百分比/% | 有效百分比/% | 累积百分比/% |
|---|---|---|---|---|
| 完全不符合 | 57 | 5.0 | 5.0 | 5.0 |
| 比较不符合 | 52 | 4.6 | 4.6 | 9.6 |
| 适中 | 142 | 12.4 | 12.4 | 22.0 |
| 比较符合 | 215 | 18.8 | 18.8 | 40.8 |
| 完全符合 | 675 | 59.2 | 59.2 | 100.0 |
| 合 计 | 1141 | 100.0 | 100.0 | |

表 6-9 为学校所有人之间能相互信任和尊重的情况。其中完全不符合的学校被试有 51 人，占 4.5%；比较不符合的学校被试有 50 人，占 4.4%；适中的学校被试有 149 人，占 13.1%；比较符合的学校被试有 216 人，占 18.9%；完全符合的学校被试有 675 人，占 59.2%。依据统计结果可以推断 78.1%的被试认为农村学校所有人之间能相互信任和尊重，但仍有 8.9%的被试认为农村学校所有人之间能相互信任和尊重情况不佳。

**表 6-9 学校所有人之间能相互信任和尊重频率统计**

| 项 目 | 频 率 | 百分比/% | 有效百分比/% | 累积百分比/% |
|---|---|---|---|---|
| 完全不符合 | 51 | 4.5 | 4.5 | 4.5 |
| 比较不符合 | 50 | 4.4 | 4.4 | 8.9 |

续表 6-9

| 项　目 | 频　率 | 百分比/% | 有效百分比/% | 累积百分比/% |
|---|---|---|---|---|
| 适中 | 149 | 13.1 | 13.1 | 21.9 |
| 比较符合 | 216 | 18.9 | 18.9 | 40.8 |
| 完全符合 | 675 | 59.2 | 59.2 | 100.0 |
| 合　计 | 1141 | 100.0 | 100.0 | |

表 6-10 为学校与外界开展互动与交流的情况。其中完全不符合的学校被试有 48 人，占 4.2%；比较不符合的学校被试有 44 人，占 3.9%；适中的学校被试有 170 人，占 14.9%；比较符合的学校被试有 215 人，占 18.8%；完全符合的学校被试有 664 人，占 58.2%。依据统计结果可以推断 77.0%的被试认为农村学校与外界开展互动与交流，但仍有 8.1%的被试认为农村学校与外界开展互动与交流情况不佳。

**表 6-10　学校与外界开展互动与交流频率统计**

| 项　目 | 频　率 | 百分比/% | 有效百分比/% | 累积百分比/% |
|---|---|---|---|---|
| 完全不符合 | 48 | 4.2 | 4.2 | 4.2 |
| 比较不符合 | 44 | 3.9 | 3.9 | 8.1 |
| 适中 | 170 | 14.9 | 14.9 | 23.0 |
| 比较符合 | 215 | 18.8 | 18.8 | 41.8 |
| 完全符合 | 664 | 58.2 | 58.2 | 100.0 |
| 合　计 | 1141 | 100.0 | 100.0 | |

## （二）中性文化

从表 6-11 可以看出，农村学校的中性文化情况最小值为 1.00，最大值为 5.00，均值为 2.4400，标准差为 1.25630，农村学校存在的中性文化不多。

**表 6-11　农村学校中性文化描述统计**

| 项　目 | *N* | 极小值 | 极大值 | 均值 | 标准差 |
|---|---|---|---|---|---|
| 中性文化 | 1141 | 1.00 | 5.00 | 2.4400 | 1.25630 |
| 有效的 *N* | 1141 | | | | |

为了更好地了解农村学校中性文化的概况，对中性文化进行了进一步的分析。从农村中性文化的现实数据（表 6-12）来看，农村学校存在的中性文化各方面都不多，学校过去取得过令人兴奋的成绩，但目前学校成绩平淡均值为 2.53，学校虽然在改革，但没有显著的进步与改善均值为 2.48，学校尝试过创新

改革，但没有坚持下来均值为2.33，学校侧重对人员和资源的行政控制均值为2.77，学校领导层无力作出重大和有意义的改变均值为2.28，学校制定的文件不能指导学校的改善工作或策略性规划均值为2.24。相比之下学校侧重对人员和资源的行政控制稍微多一些。

**表6-12　农村学校中性文化组成要素描述统计**

| 项　目 | N | 极小值 | 极大值 | 均值 | 标准差 |
|---|---|---|---|---|---|
| 学校过去取得过令人兴奋的成绩，但目前学校成绩平淡 | 1141 | 1 | 5 | 2.53 | 1.428 |
| 学校虽然在改革，但没有显著的进步与改善 | 1141 | 1 | 5 | 2.48 | 1.393 |
| 学校尝试过创新改革，但没有坚持下来 | 1141 | 1 | 5 | 2.33 | 1.375 |
| 学校侧重对人员和资源的行政控制 | 1141 | 1 | 5 | 2.77 | 1.491 |
| 学校领导层无力作出重大和有意义的改变 | 1141 | 1 | 5 | 2.28 | 1.435 |
| 学校制定的文件不能指导学校改善工作或策略性规划 | 1141 | 1 | 5 | 2.24 | 1.410 |
| 有效的N | 1141 | | | | |

表6-13为学校过去取得过令人兴奋的成绩，但目前学校成绩平淡的情况。其中完全不符合的学校被试有404人，占35.4%；比较不符合的学校被试有190人，占16.7%；适中的学校被试有232人，占20.3%；比较符合的学校被试有164人，占14.4%；完全符合的学校被试有151人，占13.2%。依据统计结果可以推断27.6%的被试认为农村学校过去取得过令人兴奋的成绩，但目前学校成绩平淡，但仍有52.1%的被试认为并不是学校过去取得过令人兴奋的成绩，但目前学校成绩平淡。

**表6-13　学校过去取得过令人兴奋的成绩，但目前学校成绩平淡频率统计**

| 项　目 | 频　率 | 百分比/% | 有效百分比/% | 累积百分比/% |
|---|---|---|---|---|
| 完全不符合 | 404 | 35.4 | 35.4 | 35.4 |
| 比较不符合 | 190 | 16.7 | 16.7 | 52.1 |
| 适中 | 232 | 20.3 | 20.3 | 72.4 |
| 比较符合 | 164 | 14.4 | 14.4 | 86.8 |
| 完全符合 | 151 | 13.2 | 13.2 | 100.0 |

表6-14为学校虽然在改革，但没有显著的进步与改善的情况。其中完全不符合的学校被试有403人，占35.3%；比较不符合的学校被试有213人，占18.7%；适中的学校被试有230人，占20.2%；比较符合的学校被试有162人，占14.2%；完全符合的学校被试有133人，占11.7%。依据统计结果可以推断

25.9%的被试认为农村学校虽然在改革，但没有显著的进步与改善，但仍有54.0%的被试认为并不是学校虽然在改革，但没有显著的进步与改善。

**表6-14　学校虽然在改革，但没有显著的进步与改善频率统计**

| 项　目 | 频　率 | 百分比/% | 有效百分比/% | 累积百分比/% |
|---|---|---|---|---|
| 完全不符合 | 403 | 35.3 | 35.3 | 35.3 |
| 比较不符合 | 213 | 18.7 | 18.7 | 54.0 |
| 适中 | 230 | 20.2 | 20.2 | 74.1 |
| 比较符合 | 162 | 14.2 | 14.2 | 88.3 |
| 完全符合 | 133 | 11.7 | 11.7 | 100.0 |

表6-15为学校尝试过创新改革，但没有坚持下来的情况。其中完全不符合的学校被试有461人，占40.4%；比较不符合的学校被试有207人，占18.1%；适中的学校被试有224人，占19.6%；比较符合的学校被试有129人，占11.3%；完全符合的学校被试有120人，占10.5%。依据统计结果可以推断21.8%的被试认为农村学校尝试过创新改革，但没有坚持下来，但仍有58.5%的被试认为并不是学校尝试过创新改革，但没有坚持下来。

**表6-15　学校尝试过创新改革，但没有坚持下来频率统计**

| 项　目 | 频　率 | 百分比/% | 有效百分比/% | 累积百分比/% |
|---|---|---|---|---|
| 完全不符合 | 461 | 40.4 | 40.4 | 40.4 |
| 比较不符合 | 207 | 18.1 | 18.1 | 58.5 |
| 适中 | 224 | 19.6 | 19.6 | 78.2 |
| 比较符合 | 129 | 11.3 | 11.3 | 89.5 |
| 完全符合 | 120 | 10.5 | 10.5 | 100.0 |

表6-16为学校侧重对人员和资源的行政控制的情况。其中完全不符合的学校被试有354人，占31.0%；比较不符合的学校被试有154人，占13.5%；适中的学校被试有245人，占21.5%；比较符合的学校被试有176人，占15.4%；完全符合的学校被试有212人，占18.6%。依据统计结果可以推断34.0%的被试认为农村学校侧重对人员和资源的行政控制，但仍有44.5%的被试认为并不是学校侧重对人员和资源的行政控制。

**表6-16　学校侧重对人员和资源的行政控制频率统计**

| 项　目 | 频　率 | 百分比/% | 有效百分比/% | 累积百分比/% |
|---|---|---|---|---|
| 完全不符合 | 354 | 31.0 | 31.0 | 31.0 |
| 比较不符合 | 154 | 13.5 | 13.5 | 44.5 |

续表 6-16

| 项 目 | 频 率 | 百分比/% | 有效百分比/% | 累积百分比/% |
| --- | --- | --- | --- | --- |
| 适中 | 245 | 21.5 | 21.5 | 66.0 |
| 比较符合 | 176 | 15.4 | 15.4 | 81.4 |
| 完全符合 | 212 | 18.6 | 18.6 | 100.0 |

表 6-17 为学校领导层无力作出重大和有意义的改变的情况。其中完全不符合的学校被试有 522 人，占 45.7%；比较不符合的学校被试有 174 人，占 15.2%；适中的学校被试有 187 人，占 16.4%；比较符合的学校被试有 119 人，占 10.4%；完全符合的学校被试有 139 人，占 12.2%。依据统计结果可以推断 22.6%的被试认为农村学校领导层无力做出重大和有意义的改变，但仍有 60.9%的被试认为并不是学校领导层无力做出重大和有意义的改变。

**表 6-17 学校领导层无力做出重大和有意义的改变频率统计**

| 项 目 | 频 率 | 百分比/% | 有效百分比/% | 累积百分比/% |
| --- | --- | --- | --- | --- |
| 完全不符合 | 522 | 45.7 | 45.7 | 45.7 |
| 比较不符合 | 174 | 15.2 | 15.2 | 61.0 |
| 适中 | 187 | 16.4 | 16.4 | 77.4 |
| 比较符合 | 119 | 10.4 | 10.4 | 87.8 |
| 完全符合 | 139 | 12.2 | 12.2 | 100.0 |

表 6-18 为学校制定的文件不能指导学校的改善工作或策略性规划的情况。其中完全不符合的学校被试有 533 人，占 46.7%；比较不符合的学校被试有 171 人，占 15.0%；适中的学校被试有 195 人，占 17.1%；比较符合的学校被试有 115 人，占 10.1%；完全符合的学校被试有 127 人，占 11.1%。依据统计结果可以推断 21.2%的被试认为农村学校制定的文件不能指导学校的改善工作或策略性规划，但仍有 61.7%的被试认为并不是学校制定的文件不能指导学校的改善工作或策略性规划。

**表 6-18 学校制定的文件不能指导学校的改善工作或策略性规划频率统计**

| 项 目 | 频 率 | 百分比/% | 有效百分比/% | 累积百分比/% |
| --- | --- | --- | --- | --- |
| 完全不符合 | 533 | 46.7 | 46.7 | 46.7 |
| 比较不符合 | 171 | 15.0 | 15.0 | 61.7 |
| 适中 | 195 | 17.1 | 17.1 | 78.8 |
| 比较符合 | 115 | 10.1 | 10.1 | 88.9 |
| 完全符合 | 127 | 11.1 | 11.1 | 100.0 |

（三）消极文化

从表 6-19 可以看出，农村学校的消极文化情况最小值为 1.00，最大值为 5.00，均值为 2.1839，标准差为 1.19949，农村学校的消极文化状态不多。

**表 6-19　农村学校消极文化描述统计**

| 项　目 | N | 极小值 | 极大值 | 均值 | 标准差 |
|---|---|---|---|---|---|
| 消极文化均值 | 1141 | 1.00 | 5.00 | 2.1839 | 1.19949 |
| 有效的 N | 1141 | | | | |

为了更好地了解农村学校消极文化的概况，对消极文化进行了进一步的分析。从农村消极文化的现实数据（表 6-20）来看，农村学校存在的消极文化各方面都不多，学校关注非教学性的成果均值为 2.97，学校内部有许多处于相互隔离的小集团均值为 2.21，学校老师对工作多数是消极的、抱怨的均值为 2.06，对学生及其成就期望值不高均值为 2.06，学校制度的要求与实际行为不一样均值为 2.04，学校存在某些坏风气阻碍了改进工作均值为 2.06，学校的氛围让人不愉快（如欺凌、压迫或歧视等）均值为 1.90。相比之下学校关注非教学性的成果稍微多一些。

**表 6-20　农村学校消极文化组成要素描述统计**

| 项　目 | N | 极小值 | 极大值 | 均值 | 标准差 |
|---|---|---|---|---|---|
| 学校关注非教学性的成果 | 1141 | 1 | 5 | 2.97 | 1.548 |
| 学校内部有许多处于相互隔离的小集团 | 1141 | 1 | 5 | 2.21 | 1.419 |
| 学校老师对工作多数是消极的、抱怨的 | 1141 | 1 | 5 | 2.06 | 1.385 |
| 对学生及其成就期望值不高 | 1141 | 1 | 5 | 2.06 | 1.391 |
| 学校制度的要求与实际行为不一样 | 1141 | 1 | 5 | 2.04 | 1.366 |
| 学校存在某些坏风气阻碍了改进工作 | 1141 | 1 | 5 | 2.06 | 1.389 |
| 学校的氛围让人不愉快，如欺凌、压迫或歧视等 | 1141 | 1 | 5 | 1.90 | 1.340 |
| 有效的 N | 1141 | | | | |

表 6-21 为学校关注非教学性的成果的情况。其中完全不符合的学校被试有 317 人，占 27.8%；比较不符合的学校被试有 143 人，占 12.5%；适中的学校被试有 229 人，占 20.1%；比较符合的学校被试有 162 人，占 14.2%；完全符合的学校被试有 290 人，占 25.4%。依据统计结果可以推断 39.6%的被试认为农村学校关注非教学性的成果，但仍有 40.3%的被试认为并不是学校关注非教学性的成果。

**表 6-21　学校关注非教学性的成果频率统计**

| 项　目 | 频　率 | 百分比/% | 有效百分比/% | 累积百分比/% |
|---|---|---|---|---|
| 完全不符合 | 317 | 27.8 | 27.8 | 27.8 |
| 比较不符合 | 143 | 12.5 | 12.5 | 40.3 |
| 适中 | 229 | 20.1 | 20.1 | 60.4 |
| 比较符合 | 162 | 14.2 | 14.2 | 74.6 |
| 完全符合 | 290 | 25.4 | 25.4 | 100.0 |

表 6-22 为学校内部有许多处于相互隔离的小集团的情况。其中完全不符合的学校被试有 550 人，占 48.2%；比较不符合的学校被试有 178 人，占 15.6%；适中的学校被试有 174 人，占 15.2%；比较符合的学校被试有 106 人，占 9.3%；完全符合的学校被试有 133 人，占 11.7%。依据统计结果可以推断 21.0%的被试认为农村学校内部有许多处于相互隔离的小集团，但仍有 63.8%的被试认为并不是学校内部有许多处于相互隔离的小集团。

**表 6-22　学校内部有许多处于相互隔离的小集团频率统计**

| 项　目 | 频　率 | 百分比/% | 有效百分比/% | 累积百分比/% |
|---|---|---|---|---|
| 完全不符合 | 550 | 48.2 | 48.2 | 48.2 |
| 比较不符合 | 178 | 15.6 | 15.6 | 63.8 |
| 适中 | 174 | 15.2 | 15.2 | 79.1 |
| 比较符合 | 106 | 9.3 | 9.3 | 88.3 |
| 完全符合 | 133 | 11.7 | 11.7 | 100.0 |

表 6-23 为学校老师对工作多数是消极的、抱怨的情况。其中完全不符合的学校被试有 607 人，占 53.2%；比较不符合的学校被试有 179 人，占 15.7%；适中的学校被试有 154 人，占 13.5%；比较符合的学校被试有 76 人，占 6.7%；完全符合的学校被试有 125 人，占 11.0%。依据统计结果可以推断 17.7%的被试认为农村学校老师对工作多数是消极的、抱怨的，但仍有 68.9%的被试认为并不是学校老师对工作多数是消极的、抱怨的。

**表 6-23　学校老师对工作多数是消极的、抱怨的频率统计**

| 项　目 | 频　率 | 百分比/% | 有效百分比/% | 累积百分比/% |
|---|---|---|---|---|
| 完全不符合 | 607 | 53.2 | 53.2 | 53.2 |
| 比较不符合 | 179 | 15.7 | 15.7 | 68.9 |
| 适中 | 154 | 13.5 | 13.5 | 82.4 |
| 比较符合 | 76 | 6.7 | 6.7 | 89.0 |
| 完全符合 | 125 | 11.0 | 11.0 | 100.0 |

表 6-24 为对学生及其成就期望值不高的情况。其中完全不符合的学校被试有 628 人，占 55.0%；比较不符合的学校被试有 149 人，占 13.1%；适中的学校被试有 155 人，占 13.6%；比较符合的学校被试有 91 人，占 8.0%；完全符合的学校被试有 118 人，占 10.3%。依据统计结果可以推断 18.3%的被试认为农村对学生及其成就期望值不高，但仍有 68.1%的被试认为并不是对学生及其成就期望值不高。

**表 6-24 对学生及其成就期望值不高频率统计**

| 项目 | 频率 | 百分比/% | 有效百分比/% | 累积百分比/% |
|---|---|---|---|---|
| 完全不符合 | 628 | 55.0 | 55.0 | 55.0 |
| 比较不符合 | 149 | 13.1 | 13.1 | 68.1 |
| 适中 | 155 | 13.6 | 13.6 | 81.7 |
| 比较符合 | 91 | 8.0 | 8.0 | 89.7 |
| 完全符合 | 118 | 10.3 | 10.3 | 100.0 |

表 6-25 为学校制度的要求与实际行为不一样的情况。其中完全不符合的学校被试有 628 人，占 55.0%；比较不符合的学校被试有 153 人，占 13.4%；适中的学校被试有 161 人，占 14.1%；比较符合的学校被试有 90 人，占 7.9%；完全符合的学校被试有 109 人，占 9.6%。依据统计结果可以推断 17.5%的被试认为农村学校制度的要求与实际行为不一样，但仍有 68.4%的被试认为并不是学校制度的要求与实际行为不一样。

**表 6-25 学校制度的要求与实际行为不一样频率统计**

| 项目 | 频率 | 百分比/% | 有效百分比/% | 累积百分比/% |
|---|---|---|---|---|
| 完全不符合 | 628 | 55.0 | 55.0 | 55.0 |
| 比较不符合 | 153 | 13.4 | 13.4 | 68.4 |
| 适中 | 161 | 14.1 | 14.1 | 82.6 |
| 比较符合 | 90 | 7.9 | 7.9 | 90.4 |
| 完全符合 | 109 | 9.6 | 9.6 | 100.0 |

表 6-26 为学校存在某些坏风气阻碍了改进工作的情况。其中完全不符合的学校被试有 627 人，占 55.0%；比较不符合的学校被试有 149 人，占 13.1%；适中的学校被试有 156 人，占 13.7%；比较符合的学校被试有 92 人，占 8.1%；完全符合的学校被试有 117 人，占 10.3%。依据统计结果可以推断 18.4%的被试认为农村学校存在某些坏风气阻碍了改进工作，但仍有 68.1%的被试认为并不是学

校存在某些坏风气阻碍了改进工作。

**表 6-26 学校存在某些坏风气阻碍了改进工作频率统计**

| 项 目 | 频 率 | 百分比/% | 有效百分比/% | 累积百分比/% |
|---|---|---|---|---|
| 完全不符合 | 627 | 55.0 | 55.0 | 55.0 |
| 比较不符合 | 149 | 13.1 | 13.1 | 68.0 |
| 适中 | 156 | 13.7 | 13.7 | 81.7 |
| 比较符合 | 92 | 8.1 | 8.1 | 89.7 |
| 完全符合 | 117 | 10.3 | 10.3 | 100.0 |

表 6-27 为学校的氛围让人不愉快，如欺凌、压迫或歧视等的情况。其中完全不符合的学校被试有 702 人，占 61.5%；比较不符合的学校被试有 129 人，占 11.3%；适中的学校被试有 136 人，占 11.9%；比较符合的学校被试有 69 人，占 6.0%；完全符合的学校被试有 105 人，占 9.2%。依据统计结果可以推断 15.2%的被试认为农村学校的氛围让人不愉快，但仍有 72.8%的被试认为并不是学校的氛围让人不愉快。

**表 6-27 学校的氛围让人不愉快，如欺凌、压迫或歧视等频率统计**

| 项 目 | 频 率 | 百分比/% | 有效百分比/% | 累积百分比/% |
|---|---|---|---|---|
| 完全不符合 | 702 | 61.5 | 61.5 | 61.5 |
| 比较不符合 | 129 | 11.3 | 11.3 | 72.8 |
| 适中 | 136 | 11.9 | 11.9 | 84.8 |
| 比较符合 | 69 | 6.0 | 6.0 | 90.8 |
| 完全符合 | 105 | 9.2 | 9.2 | 100.0 |

## 第二节 农村学校文化差异比较的现实描述

### 一、农村学校文化整体差异比较

#### （一）不同所在地学校的学校文化整体差异比较

通过不同所在地学校的学校文化情况描述统计分析（表 6-28）可以看出，学校所在地在县市的学校文化均值为 2.9273，学校所在地在乡镇的学校文化均值为 3.0037，学校所在地在村屯的学校文化均值为 3.0019。

表 6-28　不同所在地学校的学校文化整体差异描述统计

| 项　目 | 均　值 | 标准差 | 标准误差 |
|---|---|---|---|
| 县市 | 2.9273 | 0.76480 | 0.05133 |
| 乡镇 | 3.0037 | 0.71651 | 0.02596 |
| 村屯 | 3.0019 | 0.66790 | 0.05330 |

不同所在地学校间的学校文化的方差分析（表 6-29）显示，组间Ⅲ型平方和为 1.038，DF 为 2，均方为 0.519，$F$ 值为 1.002；组内Ⅲ型平方和为 589.544，DF 为 1138，均方为 0.518；不同所在地学校的学校文化方面不存在显著差异（$p>0.05$）。

表 6-29　不同所在地学校的学校文化整体差异的方差分析

| 变异来源 | SS（Ⅲ型平方和） | DF | MS（均方） | $F$ |
|---|---|---|---|---|
| 组间 | 1.038 | 2 | 0.519 | 1.002 |
| 组内 | 589.544 | 1138 | 0.518 | |
| 全体 | 590.582 | 1140 | | |

## （二）不同类型学校的学校文化整体差异比较

通过不同所在地学校的学校文化情况描述统计分析（表 6-30）可以看出，小学的学校文化均值为 3.0047，初中的学校文化均值为 2.9631，高中的学校文化均值为 2.7940。

表 6-30　不同类型学校的学校文化整体差异描述统计

| 项　目 | 均　值 | 标准差 | 标准误差 |
|---|---|---|---|
| 小学 | 3.0047 | 0.73285 | 0.02591 |
| 初中 | 2.9631 | 0.69188 | 0.03892 |
| 高中 | 2.7940 | 0.62305 | 0.12461 |

不同类型学校的学校文化的方差分析（表 6-31）显示，组间Ⅲ型平方和为 1.360，DF 为 2，均方为 0.680，$F$ 值为 1.314；组内Ⅲ型平方和为 589.222，DF 为 1138，均方为 0.518；不同类型学校的学校文化方面不存在显著差异（$p>0.05$）。

表 6-31　不同类型学校的学校文化整体差异的方差分析

| 变异来源 | SS（Ⅲ型平方和） | DF | MS（均方） | $F$ |
|---|---|---|---|---|
| 组间 | 1.360 | 2 | 0.680 | 1.314 |
| 组内 | 589.222 | 1138 | 0.518 | |
| 全体 | 590.582 | 1140 | | |

（三）不同学生人数学校的学校文化整体差异比较

通过不同学生人数学校的学校文化描述统计分析（表 6-32）可以看出，学生人数在 100 人以下的被试所在学校的学校文化均值为 2. 9030，学生人数在 100~200 人的被试所在学校的学校文化均值为 3. 0651，学生人数是 200~500 人的被试所在学校的学校文化均值为 2. 9920。学生人数在 500~1000 人的被试所在学校的学校文化均值为 3. 0050，学生人数在 1000 人以上的被试所在学校的学校文化均值为 2. 9517。

**表 6-32 不同学生人数学校的学校文化整体差异描述统计**

| 项 目 | 均 值 | 标准差 | 标准误差 |
|---|---|---|---|
| 100 人以下 | 2. 9030 | 0. 82139 | 0. 10035 |
| 100~200 人 | 3. 0651 | 0. 74212 | 0. 06228 |
| 200~500 人 | 2. 9920 | 0. 69558 | 0. 03756 |
| 500~1000 人 | 3. 0050 | 0. 69071 | 0. 04056 |
| 1000 人以上 | 2. 9517 | 0. 74012 | 0. 04280 |

不同学生人数学校的学校文化的方差分析（表 6-33）显示，组间Ⅲ型平方和为 1. 813，DF 为 4，均方为 0. 453，*F* 值为 0. 874；组内Ⅲ型平方和为 588. 769，DF 为 1136，均方为 0. 518；不同学生人数学校的学校文化方面不存在显著差异（$p>0.05$）。

**表 6-33 不同学生人数学校的学校文化整体差异的方差分析**

| 变异来源 | SS（Ⅲ型平方和） | DF | MS（均方） | *F* |
|---|---|---|---|---|
| 组间 | 1. 813 | 4 | 0. 453 | 0. 874 |
| 组内 | 588. 769 | 1136 | 0. 518 | |
| 全体 | 590. 582 | 1140 | | |

（四）离教育管理部门不同距离学校的学校文化整体差异比较

通过离教育管理部门不同距离学校的学校文化描述统计分析（表 6-34）可以看出，离教育管理部门非常远学校的学校文化均值为 2. 9284，离教育管理部门比较远学校的学校文化均值为 3. 0497，离教育管理部门适中学校的学校文化均值为 2. 9804，离教育管理部门比较近学校的学校文化均值为 2. 9893，离教育管理部门非常近学校的学校文化均值为 2. 8133。

表 6-34　离教育管理部门不同距离学校的学校文化整体差异描述统计

| 项　目 | 均　值 | 标准差 | 标准误差 |
|---|---|---|---|
| 非常远 | 2.9284 | 0.74200 | 0.08244 |
| 比较远 | 3.0497 | 0.67457 | 0.03560 |
| 适中 | 2.9804 | 0.71422 | 0.03536 |
| 比较近 | 2.9893 | 0.76505 | 0.05230 |
| 非常近 | 2.8133 | 0.77838 | 0.08757 |

离教育管理部门不同距离学校的学校文化的方差分析（表 6-35）显示，组间Ⅲ型平方和为 4.090，DF 为 4，均方为 1.023，$F$ 值为 1.981；组内Ⅲ型平方和为 586.492，DF 为 1136，均方为 0.516；离教育管理部门不同距离学校的学校文化方面不存在显著差异（$p>0.05$）。

表 6-35　离教育管理部门不同距离学校的学校文化整体差异的方差分析

| 变异来源 | SS（Ⅲ型平方和） | DF | MS（均方） | $F$ |
|---|---|---|---|---|
| 组间 | 4.090 | 4 | 1.023 | 1.981 |
| 组内 | 586.492 | 1136 | 0.516 | |
| 全体 | 590.582 | 1140 | | |

## 二、农村学校文化组成要素差异比较

### （一）不同所在地学校的学校文化组成要素差异比较

1. 积极文化

通过不同所在地学校的积极文化情况描述统计分析（表 6-36）可以看出，学校所在地在县市的积极文化均值为 4.2342，学校所在地在乡镇的积极文化均值为 4.2726，学校所在地在村屯的积极文化均值为 4.2611。

表 6-36　不同所在地学校的积极文化差异描述统计

| 项　目 | 均　值 | 标准差 | 标准误差 |
|---|---|---|---|
| 县市 | 4.2342 | 1.10151 | 0.07393 |
| 乡镇 | 4.2726 | 1.02506 | 0.03713 |
| 村屯 | 4.2611 | 0.96066 | 0.07667 |

不同所在地学校间的积极文化的方差分析（表 6-37）显示，组间Ⅲ型平方和为 0.254，DF 为 2，均方为 0.127，$F$ 值为 0.119；组内Ⅲ型平方和为 1211.737，DF 为 1138，均方为 1.065；不同所在地学校的积极文化方面不存在

显著差异（$p>0.05$）。

**表 6-37　不同所在地学校的积极文化的方差分析**

| 变异来源 | SS（Ⅲ型平方和） | DF | MS（均方） | F |
|---|---|---|---|---|
| 组间 | 0.254 | 2 | 0.127 | 0.119 |
| 组内 | 1211.737 | 1138 | 1.065 | |
| 全体 | 1211.991 | 1140 | | |

2. 中性文化

通过不同所在地学校的中性文化情况描述统计分析（表 6-38）可以看出，学校所在地在县市的中性文化均值为 2.3146，学校所在地在乡镇的中性文化均值为 2.4549，学校所在地在村屯的中性文化均值为 2.5446。

**表 6-38　不同所在地学校的中性文化差异描述统计**

| 项　目 | 均　值 | 标准差 | 标准误差 |
|---|---|---|---|
| 县市 | 2.3146 | 1.31416 | 0.08820 |
| 乡镇 | 2.4549 | 1.25239 | 0.04537 |
| 村屯 | 2.5446 | 1.18369 | 0.09447 |

不同所在地学校间的中性文化的方差分析（表 6-39）显示，组间Ⅲ型平方和为 5.380，DF 为 2，均方为 2.690，$F$ 值为 1.707；组内Ⅲ型平方和为 1793.868，DF 为 1138，均方为 1.576；不同所在地学校的中性文化方面不存在显著差异（$p>0.05$）。

**表 6-39　不同所在地学校的中性文化的方差分析**

| 变异来源 | SS（Ⅲ型平方和） | DF | MS（均方） | F |
|---|---|---|---|---|
| 组间 | 5.380 | 2 | 2.690 | 1.707 |
| 组内 | 1793.868 | 1138 | 1.576 | |
| 全体 | 1799.249 | 1140 | | |

3. 消极文化

通过不同所在地学校的消极文化情况描述统计分析（表 6-40）可以看出，学校所在地在县市的消极文化均值为 2.1454，学校所在地在乡镇的消极文化均值为 2.2053，学校所在地在村屯的消极文化均值为 2.1347。

**表 6-40　不同所在地学校的消极文化差异描述统计**

| 项　目 | 均　值 | 标准差 | 标准误差 |
|---|---|---|---|
| 县市 | 2.1454 | 1.19461 | 0.08018 |

续表 6-40

| 项目 | 均值 | 标准差 | 标准误差 |
| --- | --- | --- | --- |
| 乡镇 | 2.2053 | 1.23249 | 0.04465 |
| 村屯 | 2.1347 | 1.03702 | 0.08276 |

不同所在地学校间的消极文化的方差分析（表 6-41）显示，组间Ⅲ型平方和为 1.058，DF 为 2，均方为 0.529，*F* 值为 0.367；组内Ⅲ型平方和为 1639.141，DF 为 1138，均方为 1.440；不同所在地学校的消极文化方面不存在显著差异（$p>0.05$）。

**表 6-41 不同所在地学校的消极文化的方差分析**

| 变异来源 | SS（Ⅲ型平方和） | DF | MS（均方） | *F* |
| --- | --- | --- | --- | --- |
| 组间 | 1.058 | 2 | 0.529 | 0.367 |
| 组内 | 1639.141 | 1138 | 1.440 | |
| 全体 | 1640.198 | 1140 | | |

### （二）不同类型学校的学校文化组成要素差异比较

1. 积极文化

通过不同类型学校的积极文化情况描述统计分析（表 6-42）可以看出，小学的积极文化均值为 4.2555，初中的积极文化均值为 4.3006，高中的积极文化均值为 4.0514。

**表 6-42 不同类型学校的积极文化描述统计**

| 项目 | 均值 | 标准差 | 标准误差 |
| --- | --- | --- | --- |
| 小学 | 4.2555 | 1.02811 | 0.03635 |
| 初中 | 4.3006 | 1.02079 | 0.05742 |
| 高中 | 4.0514 | 1.25145 | 0.25029 |

不同类型学校的积极文化的方差分析（表 6-43）显示，组间Ⅲ型平方和为 1.611，DF 为 2，均方为 0.805，*F* 值为 0.757；组内Ⅲ型平方和为 1210.380，DF 为 1138，均方为 1.064；不同类型学校的积极文化方面不存在显著差异（$p>0.05$）。

**表 6-43 不同类型学校的积极文化的方差分析**

| 变异来源 | SS（Ⅲ型平方和） | DF | MS（均方） | *F* |
| --- | --- | --- | --- | --- |
| 组间 | 1.611 | 2 | 0.805 | 0.757 |
| 组内 | 1210.380 | 1138 | 1.064 | |
| 全体 | 1211.991 | 1140 | | |

2. 中性文化

通过不同类型学校的中性文化情况描述统计分析（表 6-44）可以看出，小学的中性文化均值为 2. 4735，初中的中性文化均值为 2. 3724，高中的中性文化均值为 2. 2200。

**表 6-44　不同类型学校的中性文化描述统计**

| 项　目 | 均　值 | 标准差 | 标准误差 |
|---|---|---|---|
| 小学 | 2. 4735 | 1. 26117 | 0. 04459 |
| 初中 | 2. 3724 | 1. 26953 | 0. 07142 |
| 高中 | 2. 2200 | 0. 84536 | 0. 16907 |

不同类型学校的中性文化的方差分析（表 6-45）显示，组间Ⅲ型平方和为 3. 556，DF 为 2，均方为 1. 778，*F* 值为 1. 127；组内Ⅲ型平方和为 1795. 693，DF 为 1138，均方为 1. 578；不同类型学校的中性文化方面不存在显著差异（$p>0.05$）。

**表 6-45　不同类型学校的中性文化的方差分析**

| 变异来源 | SS（Ⅲ型平方和） | DF | MS（均方） | *F* |
|---|---|---|---|---|
| 组间 | 3. 556 | 2 | 1. 778 | 1. 127 |
| 组内 | 1795. 693 | 1138 | 1. 578 | |
| 全体 | 1799. 249 | 1140 | | |

3. 消极文化

通过不同类型学校的消极文化情况描述统计分析（表 6-46）可以看出，小学的消极文化均值为 2. 2093，初中的消极文化均值为 2. 1320，高中的消极文化均值为 2. 0286。

**表 6-46　不同类型学校的消极文化描述统计**

| 项　目 | 均　值 | 标准差 | 标准误差 |
|---|---|---|---|
| 小学 | 2. 2093 | 1. 21936 | 0. 04311 |
| 初中 | 2. 1320 | 1. 16281 | 0. 06541 |
| 高中 | 2. 0286 | 1. 00678 | 0. 20136 |

不同类型学校的消极文化的方差分析（表 6-47）显示，组间Ⅲ型平方和为 1. 970，DF 为 2，均方为 0. 985，*F* 值为 0. 684；组内Ⅲ型平方和为 1638. 229，DF

为1138，均方为1.440；不同类型学校的消极文化方面不存在显著差异($p>0.05$)。

表6-47　不同类型学校的消极文化的方差分析

| 变异来源 | SS（Ⅲ型平方和） | DF | MS（均方） | *F* |
|---|---|---|---|---|
| 组间 | 1.970 | 2 | 0.985 | 0.684 |
| 组内 | 1638.229 | 1138 | 1.440 | |
| 全体 | 1640.198 | 1140 | | |

（三）不同学生人数学校的学校文化组成要素差异比较

1. 积极文化

通过不同学生人数学校的积极文化描述统计分析（表6-48）可以看出，学生人数在100人以下的被试所在学校的积极文化均值为3.9360，学生人数在100~200人的被试所在学校的积极文化均值为3.9728，学生人数是200~500人的被试所在学校的积极文化均值为4.4344。学生人数在500~1000人的被试所在学校的积极文化均值为4.2271，学生人数在1000人以上的被试所在学校的积极文化均值为4.3144。

表6-48　不同学生人数学校的积极文化描述统计

| 项　目 | 均　值 | 标准差 | 标准误差 |
|---|---|---|---|
| 100人以下 | 3.9360 | 1.24074 | 0.15158 |
| 100~200人 | 3.9728 | 1.18390 | 0.09935 |
| 200~500人 | 4.4344 | 0.87776 | 0.04739 |
| 500~1000人 | 4.2271 | 1.02797 | 0.06036 |
| 1000人以上 | 4.3144 | 1.02569 | 0.05932 |

不同学生人数学校的积极文化的方差分析（表6-49）显示，不同学生人数学校的积极文化方面有显著差异($p<0.001$)。由事后比较得知，学生人数在200~500人的被试所在学校的积极文化均值大于学生人数在100人以下的被试所在学校的积极文化均值，即学生人数在200~500人的被试所在学校的积极文化明显好于学生人数在100人以下的被试所在学校的积极文化。学生人数在200~500人的被试所在学校的积极文化均值大于学生人数在100~200人的被试所在学校的积极文化均值，即学生人数在200~500人的被试所在学校的积极文化明显好于学生人数在100~200人的被试所在学校的积极文化。学生人数在1000人以上的被试所在学校的积极文化均值大于学生人数在100~200人的被试所在学校

的学积极文化均值，即学生人数在 1000 人以上的被试所在学校的积极文化明显好于学生人数在 100～200 人的被试所在学校的积极文化。进一步从关联强度指数来看，$\omega^2$ 的值等于 0.022，可见，学生人数与积极文化存在相关关系。统计检验力等于 0.996，决策正确率较高，学生人数对积极文化的解释量较大。

**表 6-49　不同学生人数学校的积极文化的方差分析**

| 变异来源 | SS（Ⅲ型平方和） | DF | MS（均方） | *F* | 事后比较 | $\omega^2$ | 统计检验力 |
|---|---|---|---|---|---|---|---|
| 组间 | 30.358 | 4 | 7.590 | 7.296*** | 200～500 人>100 人以下；200～500 人>100～200 人；1000 人以上>100～200 人 | 0.022 | 0.996 |
| 组内 | 1181.632 | 1136 | 1.040 | | | | |
| 全体 | 1211.991 | 1140 | | | | | |

注：*** $p<0.001$。

2. 中性文化

通过不同学生人数学校的中性文化描述统计分析（表 6-50）可以看出，学生人数在 100 人以下的被试所在学校的中性文化均值为 2.5124，学生人数在 100～200 人的被试所在学校的中性文化均值为 2.7570，学生人数是 200～500 人的被试所在学校的中性文化均值为 2.3902。学生人数在 500～1000 人的被试所在学校的中性文化均值为 2.4328，学生人数在 1000 人以上的被试所在学校的中性文化均值为 2.3372。

**表 6-50　不同学生人数学校的中性文化描述统计**

| 项　目 | 均　值 | 标准差 | 标准误差 |
|---|---|---|---|
| 100 人以下 | 2.5124 | 1.24395 | 0.15197 |
| 100～200 人 | 2.7570 | 1.16381 | 0.09767 |
| 200～500 人 | 2.3902 | 1.25297 | 0.06765 |
| 500～1000 人 | 2.4328 | 1.23948 | 0.07278 |
| 1000 人以上 | 2.3372 | 1.30381 | 0.07540 |

不同学生人数学校的中性文化的方差分析（表 6-51）显示，不同学生人数学校的中性文化方面有显著差异（$p<0.001$）。由事后比较得知，学生人数在 100～200 人的被试所在学校的中性文化均值大于学生人数在 1000 人以上的被试所在学校的中性文化均值，即学生人数在 100～200 人的被试所在学校的中性文化明显好于学生人数在 1000 人以上的被试所在学校的中性文化。进一步从关联强度指数来看，$\omega^2$ 的值等于 0.007，可见，学生人数与中性文化存在相关关系。统计检验力等于 0.797，决策正确率一般，学生人数对中性文化有一定解释量。

**表 6-51 不同学生人数学校的中性文化的方差分析**

| 变异来源 | SS（Ⅲ型平方和） | DF | MS（均方） | $F$ | 事后比较 | $\omega^2$ | 统计检验力 |
|---|---|---|---|---|---|---|---|
| 组间 | 18.649 | 4 | 4.662 | 2.974* | 100~200 人>1000 人以上 | 0.007 | 0.797 |
| 组内 | 1780.600 | 1136 | 1.567 | | | | |
| 全体 | 1799.249 | 1140 | | | | | |

注：* $p<0.05$。

3. 消极文化

通过不同学生人数学校的消极文化描述统计分析（表 6-52）可以看出，学生人数在 100 人以下的被试所在学校的消极文化均值为 2.2047，学生人数在 100~200 人的被试所在学校的消极文化均值为 2.4215，学生人数是 200~500 人的被试所在学校的消极文化均值为 2.0654。学生人数在 500~1000 人的被试所在学校的消极文化均值为 2.2734，学生人数在 1000 人以上的被试所在学校的消极文化均值为 2.1156。

**表 6-52 不同学生人数学校的消极文化描述统计**

| 项 目 | 均 值 | 标准差 | 标准误差 |
|---|---|---|---|
| 100 人以下 | 2.2047 | 1.22720 | 0.14993 |
| 100~200 人 | 2.4215 | 1.22162 | 0.10252 |
| 200~500 人 | 2.0654 | 1.17770 | 0.06359 |
| 500~1000 人 | 2.2734 | 1.22830 | 0.07213 |
| 1000 人以上 | 2.1156 | 1.16353 | 0.06729 |

不同类型学校的消极文化的方差分析（表 6-53）显示，组间Ⅲ型平方和为 16.581，DF 为 4，均方为 4.145，$F$ 值为 2.900；组内Ⅲ型平方和为 1623.617，DF 为 1136，均方为 1.429；不同类型学校的消极文化方面不存在显著差异（$p>0.05$）。

**表 6-53 不同学生人数学校的消极文化差异的方差分析**

| 变异来源 | SS（Ⅲ型平方和） | DF | MS（均方） | $F$ |
|---|---|---|---|---|
| 组间 | 16.581 | 4 | 4.145 | 2.900 |
| 组内 | 1623.617 | 1136 | 1.429 | |
| 全体 | 1640.198 | 1140 | | |

### （四）离教育管理部门不同距离学校的学校文化组成要素差异比较

1. 积极文化

通过离教育管理部门不同距离学校的积极文化描述统计分析（表 6-54）可

以看出，离教育管理部门非常远学校的积极文化均值为4.1658，离教育管理部门比较远学校的积极文化均值为4.3108，离教育管理部门适中学校的积极文化均值为4.2598，离教育管理部门比较近学校的积极文化均值为4.2670，离教育管理部门非常近学校的积极文化均值为4.1591。

**表6-54 离教育管理部门不同距离学校的积极文化描述统计**

| 项 目 | 均 值 | 标准差 | 标准误差 |
|---|---|---|---|
| 非常远 | 4.1658 | 1.12474 | 0.12497 |
| 比较远 | 4.3108 | 0.96949 | 0.05117 |
| 适中 | 4.2598 | 1.00803 | 0.04990 |
| 比较近 | 4.2670 | 1.04888 | 0.07170 |
| 非常近 | 4.1591 | 1.26064 | 0.14183 |
| 总数 | 4.2636 | 1.03109 | 0.03052 |

离教育管理部门不同距离学校的积极文化的方差分析（表6-55）显示，组间Ⅲ型平方和为2.445，DF为4，均方为0.611，$F$值为0.574；组内Ⅲ型平方和为1209.546，DF为1136，均方为1.065；离教育管理部门不同距离学校的积极文化方面不存在显著差异（$p>0.05$）。

**表6-55 离教育管理部门不同距离学校的积极文化的方差分析**

| 变异来源 | SS（Ⅲ型平方和） | DF | MS（均方） | $F$ |
|---|---|---|---|---|
| 组间 | 2.445 | 4 | 0.611 | 0.574 |
| 组内 | 1209.546 | 1136 | 1.065 | |
| 全体 | 1211.991 | 1140 | | |

2. 中性文化

通过离教育管理部门不同距离学校的中性文化描述统计分析（表6-56）可以看出，离教育管理部门非常远学校的中性文化均值为2.4918，离教育管理部门比较远学校的中性文化均值为2.5446，离教育管理部门适中学校的中性文化均值为2.4167，离教育管理部门比较近学校的中性文化均值为2.4338，离教育管理部门非常近学校的中性文化均值为2.0485。

**表6-56 离教育管理部门不同距离学校的中性文化描述统计**

| 项 目 | 均 值 | 标准差 | 标准误差 |
|---|---|---|---|
| 非常远 | 2.4918 | 1.32180 | 0.14687 |
| 比较远 | 2.5446 | 1.25151 | 0.06605 |
| 适中 | 2.4167 | 1.20622 | 0.05972 |

续表 6-56

| 项 目 | 均 值 | 标准差 | 标准误差 |
|---|---|---|---|
| 比较近 | 2.4338 | 1.29217 | 0.08833 |
| 非常近 | 2.0485 | 1.31292 | 0.14771 |

离教育管理部门不同距离学校的中性文化的方差分析（表 6-57）显示，离教育管理部门不同距离学校的中性文化方面有显著差异（$p<0.001$）。由事后比较得知，离教育管理部门比较远的学校被试的中性文化均值大于离教育管理部门非常近的学校被试的中性文化均值，即离教育管理部门比较远的学校被试的中性文化明显好于离教育管理部门非常近的学校被试的中性文化。进一步从关联强度指数来看，$\omega^2$ 的值等于 0.006，可见，离教育管理部门不同距离与中性文化存在相关关系。统计检验力等于 0.738，决策正确率一般，离教育管理部门不同距离对中性文化有一定解释量。

**表 6-57 离教育管理部门不同距离学校的中性文化的方差分析**

| 变异来源 | SS（Ⅲ型平方和） | DF | MS（均方） | $F$ | 事后比较 | $\omega^2$ | 统计检验力 |
|---|---|---|---|---|---|---|---|
| 组间 | 16.480 | 4 | 4.120 | 2.625* | 比较远>非常近 | 0.006 | 0.738 |
| 组内 | 1782.769 | 1136 | 1.569 | | | | |
| 全体 | 1799.249 | 1140 | | | | | |

注：* $p<0.05$。

3. 消极文化

通过离教育管理部门不同距离学校的消极文化描述统计分析（表 6-58）可以看出，离教育管理部门非常远学校的消极文化均值为 2.0653，离教育管理部门比较远学校的消极文化均值为 2.2216，离教育管理部门适中学校的消极文化均值为 2.1842，离教育管理部门比较近学校的消极文化均值为 2.1876，离教育管理部门非常近学校的消极文化均值为 2.1230。

**表 6-58 离教育管理部门不同距离学校的消极文化描述统计**

| 项 目 | 均 值 | 标准差 | 标准误差 |
|---|---|---|---|
| 非常远 | 2.0653 | 1.14977 | 0.12775 |
| 比较远 | 2.2216 | 1.19167 | 0.06289 |
| 适中 | 2.1842 | 1.17287 | 0.05807 |
| 比较近 | 2.1876 | 1.25399 | 0.08572 |
| 非常近 | 2.1230 | 1.28749 | 0.14485 |

离教育管理部门不同距离学校的消极文化的方差分析（表 6-59）显示，组

间Ⅲ型平方和为 1.948，DF 为 4，均方为 0.487，$F$ 值为 0.338；组内Ⅲ型平方和为 1638.250，DF 为 1136，均方为 1.442；离教育管理部门不同距离学校的消极文化方面不存在显著差异（$p>0.05$）。

**表 6-59　离教育管理部门不同距离学校的消极文化的方差分析**

| 变异来源 | SS（Ⅲ型平方和） | DF | MS（均方） | *F* |
|---|---|---|---|---|
| 组间 | 1.948 | 4 | 0.487 | 0.338 |
| 组内 | 1638.250 | 1136 | 1.442 | |
| 全体 | 1640.198 | 1140 | | |

# 第七章 农村学校校长领导力对学校的影响

农村学校的发展在一定程度上依赖于校长的引领、决策。校长不同的领导力对学校的发展与办学质量的提升等方面有着不同的影响。本章从农村学校校长领导力与农村学校效能的角度进行剖析，期望通过统计分析能进一步揭示二者之间的关系，更好地为农村学校的发展，以及城乡一体化发展提供有价值的参考意见。

## 第一节 农村学校校长领导力与农村学校效能

### 一、农村学校校长领导力与农村学校效能的相关分析

#### （一）农村学校校长领导力与农村学校效能整体性相关

从表 7-1 可以看出，农村学校校长领导力与农村学校效能存在显著相关，相关系数为 0.726，$p<0.001$。进一步分析，发现农村学校校长领导力与农村学生学业成绩、学校办学质量之间也存在显著相关，校长领导力与农村学生学业成绩相关系数为 0.608，$p<0.001$；校长领导力与农村学校办学质量相关系数为 0.754，$p<0.001$。

**表 7-1 农村学校校长领导力与农村学校效能整体相关性分析**

| 项　目 | 学校效能 | 学生学业成绩 | 学校办学质量 |
|---|---|---|---|
| 校长领导力 | 0.726*** | 0.608*** | 0.754*** |

注：$^{***}p<0.001$。

#### （二）农村学校校长领导力分项与农村学校效能分项相关性

为了更好地分析校长领导力的各个方面对学生学业成绩和学校办学质量的相关程度，对农村学校校长领导力分项与农村学校效能分项进行了统计分析。表 7-2数据显示，行政领导力与学生学业成绩之间显著相关，相关系数 0.589；行政领导力与学校办学质量之间显著相关，相关系数 0.727。教学领导力与学生学业成绩之间显著相关，相关系数 0.598；教学领导力与学校办学质量之间显著相

关，相关系数 0.737。战略领导力与学生学业成绩之间显著相关，相关系数 0.604；战略领导力与学校办学质量之间显著相关，相关系数 0.728。包容领导力与学生学业成绩之间显著相关，相关系数 0.555；包容领导力与学校办学质量之间显著相关，相关系数 0.694。激励领导力与学生学业成绩之间显著相关，相关系数 0.562；激励领导力与学校办学质量之间显著相关，相关系数 0.712，$p<0.001$。

各个领导力之间也存在显著相关关系，行政领导力与教学领导力相关系数为 0.920，行政领导力与战略领导力相关系数为 0.898，行政领导力与包容领导力相关系数为 0.821，行政领导力与激励领导力相关系数为 0.853；教学领导力与战略领导力相关系数为 0.942，教学领导力与包容领导力相关系数为 0.861，教学领导力与激励领导力相关系数为 0.894；战略领导力与包容领导力相关系数为 0.885，战略领导力与激励领导力相关系数为 0.917；包容领导力与激励领导力相关系数为 0.888。学生学业成绩与学校办学质量之间也存在显著相关，学生学业成绩与学校办学质量相关系数为 0.809，$p<0.001$。

**表 7-2　农村学校校长领导力分项与农村学校效能分项相关性分析**

| 项　目 | 1 | 2 | 3 | 4 | 5 | 6 |
|---|---|---|---|---|---|---|
| 行政领导力 1 | — | | | | | |
| 教学领导力 2 | 0.920*** | — | | | | |
| 战略领导力 3 | 0.898*** | 0.942*** | — | | | |
| 包容领导力 4 | 0.821*** | 0.861*** | 0.885*** | — | | |
| 激励领导力 5 | 0.853*** | 0.894*** | 0.917*** | 0.888*** | — | |
| 学生学业成绩 6 | 0.589*** | 0.598*** | 0.604*** | 0.555*** | 0.562*** | — |
| 学校办学质量 7 | 0.727*** | 0.737*** | 0.728*** | 0.694*** | 0.712*** | 0.809*** |

注：***$p<0.001$。

### （三）学校效能与校长领导力各要素相关分析

1. 学校效能与行政领导力各要素相关

从表 7-3 数据可以看出，学校效能与行政领导力各要素之间存在显著相关关系。其中，学生学业成绩与能确保学校环境安全有序相关系数为 0.556，学生学业成绩与合理分配人力和财政资源相关系数为 0.541，学生学业成绩与科学进行人员的选拔和分配相关系数为 0.526，学生学业成绩与正确评价自己相关系数为 0.566，学生学业成绩与了解全校师生动态相关系数为 0.567。学校办学质量与能确保学校环境安全有序相关系数为 0.677，学校办学质量与合理分配人力和财政资源相关系数为 0.681，学校办学质量与科学进行人员的选拔和分配相关系数为

0.661，学校办学质量与正确评价自己相关系数为0.694，学校办学质量与了解全校师生动态相关系数为0.687，$p<0.001$。

表7-3　学校效能与行政领导力各要素相关分析

| 项　目 | 能确保学校环境安全有序 | 合理分配人力和财政资源 | 科学进行人员的选拔和分配 | 正确评价自己 | 了解全校师生动态 |
|---|---|---|---|---|---|
| 学生学业成绩 | 0.556*** | 0.541*** | 0.526*** | 0.566*** | 0.567*** |
| 学校办学质量 | 0.677*** | 0.681*** | 0.661*** | 0.694*** | 0.687*** |

注：$^{***}p<0.001$。

2. 学校效能与教学领导力各要素相关

从表7-4数据可以看出，学校效能与教学领导力各要素之间存在显著相关关系。其中，学生学业成绩与为学校的教师设计专业发展路径相关系数为0.551，学生学业成绩与关注课程、教学和评估的一致性相关系数为0.576，学生学业成绩与关注教师教学的有效性相关系数为0.580，学生学业成绩与向教师提供教学反馈信息相关系数为0.573，学生学业成绩与关注学生的学习进步相关系数为0.582。学校办学质量与为学校的教师设计专业发展路径相关系数为0.692，学校办学质量与关注课程、教学和评估的一致性相关系数为0.707，学校办学质量与关注教师教学的有效性相关系数为0.712，学校办学质量与向教师提供教学反馈信息相关系数为0.700，学校办学质量与了关注学生的学习进步相关系数为0.715，$p<0.001$。

表7-4　学校效能与教学领导力各要素相关分析

| 项　目 | 为学校的教师设计专业发展路径 | 关注课程、教学和评估的一致性 | 关注教师教学的有效性 | 向教师提供教学反馈信息 | 关注学生的学习进步 |
|---|---|---|---|---|---|
| 学生学业成绩 | 0.551*** | 0.576*** | 0.580*** | 0.573*** | 0.582*** |
| 学校办学质量 | 0.692*** | 0.707*** | 0.712*** | 0.700*** | 0.715*** |

注：$^{***}p<0.001$。

3. 学校效能与战略领导力各要素相关

从表7-5数据可以看出，学校效能与战略领导力各要素之间存在显著相关关系。其中，学生学业成绩与建立持续提升办学质量的规范相关系数为0.595，学生学业成绩与以学生高水平成绩为重点的愿景和目标相关系数为0.568，学生学业成绩与对学校里的所有人都有很高的期望相关系数为0.575，学生学业成绩与学校的决策基于可靠的证据相关系数为0.558，学生学业成绩与向家长等利益相关者报告学校发展状态信息相关系数为0.563。学校办学质量与建立持续提升办学质量的规范相关系数为0.721，学校办学质量与以学生高水平成绩为重点的愿景和目标相关系数为0.687，学校办学质量与对学校里的所有人都有很高的期望相关系数为 0.689，学校办学质量与学校的决策基于可靠的证据相关系数为 0.683，学校办学质量与向家长等利益相关者报告学校发展状态信息相关系数为 0.668，$p<0.001$。

**表 7-5 学校效能与战略领导力各要素相关分析**

| 项 目 | 建立持续提升办学质量的规范 | 以学生高水平成绩为重点的愿景和目标 | 对学校里的所有人都有很高的期望 | 学校的决策基于可靠的证据 | 向家长等利益相关者报告学校发展状态信息 |
|---|---|---|---|---|---|
| 学生学业成绩 | 0.595*** | 0.568*** | 0.575*** | 0.558*** | 0.563*** |
| 学校办学质量 | 0.721*** | 0.687*** | 0.689*** | 0.683*** | 0.668*** |

注：***$p<0.001$。

4. 学校效能与包容领导力各要素相关

从表 7-6 数据可以看出，学校效能与包容领导力各要素之间存在显著相关关系。其中，学生学业成绩与学校的决策让家长等利益相关者参与的相关系数为 0.512，学生学业成绩与赋权给全校教职员工的相关系数为 0.490，学生学业成绩与积极建立与家长联系的相关系数为 0.551，学生学业成绩与争取家长和社区等参与学校各项活动的相关系数为 0.522。学校办学质量与学校的决策让家长等利益相关者参与的相关系数为 0.627，学校办学质量与赋权给全校教职员工的相关系数为 0.630，学校办学质量与积极建立与家长联系的相关系数为 0.683，学校办学质量与争取家长和社区等参与学校各项活动的相关系数为 0.654，$p<0.001$。

**表 7-6 学校效能与包容领导力各要素相关分析**

| 项 目 | 学校的决策让家长等利益相关者参与 | 赋权给全校教职员工 | 积极建立与家长的联系 | 争取家长和社区等参与学校的各项活动 |
|---|---|---|---|---|
| 学生学业成绩 | 0.512*** | 0.490*** | 0.551*** | 0.522*** |
| 学校办学质量 | 0.627*** | 0.630*** | 0.683*** | 0.654*** |

注：***$p<0.001$。

5. 学校效能与激励领导力各要素相关

从表 7-7 数据可以看出，学校效能与激励领导力各要素之间存在显著相关关系。其中，学生学业成绩与认识和利用学校教师才华的相关系数为 0.544，学生学业成绩与教师建立信任和融洽关系的相关系数为 0.526，学生学业成绩与是学校教师的榜样的相关系数为 0.521，学生学业成绩与工作中能充分展示自我效能的相关系数为 0.540。学生学业成绩与促进教师集体效能增长的相关系数为 0.553，学生学业成绩与相信并看到教师发展可能性的相关系数为 0.551，学生学业成绩与引导教师进行可能性思考的相关系数为 0.543。学校办学质量与认识和利用学校教师才华的相关系数为 0.689，学校办学质量与教师建立信任和融洽关系的相关系数为 0.675，学校办学质量与是学校教师的榜样的相关系数为 0.671，学校办学质量与工作中能充分展示自我效能的相关系数为 0.677。学生学业成绩与促进教师集体效能增长的相关系数为 0.696，学生学业成绩与相信并看到教师发展可能性的相关系数为 0.693，学生学业成绩与引导教师进行可能性思考的相关系数为 0.686，$p<0.001$。

**表 7-7　学校效能与激励领导力各要素相关分析**

| 项　目 | 认识和利用学校教师的才华 | 与教师建立信任和融洽关系 | 是学校教师的榜样 | 工作中能充分展示自我效能 | 促进教师集体效能的增长 | 相信并看到教师发展的可能性 | 引导教师进行可能性思考 |
|---|---|---|---|---|---|---|---|
| 学生学业成绩 | 0.544*** | 0.526*** | 0.521*** | 0.540*** | 0.553*** | 0.551*** | 0.543*** |
| 学校办学质量 | 0.689*** | 0.675*** | 0.671*** | 0.677*** | 0.696*** | 0.693*** | 0.686*** |

注：***$p<0.001$。

## 二、农村学校校长领导力与农村学校效能的回归分析

### (一) 农村学校校长领导力与农村学校效能整体回归分析

结合前面所做的相关性分析结果，采用回归法对农村学校校长领导力与农村学校效能整体进行回归分析确定其相关显著性。以农村学校效能整体作为因变量，将农村学校校长领导力作为自变量进行多元回归分析，统计结果见表 7-8。模型 1 中进入自变量校长领导力，此变量对农村学校效能整体解释度为 52.7%，在 0.001 显著性水平上，模型 1 回归效果显著（$F=1268.238$，$p<0.001$）。在 0.001 显著性水平上，不同校长领导力的学校间学校效能整体有显著差异（$\beta=0.726$，$p<0.001$）。

**表 7-8　校长领导力与学校效能整体回归分析**

| 模型 | | 非标准化系数 | | 标准系数 | $t$ | $F$ | $R^2$ | $R^2$ 更改 |
|---|---|---|---|---|---|---|---|---|
| | | $B$ | 标准误差 | 试用版 | | | | |
| 1 | （常量） | 1.109 | 0.088 | | 12.634*** | 1268.238*** | 0.527 | 0.527 |
| | 校长领导力 | 0.702 | 0.020 | 0.726 | 35.612*** | | | |

注：因变量：学校效能。

预测变量：校长领导力。

***$p<0.001$。

采用回归法对农村学校校长领导力与农村学生学业成绩进行回归分析确定其相关显著性。以农村学生学业成绩作为因变量，将农村学校校长领导力作为自变量进行多元回归分析，统计结果见表 7-9。模型 1 中进入自变量校长领导力，此

变量对农村学生学业成绩解释度为37%，在0.001显著性水平上，模型1回归效果显著（$F=668.039$，$p<0.001$）。在0.001显著性水平上，不同校长领导力的学校间学生学业成绩有显著差异（$\beta=0.608$，$p<0.001$）。

**表7-9 校长领导力与学生学业成绩回归分析**

| 模型 | | 非标准化系数 | | 标准系数 | $t$ | $F$ | $R^2$ | $R^2$ 更改 |
|---|---|---|---|---|---|---|---|---|
| | | $B$ | 标准误差 | 试用版 | | | | |
| 1 | （常量） | 1.279 | 0.110 | | 11.617*** | 668.039*** | 0.370 | 0.370 |
| | 校长领导力 | 0.639 | 0.025 | 0.608 | 25.846*** | | | |

注：因变量：学生学业成绩。

预测变量：（常量），校长领导力。

***$p<0.001$。

采用回归法对农村学校校长领导力与农村学校办学质量进行回归分析确定其相关显著性。以农村学校办学质量作为因变量，将农村学校校长领导力作为自变量进行多元回归分析，统计结果见表7-10。模型1中进入自变量校长领导力，此变量对农村学校办学质量解释度为56.8%，在0.001显著性水平上，模型1回归效果显著（$F=1499.658$，$p<0.001$）。在0.001显著性水平上，不同校长领导力的学校间学校办学质量有显著差异（$\beta=0.754$，$p<0.001$）。

**表7-10 校长领导力与学校办学质量回归分析**

| 模型 | | 非标准化系数 | | 标准系数 | $t$ | $F$ | $R^2$ | $R^2$ 更改 |
|---|---|---|---|---|---|---|---|---|
| | | $B$ | 标准误差 | 试用版 | | | | |
| 1 | （常量） | 0.988 | 0.086 | | 11.498*** | 1499.658*** | 0.568 | 0.568 |
| | 校长领导力 | 0.747 | 0.019 | 0.754 | 38.725*** | | | |

注：因变量：学校办学质量。

预测变量：（常量），校长领导力。

***$p<0.001$。

## （二）农村学校效能分项与农村学校校长领导力分项回归分析

### 1. 学生学业成绩与校长领导力分项回归分析

采用回归法对校长行政领导力与农村学校学生学业成绩进行回归分析确定其相关显著性。以农村学生学业成绩作为因变量，将农村学校校长行政领导力作为自变量进行多元回归分析，统计结果见表7-11。模型1中进入自变量行政领导力，此变量对农村学校学生学业成绩解释度为34.7%，在0.001显著性水平上，模型1回归效果显著（$F=606.112$，$p<0.001$）。在0.001显著性水平上，不同校长行政领导力的学校间学生学业成绩有显著差异（$\beta=0.589$，$p<0.001$）。

表 7-11　学生学业成绩与行政领导力回归分析

| 模型 | | 非标准化系数 | | 标准系数 | $t$ | $F$ | $R^2$ | $R^2$ 更改 |
|---|---|---|---|---|---|---|---|---|
| | | $B$ | 标准误差 | 试用版 | | | | |
| 1 | （常量） | 1.407 | 0.110 | | 12.741*** | 606.112*** | 0.347 | 0.347 |
| | 行政领导力 | 0.605 | 0.025 | 0.589 | 24.619*** | | | |

注：因变量：学生学业成绩。

预测变量：（常量），行政领导力。

***$p<0.001$。

采用回归法对校长教学领导力与农村学校学生学业成绩进行回归分析确定其相关显著性。以农村学生学业成绩作为因变量，将农村学校校长教学领导力作为自变量进行多元回归分析，统计结果见表 7-12。模型 1 中进入自变量教学领导力，此变量对农村学校学生学业成绩解释度为 35.8%，在 0.001 显著性水平上，模型 1 回归效果显著（$F=634.763$，$p<0.001$）。在 0.001 显著性水平上，不同校长教学领导力的学校间学生学业成绩有显著差异（$\beta=0.598$，$p<0.001$）。

表 7-12　学生学业成绩与教学领导力回归分析

| 模型 | | 非标准化系数 | | 标准系数 | $t$ | $F$ | $R^2$ | $R^2$ 更改 |
|---|---|---|---|---|---|---|---|---|
| | | $B$ | 标准误差 | 试用版 | | | | |
| 1 | （常量） | 1.441 | 0.107 | | 13.519*** | 634.763*** | 0.358 | 0.358 |
| | 教学领导力 | 0.603 | 0.024 | 0.598 | 25.195*** | | | |

注：因变量：学生学业成绩。

预测变量：（常量），教学领导力。

***$p<0.001$。

采用回归法对校长战略领导力与农村学校学生学业成绩进行回归分析确定其相关显著性。以农村学生学业成绩作为因变量，将农村学校校长战略领导力作为自变量进行多元回归分析，统计结果见表 7-13。模型 1 中进入自变量战略领导力，此变量对农村学校学生学业成绩解释度为 36.5%，在 0.001 显著性水平上，模型 1 回归效果显著（$F=653.517$，$p<0.001$）。在 0.001 显著性水平上，不同校长战略领导力的学校间学生学业成绩有显著差异（$\beta=0.604$，$p<0.001$）。

表 7-13　学生学业成绩与战略领导力回归分析

| 模型 | | 非标准化系数 | | 标准系数 | $t$ | $F$ | $R^2$ | $R^2$ 更改 |
|---|---|---|---|---|---|---|---|---|
| | | $B$ | 标准误差 | 试用版 | | | | |
| 1 | （常量） | 1.353 | 0.109 | | 12.467*** | 653.517*** | 0.365 | 0.365 |
| | 战略领导力 | 0.621 | 0.024 | 0.604 | 25.564*** | | | |

注：因变量：学生学业成绩。

预测变量：（常量），战略领导力。

***$p<0.001$。

采用回归法对校长包容领导力与农村学校学生学业成绩进行回归分析确定其相关显著性。以农村学生学业成绩作为因变量，将农村学校校长包容领导力作为自变量进行多元回归分析，统计结果见表7-14。模型1中进入自变量包容领导力，此变量对农村学校学生学业成绩解释度为30.8%，在0.001显著性水平上，模型1回归效果显著（$F=506.867$，$p<0.001$）。在0.001显著性水平上，不同校长包容领导力的学校间学生学业成绩有显著差异（$\beta=0.555$，$p<0.001$）。

**表7-14　学生学业成绩与包容领导力回归分析**

| 模型 | | 非标准化系数 | | 标准系数 | $t$ | $F$ | $R^2$ | $R^2$ 更改 |
|---|---|---|---|---|---|---|---|---|
| | | $B$ | 标准误差 | 试用版 | | | | |
| 1 | （常量） | 1.730 | 0.106 | | 16.254*** | 506.867*** | 0.308 | 0.308 |
| | 包容领导力 | 0.543 | 0.024 | 0.555 | 22.514*** | | | |

注：因变量：学生学业成绩。
预测变量：（常量），包容领导力。
***$p<0.001$。

采用回归法对校长激励领导力与农村学校学生学业成绩进行回归分析确定其相关显著性。以农村学生学业成绩作为因变量，将农村学校校长激励领导力作为自变量进行多元回归分析，统计结果见表7-15。模型1中进入自变量激励领导力，此变量对农村学校学生学业成绩解释度为31.6%，在0.001显著性水平上，模型1回归效果显著（$F=525.292$，$p<0.001$）。在0.001显著性水平上，不同校长激励领导力的学校间学生学业成绩有显著差异（$\beta=0.562$，$p<0.001$）。

**表7-15　学生学业成绩与激励领导力回归分析**

| 模型 | | 非标准化系数 | | 标准系数 | $t$ | $F$ | $R^2$ | $R^2$ 更改 |
|---|---|---|---|---|---|---|---|---|
| | | $B$ | 标准误差 | 试用版 | | | | |
| 1 | （常量） | 1.650 | 0.108 | | 15.288*** | 525.292*** | 0.316 | 0.316 |
| | 激励领导力 | 0.551 | 0.024 | 0.562 | 22.919*** | | | |

注：因变量：学生学业成绩。
预测变量：（常量），激励领导力。
***$p<0.001$。

2. 学校办学质量与农村学校校长领导力分项回归分析

采用回归法对校长行政领导力与农村学校办学质量进行回归分析确定其相关显著性。以农村学校办学质量作为因变量，将农村学校校长行政领导力作为自变量进行多元回归分析，统计结果见表7-16。模型1中进入自变量行政领导力，此变量对农村学校办学质量解释度为52.9%，在0.001显著性水平上，模型1回归效果显著（$F$=1280.301，$p$<0.001）。在0.001显著性水平上，不同校长行政领导力的学校间学校办学质量有显著差异（$\beta$=0.727，$p$<0.001）。

**表7-16　学校办学质量与行政领导力回归分析**

| 模型 | | 非标准化系数 | | 标准系数 | $t$ | $F$ | $R^2$ | $R^2$ 更改 |
|---|---|---|---|---|---|---|---|---|
| | | $B$ | 标准误差 | 试用版 | | | | |
| 1 | （常量） | 1.151 | 0.088 | | 13.014*** | 1280.301*** | 0.529 | 0.529 |
| | 行政领导力 | 0.704 | 0.020 | 0.727 | 35.781*** | | | |

注：因变量：学校办学质量。

预测变量：（常量），行政领导力。

***$p$<0.001。

采用回归法对校长教学领导力与农村学校办学质量进行回归分析确定其相关显著性。以农村学校办学质量作为因变量，将农村学校校长教学领导力作为自变量进行多元回归分析，统计结果见表7-17。模型1中进入自变量教学领导力，此变量对农村学校办学质量解释度为54.4%，在0.001显著性水平上，模型1回归效果显著（$F$=1356.086，$p$<0.001）。在0.001显著性水平上，不同校长教学领导力的学校间学校办学质量有显著差异（$\beta$=0.737，$p$<0.001）。

**表7-17　学校办学质量与教学领导力回归分析**

| 模型 | | 非标准化系数 | | 标准系数 | $t$ | $F$ | $R^2$ | $R^2$ 更改 |
|---|---|---|---|---|---|---|---|---|
| | | $B$ | 标准误差 | 试用版 | | | | |
| 1 | （常量） | 1.196 | 0.085 | | 14.111*** | 1356.086*** | 0.544 | 0.544 |
| | 教学领导力均值 | 0.700 | 0.019 | 0.737 | 36.825*** | | | |

注：因变量：学校办学质量。

预测变量：（常量），教学领导力。

***$p$<0.001。

采用回归法对校长战略领导力与农村学校办学质量进行回归分析确定其相关显著性。以农村学校办学质量作为因变量，将农村学校校长战略领导力作为自变量进行多元回归分析，统计结果见表7-18。模型1中进入自变量战略领导力，此变量对农村学校办学质量解释度为53%，在0.001显著性水平上，模型1回归效果显著（$F$=1286.616，$p$<0.001）。在0.001显著性水平上，不同校长战略领导力的学校间学校办学质量有显著差异（$\beta$=0.728，$p$<0.001）。

**表 7-18 学校办学质量与战略领导力回归分析**

| 模型 | | 非标准化系数 | | 标准系数 | $t$ | $F$ | $R^2$ | $R^2$ 更改 |
|---|---|---|---|---|---|---|---|---|
| | | $B$ | 标准误差 | 试用版 | | | | |
| 1 | （常量） | 1.160 | 0.088 | | 13.188*** | 1286.616*** | 0.530 | 0.530 |
| | 战略领导力 | 0.706 | 0.020 | 0.728 | 35.869*** | | | |

注：因变量：学校办学质量。

预测变量：（常量），战略领导力。

***$p<0.001$。

采用回归法对校长包容领导力与农村学校办学质量进行回归分析确定其相关显著性。以农村学校办学质量作为因变量，将农村学校校长包容领导力作为自变量进行多元回归分析，统计结果见表 7-19。模型 1 中进入自变量包容领导力，此变量对农村学校办学质量解释度为 48.2%，在 0.001 显著性水平上，模型 1 回归效果显著（$F=1061.158$，$p<0.001$）。在 0.001 显著性水平上，不同校长包容领导力的学校间学校办学质量有显著差异（$\beta=0.694$，$p<0.001$）。

**表 7-19 学校办学质量与包容领导力回归分析**

| 模型 | | 非标准化系数 | | 标准系数 | $t$ | $F$ | $R^2$ | $R^2$ 更改 |
|---|---|---|---|---|---|---|---|---|
| | | $B$ | 标准误差 | 试用版 | | | | |
| 1 | （常量） | 1.489 | 0.087 | | 17.159*** | 1061.158*** | 0.482 | 0.482 |
| | 包容领导力 | 0.641 | 0.020 | 0.694 | 32.575*** | | | |

注：因变量：学校办学质量。

预测变量：（常量），包容领导力。

***$p<0.001$。

采用回归法对校长激励领导力与农村学校办学质量进行回归分析确定其相关显著性。以农村学校办学质量作为因变量，将农村学校校长激励领导力作为自变量进行多元回归分析，统计结果见表 7-20。模型 1 中进入自变量激励领导力，此变量对农村学校办学质量解释度为 50.7%，在 0.001 显著性水平上，模型 1 回归效果显著（$F=1172.048$，$p<0.001$）。在 0.001 显著性水平上，不同校长激励领导力的学校间学校办学质量有显著差异（$\beta=0.712$，$p<0.001$）。

**表 7-20 学校办学质量与激励领导力回归分析**

| 模型 | | 非标准化系数 | | 标准系数 | $t$ | $F$ | $R^2$ | $R^2$ 更改 |
|---|---|---|---|---|---|---|---|---|
| | | $B$ | 标准误差 | 试用版 | | | | |
| 1 | （常量） | 1.359 | 0.086 | | 15.732*** | 1172.048*** | 0.507 | 0.507 |
| | 激励领导力 | 0.659 | 0.019 | 0.712 | 34.235*** | | | |

注：因变量：学校办学质量。

预测变量：（常量），激励领导力。

***$p<0.001$。

上面是单独将校长领导力分项作为自变量投入方程中的回归分析结果。考虑到现实中校长领导力的各个方面是同时存在的，因此，用分层回归法再次分析校长领导力的所有分项内容对学生学业成绩和学校办学质量的影响程度，分析结果见表 7-21、表 7-22。

**表 7-21　学生学业成绩与校长领导力的所有分项回归分析**

| 模型 | | 非标准化系数 | | 标准系数试用版 | $t$ | $F$ | $R^2$ | $R^2$ 更改 |
|---|---|---|---|---|---|---|---|---|
| | | $B$ | 标准误差 | | | | | |
| 1 | （常量） | 1.407 | 0.110 | | 12.741*** | 606.112*** | 0.347 | 0.347 |
| | 行政领导力 | 0.605 | 0.025 | 0.589 | 24.619*** | | | |
| 2 | （常量） | 1.320 | 0.110 | | 12.045*** | 331.044*** | 0.368 | 0.020 |
| | 行政领导力 | 0.261 | 0.062 | 0.254 | 4.231*** | | | |
| | 教学领导力 | 0.367 | 0.060 | 0.365 | 6.073*** | | | |
| 3 | （常量） | 1.241 | 0.110 | | 11.236*** | 229.967*** | 0.378 | 0.010 |
| | 行政领导力 | 0.196 | 0.063 | 0.191 | 3.104** | | | |
| | 教学领导力 | 0.138 | 0.081 | 0.137 | 1.712ns | | | |
| | 战略领导力 | 0.312 | 0.074 | 0.303 | 4.237*** | | | |
| 4 | （常量） | 1.231 | 0.111 | | 11.114*** | 172.811*** | 0.378 | 0.001 |
| | 行政领导力 | 0.193 | 0.063 | 0.188 | 3.052** | | | |
| | 教学领导力 | 0.127 | 0.081 | 0.126 | 1.555ns | | | |
| | 战略领导力 | 0.275 | 0.081 | 0.267 | 3.390** | | | |
| | 包容领导力 | 0.055 | 0.050 | 0.056 | 1.101ns | | | |
| 5 | （常量） | 1.233 | 0.111 | | 11.126*** | 138.268*** | 0.379 | 0.000 |
| | 行政领导力 | 0.195 | 0.063 | 0.190 | 3.083** | | | |
| | 教学领导力 | 0.133 | 0.082 | 0.132 | 1.624ns | | | |
| | 战略领导力 | 0.294 | 0.086 | 0.286 | 3.412** | | | |
| | 包容领导力 | 0.069 | 0.054 | 0.070 | 1.271ns | | | |
| | 激励领导力 | -0.043 | 0.064 | -0.043 | -0.662ns | | | |

注：因变量：学生学业成绩。

模型 1：预测变量：（常量），行政领导力。

模型 2：预测变量：（常量），行政领导力，教学领导力。

模型 3：预测变量：（常量），行政领导力，教学领导力，战略领导力。

模型 4：预测变量：（常量），行政领导力，教学领导力，战略领导力，包容领导力。

模型 5：预测变量：（常量），行政领导力，教学领导力，战略领导力，包容领导力，激励领导力。

**$p<0.01$，***$p<0.001$，ns $p>0.05$。

3. 学生学业成绩与校长领导力的所有分项分层回归分析

模型 1：进入自变量——行政领导力，此变量对学生学业成绩解释度为 34.7%，在 0.001 显著性水平上，模型 1 回归效果显著（$F=606.112$，$p<0.001$）。在 0.001 显著性水平上，不同行政领导力的学校间学生学业成绩有显著差异（$\beta=0.589$，$p<0.001$）。

模型 2：进一步进入自变量——行政领导力、教学领导力、所有变量对学生学业成绩解释度 36.8%，其中教学领导力的解释度为 2%。在 0.001 显著性水平上，模型 2 回归效果显著（$F=331.044$，$p<0.001$）。在 0.001 显著性水平上，不同行政领导力的学校间学生学业成绩有显著差异（$\beta=0.254$，$p<0.001$）；不同教学领导力被试的学校间学生学业成绩有显著差异（$\beta=0.365$，$p<0.001$）。

模型 3：进一步进入自变量——行政领导力、教学领导力、战略领导力，所有变量对学生学业成绩解释度 37.8%，其中战略领导力的解释度为 1%。在 0.001 显著性水平上，模型 3 回归效果显著（$F=229.967$，$p<0.001$）。在 0.01 显著性水平上，不同行政领导力的学校间学生学业成绩有显著差异（$\beta=0.191$，$p<0.01$）；不同教学领导力的学校间学生学业成绩没有显著差异（$\beta=0.137$，$p>0.05$）；在 0.001 显著性水平上，不同战略领导力间学生学业成绩有显著差异（$\beta=0.303$，$p<0.001$）。

模型 4：进一步进入自变量——行政领导力、教学领导力、战略领导力、包容领导力，所有变量对学生学业成绩解释度 37.8%，其中包容领导力的解释度为 0.1%。在 0.001 显著性水平上，模型 4 回归效果显著（$F=172.811$，$p<0.001$）。在 0.01 显著性水平上，不同行政领导力的学校间学生学业成绩有显著差异（$\beta=0.188$，$p<0.01$）；不同教学领导力的学校间学生学业成绩没有显著差异（$\beta=0.126$，$p>0.05$）；在 0.01 显著性水平上，不同战略领导力间学生学业成绩有显著差异（$\beta=0.267$，$p<0.01$）；不同包容领导力间没有显著差异（$\beta=0.056$，$p>0.05$）。

模型 5：进一步进入自变量——行政领导力、教学领导力、战略领导力、包容领导力、激励领导力，所有变量对学生学业成绩解释度 37.9%，其中激励领导力的解释度为 0。在 0.001 显著性水平上，模型 5 回归效果显著（$F=138.268$，$p<0.001$）。在 0.01 显著性水平上，不同行政领导力的学校间学生学业成绩有显著差异（$\beta=0.190$，$p<0.01$）；不同教学领导力的学校间学生学业成绩没有显著差异（$\beta=0.132$，$p>0.05$）；在 0.01 显著性水平上，不同战略领导力间学生学业成绩有显著差异（$\beta=0.286$，$p<0.01$）；不同包容领导力间学生学业成绩没有显著差异（$\beta=0.070$，$p>0.05$）。不同激励领导力间学生学业成绩没有显著差异（$\beta=-0.043$，$p>0.05$）。

4. 学校办学质量与校长领导力的所有分项分层回归分析（表 7-22）

**表 7-22　学校办学质量与校长领导力的所有分项回归分析**

| 模型 | | 非标准化系数 | | 标准系数 | $t$ | $F$ | $R^2$ | $R^2$ 更改 |
|---|---|---|---|---|---|---|---|---|
| | | $B$ | 标准误差 | 试用版 | | | | |
| 1 | （常量） | 1.151 | 0.088 | | 13.014*** | 1280.301*** | 0.529 | 0.529 |
| | 行政领导力 | 0.704 | 0.020 | 0.727 | 35.781*** | | | |
| 2 | （常量） | 1.052 | 0.086 | | 12.191*** | 722.288*** | 0.559 | 0.030 |
| | 行政领导力 | 0.310 | 0.049 | 0.321 | 6.398*** | | | |
| | 教学领导力 | 0.420 | 0.048 | 0.442 | 8.824*** | | | |
| 3 | （常量） | 0.997 | 0.087 | | 11.445*** | 491.643*** | 0.565 | 0.005 |
| | 行政领导力 | 0.265 | 0.050 | 0.274 | 5.333*** | | | |
| | 教学领导力 | 0.261 | 0.064 | 0.275 | 4.098*** | | | |
| | 战略领导力 | 0.217 | 0.058 | 0.223 | 3.733*** | | | |
| 4 | （常量） | 0.969 | 0.087 | | 11.168*** | 377.414*** | 0.571 | 0.006 |
| | 行政领导力 | 0.257 | 0.049 | 0.265 | 5.186*** | | | |
| | 教学领导力 | 0.228 | 0.064 | 0.240 | 3.575*** | | | |
| | 战略领导力 | 0.112 | 0.063 | 0.115 | 1.758ns | | | |
| | 包容领导力 | 0.155 | 0.039 | 0.168 | 3.960*** | | | |
| 5 | （常量） | 0.963 | 0.087 | | 11.110 | 304.243*** | 0.573 | 0.002 |
| | 行政领导力 | 0.250 | 0.049 | 0.258 | 5.061*** | | | |
| | 教学领导力 | 0.210 | 0.064 | 0.221 | 3.264** | | | |
| | 战略领导力 | 0.058 | 0.067 | 0.059 | 0.856ns | | | |
| | 包容领导力 | 0.117 | 0.042 | 0.127 | 2.752** | | | |
| | 激励领导力 | 0.118 | 0.050 | 0.128 | 2.352* | | | |

注：因变量：学校办学质量。

模型 1：预测变量：（常量），行政领导力。

模型 2：预测变量：（常量），行政领导力，教学领导力。

模型 3：预测变量：（常量），行政领导力，教学领导力，战略领导力。

模型 4：预测变量：（常量），行政领导力，教学领导力，战略领导力，包容领导力。

模型 5：预测变量：（常量），行政领导力，教学领导力，战略领导力，包容领导力，激励领导力。

* $p<0.05$，** $p<0.01$，*** $p<0.001$，ns $p>0.05$。

模型 1：进入自变量——行政领导力，此变量对学校办学质量解释度为 52.9%，在 0.001 显著性水平上，模型 1 回归效果显著（$F=1280.301$，$p<0.001$）。在 0.001 显著性水平上，不同行政领导力的学校间学校办学质量有显著差异（$\beta=0.727$，$p<0.001$）。

模型 2：进一步进入自变量——行政领导力、教学领导力，所有变量对学校办学质量解释度 55.9%，其中教学领导力的解释度为 3%。在 0.001 显著性水平上，模型 2 回归效果显著（$F=722.288$，$p<0.001$）。在 0.001 显著性水平上，不同行政领导力的学校间学校办学质量有显著差异（$\beta=0.321$，$p<0.001$）；不同教学领导力被试的学校间学校办学质量有显著差异（$\beta=0.442$，$p<0.001$）。

模型 3：进一步进入自变量——行政领导力、教学领导力、战略领导力，所有变量对学校办学质量解释度 56.5%，其中战略领导力的解释度为 0.5%。在 0.001 显著性水平上，模型 3 回归效果显著（$F=491.643$，$p<0.001$）。在 0.001 显著性水平上，不同行政领导力的学校间学校办学质量有显著差异（$\beta=0.274$，$p<0.001$）；不同教学领导力的学校间学校办学质量有显著差异（$\beta=0.275$，$p<0.001$）；在 0.001 显著性水平上，不同战略领导力间学校办学质量有显著差异（$\beta=0.223$，$p<0.001$）。

模型 4：进一步进入自变量——行政领导力、教学领导力、战略领导力、包容领导力，所有变量对学校办学质量解释度 57.1%，其中战略领导力的解释度为 0.6%。在 0.001 显著性水平上，模型 4 回归效果显著（$F=377.414$，$p<0.001$）。在 0.001 显著性水平上，不同行政领导力的学校间学校办学质量有显著差异（$\beta=0.265$，$p<0.001$）；不同教学领导力的学校间学校办学质量有显著差异（$\beta=0.240$，$p<0.001$）；不同战略领导力间学校办学质量没有显著差异（$\beta=0.115$，$p>0.05$）。在 0.001 显著性水平上，不同包容领导力的学校间学校办学质量有显著差异（$\beta=0.168$，$p<0.001$）；

模型 5：进一步进入自变量——行政领导力、教学领导力、战略领导力、包容领导力、激励领导力，所有变量对学校办学质量解释度 57.3%，其中战略领导力的解释度为 0.2%。在 0.001 显著性水平上，模型 5 回归效果显著（$F=304.243$，$p<0.001$）。在 0.001 显著性水平上，不同行政领导力的学校间学校办学质量有显著差异（$\beta=0.258$，$p<0.001$）；在 0.01 显著性水平上，不同教学领导力的学校间学校办学质量有显著差异（$\beta=0.221$，$p<0.01$）；不同战略领导力间学校办学质量没有显著差异（$\beta=0.059$，$p>0.05$）。在 0.01 显著性水平上，不同包容领导力的学校间学校办学质量有显著差异（$\beta=0.127$，$p<0.001$）；在 0.05 显著性水平上，不同激励领导力的学校间学校办学质量有显著差异（$\beta=0.128$，$p<0.05$）。

### （三）学校效能与校长领导力各要素相关分析

1. 学生学业成绩与校长领导力各要素

（1）学生学业成绩与行政领导力要素（表 7-23）。

模型 1：进入自变量——能确保学校环境安全有序，此变量对学生学业成绩解释度为31%，在0.001显著性水平上，模型1回归效果显著（$F=510.986$，$p<0.001$）。在0.001显著性水平上，能确保学校环境安全有序不同程度的学校间学生学业成绩有显著差异（$\beta=0.556$，$p<0.001$）。

模型2：进入自变量——能确保学校环境安全有序，合理分配人力和财政资源，所有变量对学生学业成绩解释度为33.2%，其中合理分配人力和财政资源的解释度为2.2%。在0.001显著性水平上，模型2回归效果显著（$F=282.941$，$p<0.001$）。在0.001显著性水平上，能确保学校环境安全有序不同程度的学校间学生学业成绩有显著差异（$\beta=0.345$，$p<0.001$），合理分配人力和财政资源不同程度的学校间学生学业成绩有显著差异（$\beta=0.259$，$p<0.001$）。

模型3：进入自变量——能确保学校环境安全有序，合理分配人力和财政资源，科学进行人员的选拔和分配。所有变量对学生学业成绩解释度为33.6%，其中科学进行人员的选拔和分配的解释度为0.3%。在0.001显著性水平上，模型3回归效果显著（$F=191.418$，$p<0.001$）。在0.001显著性水平上，能确保学校环境安全有序不同程度的学校间学生学业成绩有显著差异（$\beta=0.336$，$p<0.001$），合理分配人力和财政资源不同程度的学校间学生学业成绩没有显著差异（$\beta=0.131$，$p>0.05$），在0.05显著性水平上，科学进行人员的选拔和分配不同程度的学校间学生学业成绩有显著差异（$\beta=0.147$，$p<0.05$）。

模型4：进入自变量——能确保学校环境安全有序，合理分配人力和财政资源，科学进行人员的选拔和分配，正确评价自己。所有变量对学生学业成绩解释度为34.9%，其中正确评价自己的解释度为1.3%。在0.001显著性水平上，模型4回归效果显著（$F=152.123$，$p<0.001$）。在0.001显著性水平上，能确保学校环境安全有序不同程度的学校间学生学业成绩有显著差异（$\beta=0.239$，$p<0.001$），合理分配人力和财政资源不同程度的学校间学生学业成绩没有显著差异（$\beta=0.072$，$p>0.05$），科学进行人员的选拔和分配不同程度的学校间学生学业成绩没有显著差异（$\beta=0.062$，$p<0.05$），在0.001显著性水平上，正确评价自己不同程度的学校间学生学业成绩有显著差异（$\beta=0.255$，$p<0.001$）。

模型5：进入自变量——能确保学校环境安全有序，合理分配人力和财政资源，科学进行人员的选拔和分配，正确评价自己，了解全校师生动态。所有变量对学生学业成绩解释度为35.4%，其中了解全校师生动态的解释度为0.6%。在0.001显著性水平上，模型5回归效果显著（$F=124.596$，$p<0.001$）。在0.001显著性水平上，能确保学校环境安全有序不同程度的学校间学生学业成绩有显著差异（$\beta=0.198$，$p<0.001$），合理分配人力和财政资源不同程度的学校间学生学业成绩没有显著差异（$\beta=0.053$，$p>0.05$），科学进行人员的选拔和分配不同程度的学校间学生学业成绩没有显著差异（$\beta=0.034$，$p<0.05$），在0.01显著性水平上，正确评价自己不同程度的学校间学生学业成绩有显著差异（$\beta=0.168$，

$p<0.01$)，了解全校师生动态不同程度的学校间学生学业成绩有显著差异（$\beta=0.182$，$p<0.01$）。

**表 7-23　学生学业成绩与行政领导力要素回归分析**

| 模型 | | 非标准化系数 | | 标准系数 | $t$ | $F$ | $R^2$ | $R^2$ 更改 |
|---|---|---|---|---|---|---|---|---|
| | | $B$ | 标准误差 | 试用版 | | | | |
| 1 | （常量） | 1.461 | 0.118 | | $12.426^{***}$ | $510.986^{***}$ | 0.310 | 0.310 |
| | 能确保学校环境安全有序 | 0.573 | 0.025 | 0.556 | $22.605^{***}$ | | | |
| 2 | （常量） | 1.397 | 0.116 | | $12.021^{***}$ | $282.941^{***}$ | 0.332 | 0.022 |
| | 能确保学校环境安全有序 | 0.355 | 0.043 | 0.345 | $8.238^{***}$ | | | |
| | 合理分配人力和财政资源 | 0.243 | 0.039 | 0.259 | $6.181^{***}$ | | | |
| 3 | （常量） | 1.385 | 0.116 | | $11.942^{***}$ | $191.418^{***}$ | 0.336 | 0.003 |
| | 能确保学校环境安全有序 | 0.346 | 0.043 | 0.336 | $8.014^{***}$ | | | |
| | 合理分配人力和财政资源 | 0.123 | 0.063 | 0.131 | $1.961^{ns}$ | | | |
| | 科学进行人员的选拔和分配 | 0.133 | 0.055 | 0.147 | $2.434^{*}$ | | | |
| 4 | （常量） | 1.341 | 0.115 | | $11.632^{***}$ | $152.123^{***}$ | 0.349 | 0.013 |
| | 能确保学校环境安全有序 | 0.245 | 0.048 | 0.239 | $5.154^{***}$ | | | |
| | 合理分配人力和财政资源 | 0.068 | 0.063 | 0.072 | $1.070^{ns}$ | | | |
| | 科学进行人员的选拔和分配 | 0.056 | 0.057 | 0.062 | $0.991^{ns}$ | | | |
| | 正确评价自己 | 0.245 | 0.051 | 0.255 | $4.805^{***}$ | | | |
| 5 | （常量） | 1.308 | 0.115 | | $11.340^{***}$ | $124.596^{***}$ | 0.354 | 0.006 |
| | 能确保学校环境安全有序 | 0.203 | 0.049 | 0.198 | $4.125^{***}$ | | | |
| | 合理分配人力和财政资源 | 0.049 | 0.063 | 0.053 | $0.780^{ns}$ | | | |
| | 科学进行人员的选拔和分配 | 0.031 | 0.057 | 0.034 | $0.536^{ns}$ | | | |

续表 7-23

| 模型 | | 非标准化系数 | | 标准系数 | $t$ | $F$ | $R^2$ | $R^2$ 更改 |
|---|---|---|---|---|---|---|---|---|
| | | $B$ | 标准误差 | 试用版 | | | | |
| 5 | 正确评价自己 | 0.161 | 0.057 | 0.168 | 2.813** | 124.596*** | 0.354 | 0.006 |
| | 了解全校师生动态 | 0.176 | 0.056 | 0.182 | 3.128** | | | |

注：因变量：学生学业成绩。

模型 1：预测变量：（常量），能确保学校环境安全有序。

模型 2：预测变量：（常量），能确保学校环境安全有序，合理分配人力和财政资源。

模型 3：预测变量：（常量），能确保学校环境安全有序，合理分配人力和财政资源，科学进行人员的选拔和分配。

模型 4：预测变量：（常量），能确保学校环境安全有序，合理分配人力和财政资源，科学进行人员的选拔和分配，正确评价自己。

模型 5：预测变量：（常量），能确保学校环境安全有序，合理分配人力和财政资源，科学进行人员的选拔和分配，正确评价自己，了解全校师生动态。

* $p<0.05$，** $p<0.01$，*** $p<0.001$，ns $p>0.05$。

（2）学生学业成绩与教学领导力（表 7-24）。

模型 1：进入自变量——为学校的教师设计专业发展路径，此变量对学生学业成绩解释度为 30.4%，在 0.001 显著性水平上，模型 1 回归效果显著（$F=497.138$，$p<0.001$）。在 0.001 显著性水平上，为学校的教师设计专业发展路径不同程度的学校间学生学业成绩有显著差异（$\beta=0.551$，$p<0.001$）。

模型 2：进入自变量——为学校的教师设计专业发展路径，关注课程、教学和评估的一致性，所有变量对学生学业成绩解释度为 33.7%，其中关注课程、教学和评估的一致性的解释度为 3.4%。在 0.001 显著性水平上，模型 2 回归效果显著（$F=289.798$，$p<0.001$）。在 0.01 显著性水平上，为学校的教师设计专业发展路径不同程度的学校间学生学业成绩有显著差异（$\beta=0.179$，$p<0.01$），在 0.001 显著性水平上，关注课程、教学和评估的一致性不同程度的学校间学生学业成绩有显著差异（$\beta=0.415$，$p<0.001$）。

模型 3：进入自变量——为学校的教师设计专业发展路径，关注课程、教学和评估的一致性，关注教师教学的有效性，所有变量对学生学业成绩解释度为 34.9%，其中关注课程、教学和评估的一致性的解释度为 1.2%。在 0.001 显著性水平上，模型 3 回归效果显著（$F=203.374$，$p<0.001$）。为学校的教师设计专业发展路径不同程度的学校间学生学业成绩没有显著差异（$\beta=0.081$，$p>0.05$），在 0.01 显著性水平上，关注课程、教学和评估的一致性不同程度的学校间学生学业成绩有显著差异（$\beta=0.230$，$p<0.01$），在 0.001 显著性水平上，关注教师教学的有效性不同程度的学校间学生学业成绩有显著差异（$\beta=0.297$，$p<0.001$）。

模型 4：进入自变量——为学校的教师设计专业发展路径，关注课程、教学和评估的一致性，关注教师教学的有效性，向教师提供教学反馈信息，所有变量对学生学业成绩解释度为 35.3%，其中向教师提供教学反馈信息的解释度为 0.4%。在 0.001 显著性水平上，模型 4 回归效果显著（$F=154.912$，$p<0.001$）。为学校的教师设计专业发展路径不同程度的学校间学生学业成绩没有显著差异（$\beta=0.048$，$p>0.05$）；在 0.01 显著性水平上，关注课程、教学和评估的一致性不同程度的学校间学生学业成绩有显著差异（$\beta=0.189$，$p<0.01$）；在 0.001 显著性水平上，关注教师教学的有效性不同程度的学校间学生学业成绩有显著差异（$\beta=0.208$，$p<0.001$）；在 0.05 显著性水平上，向教师提供教学反馈信息不同程度的学校间学生学业成绩有显著差异（$\beta=0.170$，$p<0.05$）。

模型 5：进入自变量——为学校的教师设计专业发展路径，关注课程、教学和评估的一致性，关注教师教学的有效性，向教师提供教学反馈信息，关注学生的学习进步，所有变量对学生学业成绩解释度为 36.2%，其中向教师提供教学反馈信息的解释度为 0.9%。在 0.001 显著性水平上，模型 5 回归效果显著（$F=128.522$，$p<0.001$）。为学校的教师设计专业发展路径不同程度的学校间学生学业成绩没有显著差异（$\beta=0.024$，$p>0.05$）；在 0.05 显著性水平上，关注课程、教学和评估的一致性不同程度的学校间学生学业成绩有显著差异（$\beta=0.178$，$p<0.05$）；关注教师教学的有效性不同程度的学校间学生学业成绩没有显著差异（$\beta=0.110$，$p>0.05$）；向教师提供教学反馈信息不同程度的学校间学生学业成绩没有显著差异（$\beta=0.072$，$p>0.05$）；在 0.001 显著性水平上，关注学生的学习进步不同程度的学校间学生学业成绩有显著差异（$\beta=0.242$，$p<0.001$）。

**表 7-24　学生学业成绩与教学领导力要素回归分析**

| 模型 | | 非标准化系数 | | 标准系数 | $t$ | $F$ | $R^2$ | $R^2$ 更改 |
|---|---|---|---|---|---|---|---|---|
| | | $B$ | 标准误差 | 试用版 | | | | |
| 1 | （常量） | 1.865 | 0.102 | | 18.371*** | 497.138*** | 0.304 | 0.304 |
| | 为学校的教师设计专业发展路径 | 0.513 | 0.023 | 0.551 | 22.297*** | | | |
| 2 | （常量） | 1.660 | 0.103 | | 16.160*** | 289.798*** | 0.337 | 0.034 |
| | 为学校的教师设计专业发展路径 | 0.166 | 0.051 | 0.179 | 3.265** | | | |
| | 关注课程、教学和评估的一致性 | 0.392 | 0.052 | 0.415 | 7.597*** | | | |

续表 7-24

| 模型 | | 非标准化系数 B | 非标准化系数 标准误差 | 标准系数 试用版 | t | F | $R^2$ | $R^2$ 更改 |
|---|---|---|---|---|---|---|---|---|
| 3 | （常量） | 1.544 | 0.105 | | 14.712*** | 203.374*** | 0.349 | 0.012 |
| | 为学校的教师设计专业发展路径 | 0.075 | 0.054 | 0.081 | 1.381ns | | | |
| | 关注课程、教学和评估的一致性 | 0.217 | 0.064 | 0.230 | 3.397** | | | |
| | 关注教师教学的有效性 | 0.288 | 0.064 | 0.297 | 4.535*** | | | |
| 4 | （常量） | 1.492 | 0.107 | | 13.997*** | 154.912*** | 0.353 | 0.004 |
| | 为学校的教师设计专业发展路径 | 0.044 | 0.055 | 0.048 | 0.797ns | | | |
| | 关注课程、教学和评估的一致性 | 0.178 | 0.066 | 0.189 | 2.720** | | | |
| | 关注教师教学的有效性 | 0.202 | 0.072 | 0.208 | 2.80588*** | | | |
| | 向教师提供教学反馈信息 | 0.167 | 0.065 | 0.170 | 2.559* | | | |
| 5 | （常量） | 1.407 | 0.108 | | 12.998*** | 128.522*** | 0.362 | 0.009 |
| | 为学校的教师设计专业发展路径 | 0.022 | 0.055 | 0.024 | 0.395ns | | | |
| | 关注课程、教学和评估的一致性 | 0.168 | 0.065 | 0.178 | 2.568* | | | |
| | 关注教师教学的有效性 | 0.107 | 0.075 | 0.110 | 1.415ns | | | |

续表 7-24

| 模型 | | 非标准化系数 | | 标准系数 | $t$ | $F$ | $R^2$ | $R^2$ 更改 |
|---|---|---|---|---|---|---|---|---|
| | | $B$ | 标准误差 | 试用版 | | | | |
| 5 | 向教师提供教学反馈信息 | 0.071 | 0.069 | 0.072 | 1.026$^{ns}$ | 128.522$^{***}$ | 0.362 | 0.009 |
| | 关注学生的学习进步 | 0.241 | 0.062 | 0.242 | 3.900$^{***}$ | | | |

注：因变量：学生学业成绩。

模型 1：（常量），为学校的教师设计专业发展路径。

模型 2：（常量），为学校的教师设计专业发展路径，关注课程、教学和评估的一致性。

模型 3：（常量），为学校的教师设计专业发展路径，关注课程、教学和评估的一致性，关注教师教学的有效性。

模型 4：（常量），为学校的教师设计专业发展路径，关注课程、教学和评估的一致性，关注教师教学的有效性，向教师提供教学反馈信息。

模型 5：（常量），为学校的教师设计专业发展路径，关注课程、教学和评估的一致性，关注教师教学的有效性，向教师提供教学反馈信息，关注学生的学习进步。

$^{*}p<0.05$，$^{**}p<0.01$，$^{***}p<0.001$，$^{ns}p>0.05$。

（3）学生学业成绩与战略领导力（表 7-25）。

模型 1：进入自变量——建立持续提升办学质量的规范，此变量对学生学业成绩解释度为 35.4%，在 0.001 显著性水平上，模型 1 回归效果显著（$F$=625.423，$p$<0.001）。在 0.001 显著性水平上，建立持续提升办学质量的规范不同程度的学校间学生学业成绩有显著差异（$\beta$=0.595，$p$<0.001）。

模型 2：进入自变量——建立持续提升办学质量的规范，以学生高水平成绩为重点的愿景和目标，所有变量对学生学业成绩解释度为 36.1%，其中以学生高水平成绩为重点的愿景和目标的解释度为 0.7%。在 0.001 显著性水平上，模型 2 回归效果显著（$F$=321.573，$p$<0.001）。在 0.001 显著性水平上，建立持续提升办学质量的规范不同程度的学校间学生学业成绩有显著差异（$\beta$=0.435，$p$<0.001），在 0.01 显著性水平上，以学生高水平成绩为重点的愿景和目标不同程度的学校间学生学业成绩有显著差异（$\beta$=0.180，$p$<0.01）。

模型 3：进入自变量——建立持续提升办学质量的规范，以学生高水平成绩为重点的愿景和目标，对学校里的所有人都有很高的期望，所有变量对学生学业成绩解释度为 36.7%，其中对学校里的所有人都有很高的期望的解释度为 0.6%。在 0.001 显著性水平上，模型 3 回归效果显著（$F$=219.477，$p$<0.001）。在 0.001 显著性水平上，建立持续提升办学质量的规范不同程度的学校间学生学业成绩有显著差异（$\beta$=0.347，$p$<0.001），以学生高水平成绩为重点的愿景和目标

不同程度的学校间学生学业成绩没有显著差异（$\beta$=0.101，$p$>0.05），在0.01显著性水平上，对学校里的所有人都有很高的期望不同程度的学校间学生学业成绩有显著差异（$\beta$=0.179，$p$<0.01）。

模型4：进入自变量——建立持续提升办学质量的规范，以学生高水平成绩为重点的愿景和目标，对学校里的所有人都有很高的期望，学校的决策基于可靠的证据，所有变量对学生学业成绩解释度为36.7%，其中学校的决策基于可靠的证据的解释度为0。在0.001显著性水平上，模型4回归效果显著（$F$=164.519，$p$<0.001）。在0.001显著性水平上，建立持续提升办学质量的规范不同程度的学校间学生学业成绩有显著差异（$\beta$=0.339，$p$<0.001），以学生高水平成绩为重点的愿景和目标不同程度的学校间学生学业成绩没有显著差异（$\beta$=0.097，$p$>0.05），在0.01显著性水平上，对学校里的所有人都有很高的期望不同程度的学校间学生学业成绩有显著差异（$\beta$=0.170，$p$<0.01），学校的决策基于可靠的证据不同程度的学校间学生学业成绩没有显著差异（$\beta$=0.023，$p$>0.05）。

模型5：进入自变量——建立持续提升办学质量的规范，以学生高水平成绩为重点的愿景和目标，对学校里的所有人都有很高的期望，学校的决策基于可靠的证据，向家长等利益相关者报告学校发展状态信息，所有变量对学生学业成绩解释度为37.1%，其中向家长等利益相关者报告学校发展状态信息的解释度为0.5%。在0.001显著性水平上，模型5回归效果显著（$F$=134.151，$p$<0.001）。在0.001显著性水平上，建立持续提升办学质量的规范不同程度的学校间学生学业成绩有显著差异（$\beta$=0.309，$p$<0.001），以学生高水平成绩为重点的愿景和目标不同程度的学校间学生学业成绩没有显著差异（$\beta$=0.089，$p$>0.05），在0.05显著性水平上，对学校里的所有人都有很高的期望不同程度的学校间学生学业成绩有显著差异（$\beta$=0.128，$p$<0.01），学校的决策基于可靠的证据不同程度的学校间学生学业成绩没有显著差异（$\beta$=−0.042，$p$>0.05），在0.01显著性水平上，向家长等利益相关者报告学校发展状态信息不同程度的学校间学生学业成绩有显著差异（$\beta$=0.154，$p$<0.01）。

**表7-25　学生学业成绩与战略领导力要素回归分析**

| 模型 | | 非标准化系数 | | 标准系数 | $t$ | $F$ | $R^2$ | $R^2$ 更改 |
|---|---|---|---|---|---|---|---|---|
| | | $B$ | 标准误差 | 试用版 | | | | |
| 1 | （常量） | 1.513 | 0.105 | | 14.465*** | 625.423*** | 0.354 | 0.354 |
| | 建立持续提升办学质量的规范 | 0.580 | 0.023 | 0.595 | 25.008*** | | | |

续表 7-25

| 模型 | | 非标准化系数 | | 标准系数 | $t$ | $F$ | $R^2$ | $R^2$ 更改 |
|---|---|---|---|---|---|---|---|---|
| | | $B$ | 标准误差 | 试用版 | | | | |
| 2 | （常量） | 1.429 | 0.107 | | 13.358*** | 321.573*** | 0.361 | 0.007 |
| | 建立持续提升办学质量的规范 | 0.424 | 0.051 | 0.435 | 8.321*** | | | |
| | 以学生高水平成绩为重点的愿景和目标 | 0.176 | 0.051 | 0.180 | 3.434** | | | |
| 3 | （常量） | 1.387 | 0.107 | | 12.925*** | 219.477*** | 0.367 | 0.006 |
| | 建立持续提升办学质量的规范 | 0.338 | 0.058 | 0.347 | 5.874*** | | | |
| | 以学生高水平成绩为重点的愿景和目标 | 0.099 | 0.056 | 0.101 | 1.759ns | | | |
| | 对学校里的所有人都有很高的期望 | 0.174 | 0.055 | 0.179 | 3.182** | | | |
| 4 | （常量） | 1.386 | 0.107 | | 12.909*** | 164.519*** | 0.367 | 0.000 |
| | 建立持续提升办学质量的规范 | 0.330 | 0.061 | 0.339 | 5.382*** | | | |
| | 以学生高水平成绩为重点的愿景和目标 | 0.095 | 0.058 | 0.097 | 1.651ns | | | |
| | 对学校里的所有人都有很高的期望 | 0.165 | 0.059 | 0.170 | 2.776** | | | |
| | 学校的决策基于可靠的证据 | 0.021 | 0.057 | 0.023 | 0.379ns | | | |
| 5 | （常量） | 1.318 | 0.110 | | 12.019*** | 134.151*** | 0.371 | 0.005 |
| | 建立持续提升办学质量的规范 | 0.302 | 0.062 | 0.309 | 4.871*** | | | |
| | 以学生高水平成绩为重点的愿景和目标 | 0.087 | 0.057 | 0.089 | 1.511ns | | | |

续表 7-25

| 模型 | | 非标准化系数 | | 标准系数 | $t$ | $F$ | $R^2$ | $R^2$ 更改 |
|---|---|---|---|---|---|---|---|---|
| | | $B$ | 标准误差 | 试用版 | | | | |
| 5 | 对学校里的所有人都有很高的期望 | 0.125 | 0.061 | 0.128 | 2.048* | 134.151*** | 0.371 | 0.005 |
| | 学校的决策基于可靠的证据 | −0.040 | 0.060 | −0.042 | −0.663ns | | | |
| | 向家长等利益相关者报告学校发展状态信息 | 0.153 | 0.053 | 0.154 | 2.897** | | | |

注：因变量：学生学业成绩。

模型 1：预测变量：（常量），建立持续提升办学质量的规范。

模型 2：预测变量：（常量），建立持续提升办学质量的规范，以学生高水平成绩为重点的愿景和目标。

模型 3：预测变量：（常量），建立持续提升办学质量的规范，以学生高水平成绩为重点的愿景和目标，对学校里的所有人都有很高的期望。

模型 4：预测变量：（常量），建立持续提升办学质量的规范，以学生高水平成绩为重点的愿景和目标，对学校里的所有人都有很高的期望，学校的决策基于可靠的证据。

模型 5：预测变量：（常量），建立持续提升办学质量的规范，以学生高水平成绩为重点的愿景和目标，对学校里的所有人都有很高的期望，学校的决策基于可靠的证据，向家长等利益相关者报告学校发展状态信息。

* $p<0.05$，** $p<0.01$，*** $p<0.001$，ns $p>0.05$。

（4）学生学业成绩与包容领导力要素（表 7-26）。

模型 1：进入自变量——学校的决策让家长等利益相关者参与，此变量对学生学业成绩解释度为 26.2%，在 0.001 显著性水平上，模型 1 回归效果显著（$F=404.428$，$p<0.001$）。在 0.001 显著性水平上，学校的决策让家长等利益相关者参与不同程度的学校间学生学业成绩有显著差异（$\beta=0.512$，$p<0.001$）。

模型 2：进入自变量——学校的决策让家长等利益相关者参与，赋权给全校教职员工，所有变量对学生学业成绩解释度为 27.4%，其中赋权给全校教职员工的解释度为 1.2%。在 0.001 显著性水平上，模型 2 回归效果显著（$F=215.247$，$p<0.001$）。在 0.001 显著性水平上，学校的决策让家长等利益相关者参与不同程度的学校间学生学业成绩有显著差异（$\beta=0.341$，$p<0.001$），在 0.001 显著性水平上，赋权给全校教职员工不同程度的学校间学生学业成绩有显著差异（$\beta=0.204$，$p<0.001$）。

模型 3：进入自变量——学校的决策让家长等利益相关者参与，赋权给全校教职员工，积极建立与家长的联系，所有变量对学生学业成绩解释度为 31.7%，其中积极建立与家长的联系的解释度为 4.3%。在 0.001 显著性水平上，模型 3 回归效果显著（$F=176.044$，$p<0.001$）。在 0.01 显著性水平上，学校的决策让家长等利益相关者参与不同程度的学校间学生学业成绩有显著差异（$\beta=0.137$，$p<0.01$），赋权给全校教职员工不同程度的学校间学生学业成绩没有显著差异（$\beta=0.084$，$p>0.05$），在 0.001 显著性水平上，积极建立与家长的联系不同程度的学校间学生学业成绩有显著差异（$\beta=0.374$，$p<0.001$）。

模型 4：进入自变量——学校的决策让家长等利益相关者参与，赋权给全校教职员工，积极建立与家长的联系，争取家长和社区等参与学校的各项活动，所有变量对学生学业成绩解释度为 31.8%，其中争取家长和社区等参与学校的各项活动的解释度为 0.1%。在 0.001 显著性水平上，模型 4 回归效果显著（$F=132.387$，$p<0.001$）。在 0.05 显著性水平上，学校的决策让家长等利益相关者参与不同程度的学校间学生学业成绩有显著差异（$\beta=0.127$，$p<0.05$），赋权给全校教职员工不同程度的学校间学生学业成绩没有显著差异（$\beta=0.067$，$p>0.05$），在 0.001 显著性水平上，积极建立与家长的联系不同程度的学校间学生学业成绩有显著差异（$\beta=0.337$，$p<0.001$），争取家长和社区等参与学校的各项活动不同程度的学校间学生学业成绩没有显著差异（$\beta=0.067$，$p>0.05$）。

**表 7-26 学生学业成绩与包容领导力要素回归分析**

| 模型 | | 非标准化系数 | | 标准系数试用版 | $t$ | $F$ | $R^2$ | $R^2$ 更改 |
|---|---|---|---|---|---|---|---|---|
| | | $B$ | 标准误差 | | | | | |
| 1 | （常量） | 2.077 | 0.102 | | 20.397*** | 404.428*** | 0.262 | 0.262 |
| | 学校的决策让家长等利益相关者参与 | 0.462 | 0.023 | 0.512 | 20.110*** | | | |
| 2 | （常量） | 2.043 | 0.101 | | 20.163*** | 215.247*** | 0.274 | 0.012 |
| | 学校的决策让家长等利益相关者参与 | 0.308 | 0.042 | 0.341 | 7.358*** | | | |
| | 赋权给全校教职员工 | 0.169 | 0.038 | 0.204 | 4.416*** | | | |
| 3 | （常量） | 1.606 | 0.111 | | 14.451*** | 176.044*** | 0.317 | 0.043 |
| | 学校的决策让家长等利益相关者参与 | 0.124 | 0.046 | 0.137 | 2.686** | | | |
| | 赋权给全校教职员工 | 0.069 | 0.039 | 0.084 | 1.773ns | | | |

续表 7-26

| 模型 | | 非标准化系数 | | 标准系数 | $t$ | $F$ | $R^2$ | $R^2$ 更改 |
|---|---|---|---|---|---|---|---|---|
| | | $B$ | 标准误差 | 试用版 | | | | |
| 3 | 积极建立与家长的联系 | 0.371 | 0.044 | 0.374 | 8.433*** | 176.044*** | 0.317 | 0.043 |
| 4 | （常量） | 1.594 | 0.112 | | 14.278*** | 132.387*** | 0.318 | 0.001 |
| | 学校的决策让家长等利益相关者参与 | 0.114 | 0.047 | 0.127 | 2.443* | | | |
| | 赋权给全校教职员工 | 0.055 | 0.041 | 0.067 | 1.344ns | | | |
| | 积极建立与家长的联系 | 0.334 | 0.055 | 0.337 | 6.125*** | | | |
| | 争取家长和社区等参与学校的各项活动 | 0.063 | 0.056 | 0.067 | 1.133ns | | | |

注：因变量：学生学业成绩。

模型 1：预测变量：（常量），学校的决策让家长等利益相关者参与。

模型 2：预测变量：（常量），学校的决策让家长等利益相关者参与，赋权给全校教职员工。

模型 3：预测变量：（常量），学校的决策让家长等利益相关者参与，赋权给全校教职员工，积极建立与家长的联系。

模型 4：预测变量：（常量），学校的决策让家长等利益相关者参与，赋权给全校教职员工，积极建立与家长的联系，争取家长和社区等参与学校的各项活动。

* $p<0.05$，** $p<0.01$，*** $p<0.001$，ns $p>0.05$。

（5）学生学业成绩与激励领导力（表 7-27）。

模型 1：进入自变量——认识和利用学校教师的才华，此变量对学生学业成绩解释度为 29.6%，在 0.001 显著性水平上，模型 1 回归效果显著（$F=479.614$，$p<0.001$）。在 0.001 显著性水平上，认识和利用学校教师的才华不同程度的学校间学生学业成绩有显著差异（$\beta=0.544$，$p<0.001$）。

模型 2：进入自变量——认识和利用学校教师的才华，与教师建立信任和融洽关系，所有变量对学生学业成绩解释度为 30.1%，其中与教师建立信任和融洽关系的解释度为 0.4%。在 0.001 显著性水平上，模型 2 回归效果显著（$F=244.547$，$p<0.001$）。在 0.001 显著性水平上，认识和利用学校教师的才华不同程度的学校间学生学业成绩有显著差异（$\beta=0.393$，$p<0.001$），在 0.01 显著性水平上，与教师建立信任和融洽关系不同程度的学校间学生学业成绩有显著差异（$\beta=0.165$，$p<0.01$）。

模型 3：进入自变量——认识和利用学校教师的才华，与教师建立信任和融洽关系，是学校教师的榜样，所有变量对学生学业成绩解释度为 30.3%，其中是学校教师的榜样的解释度为 0.2%。在 0.001 显著性水平上，模型 3 回归效果显著（$F=164.797$，$p<0.001$）。在 0.001 显著性水平上，认识和利用学校教师的才华不同程度的学校间学生学业成绩有显著差异（$\beta=0.358$，$p<0.001$），与教师建立信任和融洽关系不同程度的学校间学生学业成绩没有显著差异（$\beta=0.069$，$p>0.05$）。在 0.01 显著性水平上，是学校教师的榜样不同程度的学校间学生学业成绩有显著差异（$\beta=0.138$，$p<0.05$）。

模型 4：进入自变量——认识和利用学校教师的才华，与教师建立信任和融洽关系，是学校教师的榜样，工作中能充分展示自我效能，所有变量对学生学业成绩解释度为 31.3%，其中工作中能充分展示自我效能的解释度为 1%。在 0.001 显著性水平上，模型 4 回归效果显著（$F=129.351$，$p<0.001$）。在 0.001 显著性水平上，认识和利用学校教师的才华不同程度的学校间学生学业成绩有显著差异（$\beta=0.314$，$p<0.001$），与教师建立信任和融洽关系不同程度的学校间学生学业成绩没有显著差异（$\beta=0.007$，$p>0.05$）。是学校教师的榜样不同程度的学校间学生学业成绩没有显著差异（$\beta=-0.034$，$p>0.05$）。在 0.001 显著性水平上，工作中能充分展示自我效能不同程度的学校间学生学业成绩有显著差异（$\beta=0.289$，$p<0.001$）。

模型 5：进入自变量——认识和利用学校教师的才华，与教师建立信任和融洽关系，是学校教师的榜样，工作中能充分展示自我效能，促进教师集体效能的增长，所有变量对学生学业成绩解释度为 32.1%，其中促进教师集体效能的增长的解释度为 0.8%。在 0.001 显著性水平上，模型 5 回归效果显著（$F=107.115$，$p<0.001$）。在 0.001 显著性水平上，认识和利用学校教师的才华不同程度的学校间学生学业成绩有显著差异（$\beta=0.255$，$p<0.001$），与教师建立信任和融洽关系不同程度的学校间学生学业成绩没有显著差异（$\beta=-0.055$，$p>0.05$）。是学校教师的榜样不同程度的学校间学生学业成绩没有显著差异（$\beta=-0.050$，$p>0.05$）。在 0.05 显著性水平上，工作中能充分展示自我效能不同程度的学校间学生学业成绩有显著差异（$\beta=0.164$，$p<0.05$），在 0.001 显著性水平上，促进教师集体效能的增长不同程度的学校间学生学业成绩有显著差异（$\beta=0.268$，$p<0.001$）。

模型 6：进入自变量——认识和利用学校教师的才华，与教师建立信任和融洽关系，是学校教师的榜样，工作中能充分展示自我效能，促进教师集体效能的增长，相信并看到教师发展的可能性，所有变量对学生学业成绩解释度为 32.2%，其中相信并看到教师发展的可能性的解释度为 0.2%。在 0.001 显著性水平上，模型 6 回归效果显著（$F=107.115$，$p<0.001$）。在 0.01 显著性水平上，

认识和利用学校教师的才华不同程度的学校间学生学业成绩有显著差异（$\beta=0.223$，$p<0.01$），与教师建立信任和融洽关系不同程度的学校间学生学业成绩没有显著差异（$\beta=-0.071$，$p>0.05$），是学校教师的榜样不同程度的学校间学生学业成绩没有显著差异（$\beta=-0.056$，$p>0.05$），工作中能充分展示自我效能不同程度的学校间学生学业成绩没有显著差异（$\beta=0.143$，$p>0.05$），在0.05显著性水平上，促进教师集体效能的增长不同程度的学校间学生学业成绩有显著差异（$\beta=0.202$，$p<0.05$），相信并看到教师发展的可能性不同程度的学校间学生学业成绩没有显著差异（$\beta=0.142$，$p>0.05$）。

模型7：进入自变量——认识和利用学校教师的才华，与教师建立信任和融洽关系，是学校教师的榜样，工作中能充分展示自我效能，促进教师集体效能的增长，相信并看到教师发展的可能性，引导教师进行可能性思考，所有变量对学生学业成绩解释度为32.3%，其中引导教师进行可能性思考的解释度为0.1%。在0.001显著性水平上，模型7回归效果显著（$F=77.254$，$p<0.001$）。在0.01显著性水平上，认识和利用学校教师的才华不同程度的学校间学生学业成绩有显著差异（$\beta=0.216$，$p<0.01$），与教师建立信任和融洽关系不同程度的学校间学生学业成绩没有显著差异（$\beta=-0.073$，$p>0.05$）。是学校教师的榜样不同程度的学校间学生学业成绩没有显著差异（$\beta=-0.062$，$p>0.05$）。工作中能充分展示自我效能不同程度的学校间学生学业成绩没有显著差异（$\beta=0.138$，$p>0.05$），促进教师集体效能的增长不同程度的学校间学生学业成绩没有显著差异（$\beta=0.168$，$p>0.05$），相信并看到教师发展的可能性不同程度的学校间学生学业成绩没有显著差异（$\beta=0.113$，$p>0.05$），引导教师进行可能性思考不同程度的学校间学生学业成绩没有显著差异（$\beta=0.086$，$p>0.05$）。

**表7-27 学生学业成绩与激励领导力要素回归分析**

| 模型 | | 非标准化系数 | | 标准系数 | $t$ | $F$ | $R^2$ | $R^2$ 更改 |
|---|---|---|---|---|---|---|---|---|
| | | $B$ | 标准误差 | 试用版 | | | | |
| 1 | （常量） | 1.838 | 0.104 | | 17.599*** | 479.614*** | 0.296 | 0.296 |
| | 认识和利用学校教师的才华 | 0.508 | 0.023 | 0.544 | 21.900*** | | | |
| 2 | （常量） | 1.784 | 0.106 | | 16.806*** | 244.547*** | 0.301 | 0.004 |
| | 认识和利用学校教师的才华 | 0.367 | 0.058 | 0.393 | 6.277*** | | | |
| | 与教师建立信任和融洽关系 | 0.154 | 0.058 | 0.165 | 2.640** | | | |

续表 7-27

| 模型 | | 非标准化系数 | | 标准系数 | $t$ | $F$ | $R^2$ | $R^2$ 更改 |
|---|---|---|---|---|---|---|---|---|
| | | $B$ | 标准误差 | 试用版 | | | | |
| 3 | （常量） | 1.766 | 0.106 | | 16.592 *** | 164.797 *** | 0.303 | 0.002 |
| | 认识和利用学校教师的才华 | 0.334 | 0.061 | 0.358 | 5.524 *** | | | |
| | 与教师建立信任和融洽关系 | 0.064 | 0.074 | 0.069 | 0.870$^{ns}$ | | | |
| | 是学校教师的榜样 | 0.127 | 0.063 | 0.138 | 2.001 * | | | |
| 4 | （常量） | 1.684 | 0.108 | | 15.653 *** | 129.351 *** | 0.313 | 0.010 |
| | 认识和利用学校教师的才华 | 0.293 | 0.061 | 0.314 | 4.800 *** | | | |
| | 与教师建立信任和融洽关系 | 0.006 | 0.074 | 0.007 | 0.087$^{ns}$ | | | |
| | 是学校教师的榜样 | −0.031 | 0.074 | −0.034 | −0.417$^{ns}$ | | | |
| | 工作中能充分展示自我效能 | 0.274 | 0.068 | 0.289 | 4.042 *** | | | |
| 5 | （常量） | 1.634 | 0.108 | | 15.135 *** | 107.115 *** | 0.321 | 0.008 |
| | 认识和利用学校教师的才华 | 0.238 | 0.063 | 0.255 | 3.796 *** | | | |
| | 与教师建立信任和融洽关系 | −0.051 | 0.076 | −0.055 | −0.675$^{ns}$ | | | |
| | 是学校教师的榜样 | −0.046 | 0.074 | −0.050 | −0.619$^{ns}$ | | | |
| | 工作中能充分展示自我效能 | 0.155 | 0.075 | 0.164 | 2.063 * | | | |
| | 促进教师集体效能的增长 | 0.258 | 0.072 | 0.268 | 3.578 *** | | | |
| 6 | （常量） | 1.630 | 0.108 | | 15.102 *** | 89.898 *** | 0.322 | 0.002 |
| | 认识和利用学校教师的才华 | 0.208 | 0.065 | 0.223 | 3.216 ** | | | |
| | 与教师建立信任和融洽关系 | −0.066 | 0.076 | −0.071 | −0.868$^{ns}$ | | | |
| | 是学校教师的榜样 | −0.051 | 0.074 | −0.056 | −0.691$^{ns}$ | | | |

续表 7-27

| 模型 | | 非标准化系数 | | 标准系数 | t | F | $R^2$ | $R^2$ 更改 |
|---|---|---|---|---|---|---|---|---|
| | | B | 标准误差 | 试用版 | | | | |
| 6 | 工作中能充分展示自我效能 | 0.136 | 0.076 | 0.143 | 1.788$^{ns}$ | 89.898*** | 0.322 | 0.002 |
| | 促进教师集体效能的增长 | 0.194 | 0.081 | 0.202 | 2.385* | | | |
| | 相信并看到教师发展的可能性 | 0.134 | 0.079 | 0.142 | 1.706$^{ns}$ | | | |
| 7 | （常量） | 1.617 | 0.108 | | 14.912*** | 77.254*** | 0.323 | 0.001 |
| | 认识和利用学校教师的才华 | 0.202 | 0.065 | 0.216 | 3.095** | | | |
| | 与教师建立信任和融洽关系 | −0.068 | 0.076 | −0.073 | −0.890$^{ns}$ | | | |
| | 是学校教师的榜样 | −0.057 | 0.074 | −0.062 | −0.767$^{ns}$ | | | |
| | 工作中能充分展示自我效能 | 0.131 | 0.076 | 0.138 | 1.725$^{ns}$ | | | |
| | 促进教师集体效能的增长 | 0.161 | 0.086 | 0.168 | 1.864$^{ns}$ | | | |
| | 相信并看到教师发展的可能性 | 0.107 | 0.082 | 0.113 | 1.291$^{ns}$ | | | |
| | 引导教师进行可能性思考 | 0.083 | 0.073 | 0.086 | 1.124$^{ns}$ | | | |

注：因变量：学生学业成绩。

模型 1：预测变量：（常量），认识和利用学校教师的才华。

模型 2：预测变量：（常量），认识和利用学校教师的才华，与教师建立信任和融洽关系。

模型 3：预测变量：（常量），认识和利用学校教师的才华，与教师建立信任和融洽关系，是学校教师的榜样。

模型 4：预测变量：（常量），认识和利用学校教师的才华，与教师建立信任和融洽关系，是学校教师的榜样，工作中能充分展示自我效能。

模型 5：预测变量：（常量），认识和利用学校教师的才华，与教师建立信任和融洽关系，是学校教师的榜样，工作中能充分展示自我效能，促进教师集体效能的增长。

模型 6：预测变量：（常量），认识和利用学校教师的才华，与教师建立信任和融洽关系，是学校教师的榜样，工作中能充分展示自我效能，促进教师集体效能的增长，相信并看到教师发展的可能性。

模型 7：预测变量：（常量），认识和利用学校教师的才华，与教师建立信任和融洽关系，是学校教师的榜样，工作中能充分展示自我效能，促进教师集体效能的增长，相信并看到教师发展的可能性，引导教师进行可能性思考。

* $p<0.05$，** $p<0.01$，*** $p<0.001$，ns $p>0.05$。

2. 学校办学质量与校长领导力各要素

（1）学校办学质量与行政领导力（表 7-28）。

模型 1：进入自变量——能确保学校环境安全有序，此变量对学校办学质量解释度为 45.9%，在 0.001 显著性水平上，模型 1 回归效果显著（$F$=965.714，$p$<0.001）。在 0.001 显著性水平上，能确保学校环境安全有序不同程度的学校间学校办学质量有显著差异（$\beta$=0.677，$p$<0.001）。

模型 2：进入自变量——能确保学校环境安全有序，合理分配人力和财政资源，所有变量对学校办学质量解释度为 50.8%，其中合理分配人力和财政资源的解释度为 4.9%。在 0.001 显著性水平上，模型 2 回归效果显著（$F$=965.714，$p$<0.001）。在 0.001 显著性水平上，能确保学校环境安全有序不同程度的学校间学校办学质量有显著差异（$\beta$=0.365，$p$<0.001），合理分配人力和财政资源不同程度的学校间学校办学质量有显著差异（$\beta$=0.383，$p$<0.001）。

模型 3：进入自变量——能确保学校环境安全有序，合理分配人力和财政资源，科学进行人员的选拔和分配，所有变量对学校办学质量解释度为 51.4%，其中科学进行人员的选拔和分配的解释度为 0.6%。在 0.001 显著性水平上，模型 3 回归效果显著（$F$=965.714，$p$<0.001）。在 0.001 显著性水平上，能确保学校环境安全有序不同程度的学校间学校办学质量有显著差异（$\beta$=0.353，$p$<0.001），合理分配人力和财政资源不同程度的学校间学校办学质量有显著差异（$\beta$=0.219，$p$<0.001），科学进行人员的选拔和分配不同程度的学校间学校办学质量有显著差异（$\beta$=0.190，$p$<0.001）。

模型 4：进入自变量——能确保学校环境安全有序，合理分配人力和财政资源，科学进行人员的选拔和分配，正确评价自己，所有变量对学校办学质量解释度为 52.9%，其中正确评价自己的解释度为 1.5%。在 0.001 显著性水平上，模型 4 回归效果显著（$F$=318.625，$p$<0.001）。在 0.001 显著性水平上，能确保学校环境安全有序不同程度的学校间学校办学质量有显著差异（$\beta$=0.249，$p$<0.001），在 0.01 显著性水平上，合理分配人力和财政资源不同程度的学校间学校办学质量有显著差异（$\beta$=0.156，$p$<0.01），科学进行人员的选拔和分配不同程度的学校间学校办学质量没有显著差异（$\beta$=0.099，$p$>0.05）。在 0.001 显著性水平上，正确评价自己不同程度的学校间学校办学质量有显著差异（$\beta$=0.271，$p$<0.001）。

模型 5：进入自变量——能确保学校环境安全有序，合理分配人力和财政资源，科学进行人员的选拔和分配，正确评价自己，了解全校师生动态，所有变量对学校办学质量解释度为 53.3%，其中了解全校师生动态的解释度为 0.4%。在 0.001 显著性水平上，模型 5 回归效果显著（$F$=258.813，$p$<0.001）。在 0.001 显著性水平上，能确保学校环境安全有序不同程度的学校间学校办学质量有显著

差异（$\beta=0.214$，$p<0.001$），在0.05显著性水平上，合理分配人力和财政资源不同程度的学校间学校办学质量有显著差异（$\beta=0.139$，$p<0.05$），科学进行人员的选拔和分配不同程度的学校间学校办学质量没有显著差异（$\beta=0.075$，$p>0.05$）。在0.001显著性水平上，正确评价自己不同程度的学校间学校办学质量有显著差异（$\beta=0.197$，$p<0.001$），在0.01显著性水平上，了解全校师生动态不同程度的学校间学校办学质量有显著差异（$\beta=0.154$，$p<0.001$）。

**表7-28　学校办学质量与行政领导力要素回归分析**

| 模型 | | 非标准化系数 B | 非标准化系数 标准误差 | 标准系数 试用版 | $t$ | $F$ | $R^2$ | $R^2$ 更改 |
|---|---|---|---|---|---|---|---|---|
| 1 | （常量） | 1.256 | 0.098 | | 12.795$^{***}$ | 965.714$^{***}$ | 0.459 | 0.459 |
| | 能确保学校环境安全有序 | 0.657 | 0.021 | 0.677 | 31.076$^{***}$ | | | |
| 2 | （常量） | 1.166 | 0.094 | | 12.402$^{***}$ | 587.463$^{***}$ | 0.508 | 0.049 |
| | 能确保学校环境安全有序 | 0.354 | 0.035 | 0.365 | 10.135$^{***}$ | | | |
| | 合理分配人力和财政资源 | 0.339 | 0.032 | 0.383 | 10.662$^{***}$ | | | |
| 3 | （常量） | 1.153 | 0.094 | | 12.316$^{***}$ | 400.438$^{***}$ | 0.514 | 0.006 |
| | 能确保学校环境安全有序 | 0.343 | 0.035 | 0.353 | 9.834$^{***}$ | | | |
| | 合理分配人力和财政资源 | 0.194 | 0.051 | 0.219 | 3.816$^{***}$ | | | |
| | 科学进行人员的选拔和分配 | 0.162 | 0.044 | 0.190 | 3.673$^{***}$ | | | |
| 4 | （常量） | 1.108 | 0.092 | | 11.980$^{***}$ | 318.625$^{***}$ | 0.529 | 0.015 |
| | 能确保学校环境安全有序 | 0.242 | 0.038 | 0.249 | 6.325$^{***}$ | | | |
| | 合理分配人力和财政资源 | 0.138 | 0.051 | 0.156 | 2.712$^{**}$ | | | |
| | 科学进行人员的选拔和分配 | 0.085 | 0.045 | 0.099 | 1.869$^{ns}$ | | | |
| | 正确评价自己 | 0.245 | 0.041 | 0.271 | 6.008$^{***}$ | | | |
| 5 | （常量） | 1.081 | 0.093 | | 11.688$^{***}$ | 258.813$^{***}$ | 0.533 | 0.004 |
| | 能确保学校环境安全有序 | 0.208 | 0.040 | 0.214 | 5.258$^{***}$ | | | |

续表 7-28

| 模型 | | 非标准化系数 | | 标准系数 | $t$ | $F$ | $R^2$ | $R^2$ 更改 |
|---|---|---|---|---|---|---|---|---|
| | | $B$ | 标准误差 | 试用版 | | | | |
| 5 | 合理分配人力和财政资源 | 0.123 | 0.051 | 0.139 | 2.422* | 258.813*** | 0.533 | 0.004 |
| | 科学进行人员的选拔和分配 | 0.064 | 0.046 | 0.075 | 1.409ns | | | |
| | 正确评价自己 | 0.179 | 0.046 | 0.197 | 3.885*** | | | |
| | 了解全校师生动态 | 0.141 | 0.045 | 0.154 | 3.122** | | | |

注：因变量：学生学业成绩。

模型 1：预测变量：（常量），能确保学校环境安全有序。

模型 2：预测变量：（常量），能确保学校环境安全有序，合理分配人力和财政资源。

模型 3：预测变量：（常量），能确保学校环境安全有序，合理分配人力和财政资源，科学进行人员的选拔和分配。

模型 4：预测变量：（常量），能确保学校环境安全有序，合理分配人力和财政资源，科学进行人员的选拔和分配，正确评价自己。

模型 5：预测变量：（常量），能确保学校环境安全有序，合理分配人力和财政资源，科学进行人员的选拔和分配，正确评价自己，了解全校师生动态。

* $p<0.05$，** $p<0.01$，*** $p<0.001$，ns $p>0.05$。

（2）学校办学质量与教学领导力（表 7-29）。

模型 1：进入自变量——为学校的教师设计专业发展路径，此变量对学校办学质量解释度为 47.9%，在 0.001 显著性水平上，模型 1 回归效果显著（$F=1047.029$，$p<0.001$）。在 0.001 显著性水平上，为学校的教师设计专业发展路径不同程度的学校间学校办学质量有显著差异（$\beta=0.692$，$p<0.001$）。

模型 2：进入自变量——为学校的教师设计专业发展路径，关注课程、教学和评估的一致性，所有变量对学校办学质量解释度为 51.7%，其中关注课程、教学和评估的一致性的解释度为 3.8%。在 0.001 显著性水平上，模型 2 回归效果显著（$F=609.099$，$p<0.001$）。在 0.001 显著性水平上，为学校的教师设计专业发展路径不同程度的学校间学校办学质量有显著差异（$\beta=0.295$，$p<0.001$），关注课程、教学和评估的一致性不同程度的学校间学校办学质量有显著差异（$\beta=0.442$，$p<0.001$）。

模型 3：进入自变量——为学校的教师设计专业发展路径，关注课程、教学和评估的一致性，关注教师教学的有效性，所有变量对学校办学质量解释度为 53.1%，其中关注教师教学的有效性的解释度为 1.4%。在 0.001 显著性水平上，模型 3 回归效果显著（$F=428.678$，$p<0.001$）。在 0.001 显著性水平上，为学校

的教师设计专业发展路径不同程度的学校间学校办学质量有显著差异（$\beta=0.190$，$p<0.001$），关注课程、教学和评估的一致性不同程度的学校间学校办学质量有显著差异（$\beta=0.242$，$p<0.001$），关注教师教学的有效性不同程度的学校间学校办学质量有显著差异（$\beta=0.321$，$p<0.001$）。

模型4：进入自变量——为学校的教师设计专业发展路径，关注课程、教学和评估的一致性，关注教师教学的有效性，向教师提供教学反馈信息，所有变量对学校办学质量解释度为53.4%，其中关注教师教学的有效性的解释度为0.3%。在0.001显著性水平上，模型4回归效果显著（$F=325.589$，$p<0.001$）。在0.001显著性水平上，为学校的教师设计专业发展路径不同程度的学校间学校办学质量有显著差异（$\beta=0.158$，$p<0.001$），关注课程、教学和评估的一致性不同程度的学校间学校办学质量有显著差异（$\beta=0.203$，$p<0.01$），关注教师教学的有效性不同程度的学校间学校办学质量有显著差异（$\beta=0.236$，$p<0.001$）。向教师提供教学反馈信息不同程度的学校间学校办学质量有显著差异（$\beta=0.161$，$p<0.01$）。

模型5：进入自变量——为学校的教师设计专业发展路径，关注课程、教学和评估的一致性，关注教师教学的有效性，向教师提供教学反馈信息，关注学生的学习进步，所有变量对学校办学质量解释度为54.7%，其中关注学生的学习进步的解释度为1.3%。在0.001显著性水平上，模型5回归效果显著（$F=274.457$，$p<0.001$）。在0.05显著性水平上，为学校的教师设计专业发展路径不同程度的学校间学校办学质量有显著差异（$\beta=0.128$，$p<0.05$），关注课程、教学和评估的一致性不同程度的学校间学校办学质量有显著差异（$\beta=0.189$，$p<0.01$），关注教师教学的有效性不同程度的学校间学校办学质量没有显著差异（$\beta=0.115$，$p>0.05$）。向教师提供教学反馈信息不同程度的学校间学校办学质量没有显著差异（$\beta=0.040$，$p>0.05$）。在0.001显著性水平上，关注学生的学习进步不同程度的学校间学校办学质量有显著差异（$\beta=0.301$，$p<0.001$）。

**表7-29　学校办学质量与教学领导力要素回归分析**

| 模型 | | 非标准化系数 | | 标准系数 | $t$ | $F$ | $R^2$ | $R^2$ 更改 |
|---|---|---|---|---|---|---|---|---|
| | | $B$ | 标准误差 | 试用版 | | | | |
| 1 | （常量） | 1.640 | 0.083 | | 19.809*** | 1047.029*** | 0.479 | 0.479 |
| | 为学校的教师设计专业发展路径 | 0.607 | 0.019 | 0.692 | 32.358*** | | | |

续表 7-29

| 模型 | | 非标准化系数 | | 标准系数 | $t$ | $F$ | $R^2$ | $R^2$ 更改 |
|---|---|---|---|---|---|---|---|---|
| | | $B$ | 标准误差 | 试用版 | | | | |
| 2 | （常量） | 1.434 | 0.083 | | 17.348*** | 609.099*** | 0.517 | 0.038 |
| | 为学校的教师设计专业发展路径 | 0.259 | 0.041 | 0.295 | 6.328*** | | | |
| | 关注课程、教学和评估的一致性 | 0.393 | 0.042 | 0.442 | 9.469*** | | | |
| 3 | （常量） | 1.317 | 0.084 | | 15.667*** | 428.678*** | 0.531 | 0.014 |
| | 为学校的教师设计专业发展路径 | 0.166 | 0.043 | 0.190 | 3.827*** | | | |
| | 关注课程、教学和评估的一致性 | 0.215 | 0.051 | 0.242 | 4.206*** | | | |
| | 关注教师教学的有效性 | 0.294 | 0.051 | 0.321 | 5.769*** | | | |
| 4 | （常量） | 1.271 | 0.085 | | 14.891*** | 325.589*** | 0.534 | 0.003 |
| | 为学校的教师设计专业发展路径 | 0.139 | 0.044 | 0.158 | 3.127** | | | |
| | 关注课程、教学和评估的一致性 | 0.181 | 0.052 | 0.203 | 3.442** | | | |
| | 关注教师教学的有效性 | 0.216 | 0.058 | 0.236 | 3.757*** | | | |
| | 向教师提供教学反馈信息 | 0.150 | 0.052 | 0.161 | 2.862** | | | |
| 5 | （常量） | 1.170 | 0.086 | | 13.616*** | 274.457*** | 0.547 | 0.013 |
| | 为学校的教师设计专业发展路径 | 0.113 | 0.044 | 0.128 | 2.560* | | | |
| | 关注课程、教学和评估的一致性 | 0.168 | 0.052 | 0.189 | 3.241** | | | |

续表 7-29

| 模型 | | 非标准化系数 | | 标准系数 | $t$ | $F$ | $R^2$ | $R^2$ 更改 |
|---|---|---|---|---|---|---|---|---|
| | | $B$ | 标准误差 | 试用版 | | | | |
| 5 | 关注教师教学的有效性 | 0.105 | 0.060 | 0.115 | $1.752^{ns}$ | 274.457*** | 0.547 | 0.013 |
| | 向教师提供教学反馈信息 | 0.037 | 0.055 | 0.040 | $0.674^{ns}$ | | | |
| | 关注学生的学习进步 | 0.282 | 0.049 | 0.301 | 5.754*** | | | |

注：因变量：学校办学质量。

模型 1：（常量），为学校的教师设计专业发展路径。

模型 2：（常量），为学校的教师设计专业发展路径，关注课程、教学和评估的一致性。

模型 3：（常量），为学校的教师设计专业发展路径，关注课程、教学和评估的一致性，关注教师教学的有效性。

模型 4：（常量），为学校的教师设计专业发展路径，关注课程、教学和评估的一致性，关注教师教学的有效性，向教师提供教学反馈信息。

模型 5：（常量），为学校的教师设计专业发展路径，关注课程、教学和评估的一致性，关注教师教学的有效性，向教师提供教学反馈信息，关注学生的学习进步。

* $p<0.05$，** $p<0.01$，*** $p<0.001$，$^{ns}$ $p>0.05$。

（3）学校办学质量与战略领导力（表 7-30）。

模型 1：进入自变量——建立持续提升办学质量的规范，此变量对学校办学质量解释度为 52%，在 0.001 显著性水平上，模型 1 回归效果显著（$F=1234.537$，$p<0.001$）。在 0.001 显著性水平上，建立持续提升办学质量的规范不同程度的学校间学校办学质量有显著差异（$\beta=0.721$，$p<0.001$）。

模型 2：进入自变量——建立持续提升办学质量的规范，以学生高水平成绩为重点的愿景和目标，所有变量对学校办学质量解释度为 52.9%，其中以学生高水平成绩为重点的愿景和目标的解释度为 0.9%。在 0.001 显著性水平上，模型 2 回归效果显著（$F=640.218$，$p<0.001$）。在 0.001 显著性水平上，建立持续提升办学质量的规范不同程度的学校间学校办学质量有显著差异（$\beta=0.531$，$p<0.001$），以学生高水平成绩为重点的愿景和目标不同程度的学校间学校办学质量有显著差异（$\beta=0.213$，$p<0.001$）。

模型 3：进入自变量——建立持续提升办学质量的规范，以学生高水平成绩为重点的愿景和目标，对学校里的所有人都有很高的期望，所有变量对学校办学质量解释度为 53.5%，其中对学校里的所有人都有很高的期望的解释度为 0.6%。在 0.001 显著性水平上，模型 3 回归效果显著（$F=436.029$，$p<0.001$）。在 0.001 显著性水平上，建立持续提升办学质量的规范不同程度的学校间学校办学

质量有显著差异（$\beta=0.444$，$p<0.001$），以学生高水平成绩为重点的愿景和目标不同程度的学校间学校办学质量有显著差异（$\beta=0.136$，$p<0.01$），对学校里的所有人都有很高的期望不同程度的学校间学校办学质量有显著差异（$\beta=0.177$，$p<0.001$）。

模型4：进入自变量——建立持续提升办学质量的规范，以学生高水平成绩为重点的愿景和目标，对学校里的所有人都有很高的期望，学校的决策基于可靠的证据，所有变量对学校办学质量解释度为53.6%，其中学校的决策基于可靠的证据的解释度为0.1%。在0.001显著性水平上，模型4回归效果显著（$F=328.471$，$p<0.001$）。在0.001显著性水平上，建立持续提升办学质量的规范不同程度的学校间学校办学质量有显著差异（$\beta=0.410$，$p<0.001$），以学生高水平成绩为重点的愿景和目标不同程度的学校间学校办学质量有显著差异（$\beta=0.118$，$p<0.05$），对学校里的所有人都有很高的期望不同程度的学校间学校办学质量有显著差异（$\beta=0.140$，$p<0.01$），学校的决策基于可靠的证据不同程度的学校间学校办学质量没有显著差异（$\beta=0.092$，$p>0.05$）。

模型5：进入自变量——建立持续提升办学质量的规范，以学生高水平成绩为重点的愿景和目标，对学校里的所有人都有很高的期望，学校的决策基于可靠的证据，向家长等利益相关者报告学校发展状态信息，所有变量对学校办学质量解释度为53.9%，其中向家长等利益相关者报告学校发展状态信息的解释度为0.2%。在0.001显著性水平上，模型5回归效果显著（$F=265.114$，$p<0.001$）。在0.001显著性水平上，建立持续提升办学质量的规范不同程度的学校间学校办学质量有显著差异（$\beta=0.389$，$p<0.001$），以学生高水平成绩为重点的愿景和目标不同程度的学校间学校办学质量有显著差异（$\beta=0.112$，$p<0.05$），对学校里的所有人都有很高的期望不同程度的学校间学校办学质量有显著差异（$\beta=0.110$，$p<0.01$），学校的决策基于可靠的证据不同程度的学校间学校办学质量没有显著差异（$\beta=0.045$，$p>0.05$），向家长等利益相关者报告学校发展状态信息不同程度的学校间学校办学质量有显著差异（$\beta=0.111$，$p<0.05$）。

**表7-30 学校办学质量与战略领导力要素回归分析**

| 模型 | | 非标准化系数 | | 标准系数 | $t$ | $F$ | $R^2$ | $R^2$ 更改 |
|---|---|---|---|---|---|---|---|---|
| | | $B$ | 标准误差 | 试用版 | | | | |
| 1 | （常量） | 1.330 | 0.085 | | 15.638*** | 1234.537*** | 0.520 | 0.520 |
| | 建立持续提升办学质量的规范 | 0.663 | 0.019 | 0.721 | 35.136*** | | | |

续表 7-30

| 模型 | | 非标准化系数 | | 标准系数 | $t$ | $F$ | $R^2$ | $R^2$ 更改 |
|---|---|---|---|---|---|---|---|---|
| | | $B$ | 标准误差 | 试用版 | | | | |
| 2 | （常量） | 1.236 | 0.087 | | 14.274*** | 640.218*** | 0.529 | 0.009 |
| | 建立持续提升办学质量的规范 | 0.488 | 0.041 | 0.531 | 11.834*** | | | |
| | 以学生高水平成绩为重点的愿景和目标 | 0.197 | 0.041 | 0.213 | 4.748*** | | | |
| 3 | （常量） | 1.197 | 0.087 | | 13.799*** | 436.029*** | 0.535 | 0.006 |
| | 建立持续提升办学质量的规范 | 0.408 | 0.046 | 0.444 | 8.768*** | | | |
| | 以学生高水平成绩为重点的愿景和目标 | 0.125 | 0.046 | 0.136 | 2.745** | | | |
| | 对学校里的所有人都有很高的期望 | 0.163 | 0.044 | 0.177 | 3.680*** | | | |
| 4 | （常量） | 1.194 | 0.087 | | 13.772*** | 328.471*** | 0.536 | 0.001 |
| | 建立持续提升办学质量的规范 | 0.377 | 0.049 | 0.410 | 7.619*** | | | |
| | 以学生高水平成绩为重点的愿景和目标 | 0.109 | 0.046 | 0.118 | 2.346* | | | |
| | 对学校里的所有人都有很高的期望 | 0.129 | 0.048 | 0.140 | 2.680** | | | |
| | 学校的决策基于可靠的证据 | 0.082 | 0.046 | 0.092 | 1.797ns | | | |
| 5 | （常量） | 1.147 | 0.089 | | 12.949*** | 265.114*** | 0.539 | 0.002 |
| | 建立持续提升办学质量的规范 | 0.358 | 0.050 | 0.389 | 7.152*** | | | |
| | 以学生高水平成绩为重点的愿景和目标 | 0.103 | 0.046 | 0.112 | 2.228* | | | |

续表 7-30

| 模型 | | 非标准化系数 | | 标准系数 | $t$ | $F$ | $R^2$ | $R^2$ 更改 |
|---|---|---|---|---|---|---|---|---|
| | | $B$ | 标准误差 | 试用版 | | | | |
| 5 | 对学校里的所有人都有很高的期望 | 0.101 | 0.049 | 0.110 | 2.056* | 265.114*** | 0.539 | 0.002 |
| | 学校的决策基于可靠的证据 | 0.040 | 0.049 | 0.045 | 0.828ns | | | |
| | 向家长等利益相关者报告学校发展状态信息 | 0.104 | 0.043 | 0.111 | 2.440* | | | |

注：因变量：学校办学质量。

模型 1：预测变量：（常量），建立持续提升办学质量的规范。

模型 2：预测变量：（常量），建立持续提升办学质量的规范，以学生高水平成绩为重点的愿景和目标。

模型 3：预测变量：（常量），建立持续提升办学质量的规范，以学生高水平成绩为重点的愿景和目标，对学校里的所有人都有很高的期望。

模型 4：预测变量：（常量），建立持续提升办学质量的规范，以学生高水平成绩为重点的愿景和目标，对学校里的所有人都有很高的期望，学校的决策基于可靠的证据。

模型 5：预测变量：（常量），建立持续提升办学质量的规范，以学生高水平成绩为重点的愿景和目标，对学校里的所有人都有很高的期望，学校的决策基于可靠的证据，向家长等利益相关者报告学校发展状态信息。

* $p<0.05$，** $p<0.01$，*** $p<0.001$，ns $p>0.05$。

（4）学校办学质量与包容领导力（表 7-31）。

模型 1：进入自变量——学校的决策让家长等利益相关者参与，此变量对学校办学质量解释度为 39.3%，在 0.001 显著性水平上，模型 1 回归效果显著（$F=738.010$，$p<0.001$）。在 0.001 显著性水平上，学校的决策让家长等利益相关者参与不同程度的学校间学校办学质量有显著差异（$\beta=0.627$，$p<0.001$）。

模型 2：进入自变量——学校的决策让家长等利益相关者参与，赋权给全校教职员工，所有变量对学校办学质量解释度为 43%，其中向家长等利益相关者报告学校发展状态信息的解释度为 3.7%。在 0.001 显著性水平上，模型 2 回归效果显著（$F=429.113$，$p<0.001$）。在 0.001 显著性水平上，学校的决策让家长等利益相关者参与不同程度的学校间学校办学质量有显著差异（$\beta=0.333$，$p<0.001$），赋权给全校教职员工不同程度的学校间学校办学质量有显著差异（$\beta=0.351$，$p<0.001$）。

模型 3：进入自变量——学校的决策让家长等利益相关者参与，赋权给全校教职员工，积极建立与家长的联系，所有变量对学校办学质量解释度为49.3%，其中积极建立与家长的联系的解释度为6.3%。在0.001显著性水平上，模型3回归效果显著（$F=368.300$，$p<0.001$）。在0.001显著性水平上，学校的决策让家长等利益相关者参与不同程度的学校间学校办学质量没有显著差异（$\beta=0.085$，$p>0.05$），赋权给全校教职员工不同程度的学校间学校办学质量有显著差异（$\beta=0.205$，$p<0.001$）。积极建立与家长的联系不同程度的学校间学校办学质量有显著差异（$\beta=0.454$，$p<0.001$）。

模型4：进入自变量——学校的决策让家长等利益相关者参与，赋权给全校教职员工，积极建立与家长的联系，争取家长和社区等参与学校的各项活动，所有变量对学校办学质量解释度为49.4%，其中积极建立与家长的联系的解释度为0.2%。在0.001显著性水平上，模型4回归效果显著（$F=277.643$，$p<0.001$）。在0.001显著性水平上，学校的决策让家长等利益相关者参与不同程度的学校间学校办学质量没有显著差异（$\beta=0.071$，$p>0.05$），赋权给全校教职员工不同程度的学校间学校办学质量有显著差异（$\beta=0.181$，$p<0.001$）。积极建立与家长的联系不同程度的学校间学校办学质量有显著差异（$\beta=0.403$，$p<0.001$）。争取家长和社区等参与学校的各项活动不同程度的学校间学校办学质量没有显著差异（$\beta=0.093$，$p>0.05$）。

**表7-31　学校办学质量与包容领导力要素回归分析**

| 模型 | | 非标准化系数 | | 标准系数试用版 | $t$ | $F$ | $R^2$ | $R^2$ 更改 |
|---|---|---|---|---|---|---|---|---|
| | | $B$ | 标准误差 | | | | | |
| 1 | （常量） | 1.949 | 0.087 | | 22.379*** | 738.010*** | 0.393 | 0.393 |
| | 学校的决策让家长等利益相关者参与 | 0.534 | 0.020 | 0.627 | 27.166*** | | | |
| 2 | （常量） | 1.893 | 0.085 | | 22.355*** | 429.113*** | 0.430 | 0.037 |
| | 学校的决策让家长等利益相关者参与 | 0.283 | 0.035 | 0.333 | 8.105*** | | | |
| | 赋权给全校教职员工 | 0.273 | 0.032 | 0.351 | 8.564*** | | | |
| 3 | （常量） | 1.393 | 0.090 | | 15.427*** | 368.300*** | 0.493 | 0.063 |
| | 学校的决策让家长等利益相关者参与 | 0.073 | 0.037 | 0.085 | 1.944ns | | | |

续表 7-31

| 模型 | | 非标准化系数 | | 标准系数 | $t$ | $F$ | $R^2$ | $R^2$ 更改 |
|---|---|---|---|---|---|---|---|---|
| | | $B$ | 标准误差 | 试用版 | | | | |
| 3 | 赋权给全校教职员工 | 0.159 | 0.032 | 0.205 | 5.038*** | 368.300*** | 0.493 | 0.063 |
| | 积极建立与家长的联系 | 0.425 | 0.036 | 0.454 | 11.877*** | | | |
| 4 | （常量） | 1.377 | 0.091 | | 15.195*** | 277.643*** | 0.494 | 0.002 |
| | 学校的决策让家长等利益相关者参与 | 0.060 | 0.038 | 0.071 | 1.589ns | | | |
| | 赋权给全校教职员工 | 0.141 | 0.033 | 0.181 | 4.245*** | | | |
| | 积极建立与家长的联系 | 0.377 | 0.044 | 0.403 | 8.493*** | | | |
| | 争取家长和社区等参与学校的各项活动 | 0.083 | 0.045 | 0.093 | 1.836ns | | | |

注：因变量：学校办学质量。

模型 1：预测变量：(常量)，学校的决策让家长等利益相关者参与。

模型 2：预测变量：(常量)，学校的决策让家长等利益相关者参与，赋权给全校教职员工。

模型 3：预测变量：(常量)，学校的决策让家长等利益相关者参与，赋权给全校教职员工，积极建立与家长的联系。

模型 4：预测变量：(常量)，学校的决策让家长等利益相关者参与，赋权给全校教职员工，积极建立与家长的联系，争取家长和社区等参与学校的各项活动。

* $p<0.05$，** $p<0.01$，*** $p<0.001$，ns $p>0.05$。

（5）学校办学质量与激励领导力（表 7-32）。

模型 1：进入自变量——认识和利用学校教师的才华，此变量对学校办学质量解释度为 47.5%，在 0.001 显著性水平上，模型 1 回归效果显著（$F=1028.682$，$p<0.001$）。在 0.001 显著性水平上，认识和利用学校教师的才华不同程度的学校间学校办学质量有显著差异（$\beta=0.689$，$p<0.001$）。

模型 2：进入自变量——认识和利用学校教师的才华，与教师建立信任和融洽关系，所有变量对学校办学质量解释度为 48.6%，其中与教师建立信任和融洽关系的解释度为 1.2%。在 0.001 显著性水平上，模型 2 回归效果显著（$F=538.547$，$p<0.001$）。在 0.001 显著性水平上，认识和利用学校教师的才华不同程度的学校间学校办学质量有显著差异（$\beta=0.438$，$p<0.001$），与教师建立信任

和融洽关系不同程度的学校间学校办学质量有显著差异（$\beta=0.273$，$p<0.001$）。

模型 3：进入自变量——认识和利用学校教师的才华，与教师建立信任和融洽关系，是学校教师的榜样，所有变量对学校办学质量解释度为 49.2%，其中是学校教师的榜样的解释度为 0.6%。在 0.001 显著性水平上，模型 3 回归效果显著（$F=366.770$，$p<0.001$）。在 0.001 显著性水平上，认识和利用学校教师的才华不同程度的学校间学校办学质量有显著差异（$\beta=0.386$，$p<0.001$），与教师建立信任和融洽关系不同程度的学校间学校办学质量没有显著差异（$\beta=0.128$，$p>0.05$），是学校教师的榜样不同程度的学校间学校办学质量有显著差异（$\beta=0.208$，$p<0.001$）。

模型 4：进入自变量——认识和利用学校教师的才华，与教师建立信任和融洽关系，是学校教师的榜样，工作中能充分展示自我效能，所有变量对学校办学质量解释度为 49.9%，其中工作中能充分展示自我效能的解释度为 0.7%。在 0.001 显著性水平上，模型 4 回归效果显著（$F=282.394$，$p<0.001$）。在 0.001 显著性水平上，认识和利用学校教师的才华不同程度的学校间学校办学质量有显著差异（$\beta=0.349$，$p<0.001$），与教师建立信任和融洽关系不同程度的学校间学校办学质量没有显著差异（$\beta=0.077$，$p>0.05$），是学校教师的榜样不同程度的学校间学校办学质量没有显著差异（$\beta=0.065$，$p>0.05$），工作中能充分展示自我效能不同程度的学校间学校办学质量有显著差异（$\beta=0.239$，$p<0.001$）。

模型 5：进入自变量——认识和利用学校教师的才华，与教师建立信任和融洽关系，是学校教师的榜样，工作中能充分展示自我效能，促进教师集体效能的增长，所有变量对学校办学质量解释度为 50.8%，其中促进教师集体效能的增长的解释度为 1%。在 0.001 显著性水平上，模型 5 回归效果显著（$F=234.668$，$p<0.001$）。在 0.001 显著性水平上，认识和利用学校教师的才华不同程度的学校间学校办学质量有显著差异（$\beta=0.283$，$p<0.001$），与教师建立信任和融洽关系不同程度的学校间学校办学质量没有显著差异（$\beta=0.007$，$p>0.05$），是学校教师的榜样不同程度的学校间学校办学质量没有显著差异（$\beta=0.047$，$p>0.05$），工作中能充分展示自我效能不同程度的学校间学校办学质量没有显著差异（$\beta=0.098$，$p>0.05$），促进教师集体效能的增长不同程度的学校间学校办学质量有显著差异（$\beta=0.302$，$p<0.001$）。

模型 6：进入自变量——认识和利用学校教师的才华，与教师建立信任和融洽关系，是学校教师的榜样，工作中能充分展示自我效能，促进教师集体效能的增长，相信并看到教师发展的可能性，所有变量对学校办学质量解释度为 51%，其中相信并看到教师发展的可能性的解释度为 0.2%。在 0.001 显著性水平上，模型 6 回归效果显著（$F=196.900$，$p<0.001$）。在 0.001 显著性水平上，认识和利用学校教师的才华不同程度的学校间学校办学质量有显著差异（$\beta=0.250$，

$p<0.001$），与教师建立信任和融洽关系不同程度的学校间学校办学质量没有显著差异（$\beta=-0.010$，$p>0.05$），是学校教师的榜样不同程度的学校间学校办学质量没有显著差异（$\beta=0.041$，$p>0.05$），工作中能充分展示自我效能不同程度的学校间学校办学质量没有显著差异（$\beta=0.077$，$p>0.05$），促进教师集体效能的增长不同程度的学校间学校办学质量有显著差异（$\beta=0.232$，$p<0.01$），相信并看到教师发展的可能性不同程度的学校间学校办学质量有显著差异（$\beta=0.150$，$p<0.05$）。

模型 7：进入自变量——认识和利用学校教师的才华，与教师建立信任和融洽关系，是学校教师的榜样，工作中能充分展示自我效能，促进教师集体效能的增长，相信并看到教师发展的可能性，引导教师进行可能性思考，所有变量对学校办学质量解释度为 51.2%，其中引导教师进行可能性思考的解释度为 0.2%。在 0.001 显著性水平上，模型 7 回归效果显著（$F=169.724$，$p<0.001$）。在 0.001 显著性水平上，认识和利用学校教师的才华不同程度的学校间学校办学质量有显著差异（$\beta=0.239$，$p<0.001$），与教师建立信任和融洽关系不同程度的学校间学校办学质量没有显著差异（$\beta=-0.012$，$p>0.05$），是学校教师的榜样不同程度的学校间学校办学质量没有显著差异（$\beta=0.032$，$p>0.05$），工作中能充分展示自我效能不同程度的学校间学校办学质量没有显著差异（$\beta=0.070$，$p>0.05$），促进教师集体效能的增长不同程度的学校间学校办学质量有显著差异（$\beta=0.182$，$p<0.05$），相信并看到教师发展的可能性不同程度的学校间学校办学质量没有显著差异（$\beta=0.106$，$p>0.05$），引导教师进行可能性思考不同程度的学校间学校办学质量没有显著差异（$\beta=0.126$，$p>0.05$）。

**表 7-32 学校办学质量与激励领导力要素回归分析**

| 模型 | | 非标准化系数 | | 标准系数 | $t$ | $F$ | $R^2$ | $R^2$ 更改 |
|---|---|---|---|---|---|---|---|---|
| | | $B$ | 标准误差 | 试用版 | | | | |
| 1 | （常量） | 1.588 | 0.085 | | 18.657*** | 1028.682*** | 0.475 | 0.475 |
| | 认识和利用学校教师的才华 | 0.606 | 0.019 | 0.689 | 32.073*** | | | |
| 2 | （常量） | 1.504 | 0.086 | | 17.526*** | 538.547*** | 0.486 | 0.012 |
| | 认识和利用学校教师的才华 | 0.386 | 0.047 | 0.438 | 8.174*** | | | |
| | 与教师建立信任和融洽关系 | 0.240 | 0.047 | 0.273 | 5.090*** | | | |
| 3 | （常量） | 1.478 | 0.086 | | 17.242*** | 366.770*** | 0.492 | 0.006 |
| | 认识和利用学校教师的才华 | 0.340 | 0.049 | 0.386 | 6.978*** | | | |

续表 7-32

| 模型 | | 非标准化系数 | | 标准系数 | $t$ | $F$ | $R^2$ | $R^2$ 更改 |
|---|---|---|---|---|---|---|---|---|
| | | $B$ | 标准误差 | 试用版 | | | | |
| 3 | 与教师建立信任和融洽关系 | 0.112 | 0.059 | 0.128 | 1.899$^{ns}$ | 366.770$^{***}$ | 0.492 | 0.006 |
| | 是学校教师的榜样 | 0.179 | 0.051 | 0.208 | 3.523$^{***}$ | | | |
| 4 | （常量） | 1.414 | 0.087 | | 16.312$^{***}$ | 282.394$^{***}$ | 0.499 | 0.007 |
| | 认识和利用学校教师的才华 | 0.307 | 0.049 | 0.349 | 6.260$^{***}$ | | | |
| | 与教师建立信任和融洽关系 | 0.068 | 0.060 | 0.077 | 1.126$^{ns}$ | | | |
| | 是学校教师的榜样 | 0.056 | 0.060 | 0.065 | 0.948$^{ns}$ | | | |
| | 工作中能充分展示自我效能 | 0.214 | 0.055 | 0.239 | 3.920$^{***}$ | | | |
| 5 | （常量） | 1.361 | 0.087 | | 15.709$^{***}$ | 234.668$^{***}$ | 0.508 | 0.010 |
| | 认识和利用学校教师的才华 | 0.249 | 0.050 | 0.283 | 4.959$^{***}$ | | | |
| | 与教师建立信任和融洽关系 | 0.006 | 0.061 | 0.007 | 0.103$^{ns}$ | | | |
| | 是学校教师的榜样 | 0.041 | 0.059 | 0.047 | 0.691$^{ns}$ | | | |
| | 工作中能充分展示自我效能 | 0.088 | 0.060 | 0.098 | 1.455$^{ns}$ | | | |
| | 促进教师集体效能的增长 | 0.274 | 0.058 | 0.302 | 4.737$^{***}$ | | | |
| 6 | （常量） | 1.356 | 0.087 | | 15.677$^{***}$ | 196.900$^{***}$ | 0.510 | 0.002 |
| | 认识和利用学校教师的才华 | 0.220 | 0.052 | 0.250 | 4.234$^{***}$ | | | |
| | 与教师建立信任和融洽关系 | −0.009 | 0.061 | −0.010 | −0.141$^{ns}$ | | | |
| | 是学校教师的榜样 | 0.036 | 0.059 | 0.041 | 0.602$^{ns}$ | | | |
| | 工作中能充分展示自我效能 | 0.069 | 0.061 | 0.077 | 1.126$^{ns}$ | | | |

续表 7-32

| 模型 | | 非标准化系数 | | 标准系数 | $t$ | $F$ | $R^2$ | $R^2$ 更改 |
|---|---|---|---|---|---|---|---|---|
| | | $B$ | 标准误差 | 试用版 | | | | |
| 6 | 促进教师集体效能的增长 | 0.210 | 0.065 | 0.232 | 3.229** | 196.900*** | 0.510 | 0.002 |
| | 相信并看到教师发展的可能性 | 0.133 | 0.063 | 0.150 | 2.115* | | | |
| 7 | （常量） | 1.339 | 0.087 | | 15.418*** | 169.724*** | 0.512 | 0.002 |
| | 认识和利用学校教师的才华 | 0.210 | 0.052 | 0.239 | 4.036*** | | | |
| | 与教师建立信任和融洽关系 | −0.011 | 0.061 | −0.012 | −0.180ns | | | |
| | 是学校教师的榜样 | 0.028 | 0.059 | 0.032 | 0.467ns | | | |
| | 工作中能充分展示自我效能 | 0.062 | 0.061 | 0.070 | 1.021ns | | | |
| | 促进教师集体效能的增长 | 0.165 | 0.069 | 0.182 | 2.384* | | | |
| | 相信并看到教师发展的可能性 | 0.095 | 0.066 | 0.106 | 1.438ns | | | |
| | 引导教师进行可能性思考 | 0.114 | 0.059 | 0.126 | 1.944ns | | | |

注：因变量：学校办学质量。

模型 1：预测变量：（常量），认识和利用学校教师的才华。

模型 2：预测变量：（常量），认识和利用学校教师的才华，与教师建立信任和融洽关系。

模型 3：预测变量：（常量），认识和利用学校教师的才华，与教师建立信任和融洽关系，是学校教师的榜样。

模型 4：预测变量：（常量），认识和利用学校教师的才华，与教师建立信任和融洽关系，是学校教师的榜样，工作中能充分展示自我效能。

模型 5：预测变量：（常量），认识和利用学校教师的才华，与教师建立信任和融洽关系，是学校教师的榜样，工作中能充分展示自我效能，促进教师集体效能的增长。

模型 6：预测变量：（常量），认识和利用学校教师的才华，与教师建立信任和融洽关系，是学校教师的榜样，工作中能充分展示自我效能，促进教师集体效能的增长，相信并看到教师发展的可能性。

模型 7：预测变量：（常量），认识和利用学校教师的才华，与教师建立信任和融洽关系，是学校教师的榜样，工作中能充分展示自我效能，促进教师集体效能的增长，相信并看到教师发展的可能性，引导教师进行可能性思考。

* $p<0.05$，** $p<0.01$，*** $p<0.001$，ns $p>0.05$。

# 第二节　农村学校校长领导力与学校文化

## 一、农村学校校长领导力与农村学校文化的相关分析

### （一）农村学校校长领导力与农村学校文化整体性相关

从表 7-33 可以看出，农村学校校长领导力与农村学校文化存在显著相关，相关系数为 0.152，$p$ 值小于 0.001。进一步分析，发现农村学校校长领导力与积极文化、中性文化、消极文化之间也存在显著相关，校长领导力与积极文化的相关系数为 0.896，$p<0.001$；校长领导力与中性文化的相关系数为-0.186，$p$ 值小于 0.001。校长领导力与消极文化的相关系数为-0.343，$p<0.001$。

表 7-33　农村学校校长领导力与农村学校文化整体相关性分析

| 项　目 | 学校文化 | 积极文化 | 中性文化 | 消极文化 |
|---|---|---|---|---|
| 校长领导力 | 0.152*** | 0.896*** | -0.186*** | -0.343*** |

注：***$p<0.001$。

### （二）农村学校校长领导力分项与农村学校文化分项相关性

为了更好地分析校长领导力的各个方面与学校积极文化、中性文化、消极文化的相关程度，对农村学校校长领导力分项与农村学校文化分项进行统计分析，由表 7-34 的数据可以看出，行政领导力与积极文化之间显著相关，相关系数 0.842；行政领导力与中性文化之间显著相关，相关系数-0.171；行政领导力与消极文化之间显著相关，相关系数-0.318。教学领导力与积极文化之间显著相关，相关系数 0.878；教学领导力与中性文化之间显著相关，相关系数-0.192；教学领导力与消极文化之间显著相关，相关系数-0.344。战略领导力与积极文化之间显著相关，相关系数 0.869；战略领导力与中性文化之间显著相关，相关系数-0.187；战略领导力与消极文化之间显著相关，相关系数-0.338。包容领导力与积极文化之间显著相关，相关系数 0.833；包容领导力与中性文化之间显著相关，相关系数-0.152；包容领导力与消极文化之间显著相关，相关系数-0.289。激励领导力与积极文化之间显著相关，相关系数 0.855；激励领导力与中性文化之间显著相关，相关系数-0.182；激励领导力与消极文化之间显著相关，相关系数-0.339，$p<0.001$。

**表 7-34　农村学校校长领导力分项与农村学校文化分项相关性分析**

| 项　目 | 1 | 2 | 3 | 4 | 5 | 6 | 7 |
|---|---|---|---|---|---|---|---|
| 行政领导力 1 | - | | | | | | |
| 教学领导力 2 | 0.920*** | - | | | | | |
| 战略领导力 3 | 0.898*** | 0.942*** | - | | | | |
| 包容领导力 4 | 0.821*** | 0.861*** | 0.885*** | - | | | |
| 激励领导力 5 | 0.853*** | 0.894*** | 0.917*** | 0.888*** | - | | |
| 积极文化 6 | 0.842*** | 0.878*** | 0.869*** | 0.833*** | 0.855*** | - | |
| 中性文化 7 | -0.171*** | -0.192*** | -0.187*** | -0.152*** | -0.182*** | -0.177*** | - |
| 消极文化 8 | -0.318*** | -0.344*** | -0.338*** | -0.289*** | -0.339*** | -0.340*** | 0.698*** |

注：***$p<0.001$。

### （三）学校文化与校长领导力各要素相关分析

1. 学校文化与行政领导力各要素相关

从表 7-35 的数据可以看出，学校文化与行政领导力各要素之间存在显著相关关系。其中，积极文化与能确保学校环境安全有序的相关系数为 0.755，积极文化与合理分配人力和财政资源的相关系数为 0.790，积极文化与科学进行人员的选拔和分配的相关系数为 0.787，积极文化与正确评价自己的相关系数为 0.793，积极文化与了解全校师生动态的相关系数为 0.808。中性文化与能确保学校环境安全有序的相关系数为-0.103，中性文化与合理分配人力和财政资源的相关系数为-0.185，中性文化与科学进行人员的选拔和分配的相关系数为-0.215，中性文化与正确评价自己的相关系数为-0.154，中性文化与了解全校师生动态的相关系数为-0.137，$p<0.001$。消极文化与能确保学校环境安全有序的相关系数为-0.241，消极文化与合理分配人力和财政资源的相关系数为-0.312，消极文化与科学进行人员的选拔和分配的相关系数为-0.342，消极文化与正确评价自己的相关系数为-0.298，消极文化与了解全校师生动态的相关系数为-0.284，$p<0.001$。

**表 7-35　学校文化与行政领导力各要素相关分析**

| 项　目 | 能确保学校环境安全有序 | 合理分配人力和财政资源 | 科学进行人员的选拔和分配 | 正确评价自己 | 了解全校师生动态 |
|---|---|---|---|---|---|
| 积极文化 | 0.755*** | 0.790*** | 0.787*** | 0.793*** | 0.808*** |
| 中性文化 | -0.103*** | -0.185*** | -0.215*** | -0.154*** | -0.137*** |
| 消极文化 | -0.241*** | -0.312*** | -0.342*** | -0.298*** | -0.284*** |

注：***$p<0.001$。

2. 学校文化与教学领导力各要素相关

从表 7-36 的数据可以看出，学校文化与教学领导力各要素之间存在显著相关关系。其中，积极文化与为学校的教师设计专业发展路径的相关系数为 0.551，积极文化与关注课程、教学和评估的一致性的相关系数为 0.576，积极文化与关注教师教学的有效性的相关系数为 0.580，积极文化与向教师提供教学反馈信息的相关系数为 0.573，积极文化与关注学生的学习进步的相关系数为 0.582。中性文化与为学校的教师设计专业发展路径的相关系数为 0.692，中性文化与关注课程、教学和评估的一致性的相关系数为 0.707，中性文化与关注教师教学的有效性的相关系数为 0.712，中性文化与向教师提供教学反馈信息的相关系数为 0.700，中性文化与关注学生的学习进步的相关系数为 0.715，$p<0.001$。消极文化与为学校的教师设计专业发展路径的相关系数为 0.692。消极文化与关注课程、教学和评估的一致性的相关系数为 0.707，消极文化与关注教师教学的有效性的相关系数为 0.712，消极文化与向教师提供教学反馈信息的相关系数为 0.700，消极文化与关注学生的学习进步的相关系数为 0.715，$p<0.001$。

**表 7-36　学校文化与教学领导力各要素相关分析**

| 项　目 | 为学校的教师设计专业发展路径 | 关注课程、教学和评估的一致性 | 关注教师教学的有效性 | 向教师提供教学反馈信息 | 关注学生的学习进步 |
|---|---|---|---|---|---|
| 积极文化 | 0.825*** | 0.841*** | 0.842*** | 0.850*** | 0.840*** |
| 中性文化 | −0.177*** | −0.200*** | −0.191*** | −0.188*** | −0.159*** |
| 消极文化 | −0.312*** | −0.350*** | −0.337*** | −0.337*** | −0.306*** |

注：*** $p<0.001$。

3. 学校文化与战略领导力各要素相关

从表 7-37 的数据可以看出，学校文化与战略领导力各要素之间存在显著相关关系。其中，积极文化与建立持续提升办学质量规范的相关系数为 0.837，积极文化与以学生高水平成绩为重点的愿景和目标的相关系数为 0.812，积极文化与对学校里的所有人都有很高期望的相关系数为 0.831，积极文化与学校的决策基于可靠证据的相关系数为 0.826，积极文化与向家长等利益相关者报告学校发展状态信息的相关系数为 0.810。中性文化与建立持续提升办学质量规范的相关系数为−0.181，中性文化与以学生高水平成绩为重点的愿景和目标的相关系数为−0.170，中性文化与对学校里的所有人都有很高期望的相关系数为−0.173，中性文化与学校的决策基于可靠证据的相关系数为−0.203，中性文化与向家长等利益相关者报告学校发展状态信息的相关系数为−0.155，$p<0.001$。消极文化与建立持续提升办学质量规范的相关系数为−0.335，消极文化与以学生高水平成绩为重点的愿景和目标的相关系数为−0.310，消极文化与对学校里的所有人都有很高期望的相关系数为−0.308，消极文化与学校的决策基于可靠证据的相关系数为

-0.348，消极文化与向家长等利益相关者报告学校发展状态信息的相关系数为-0.296，$p<0.001$。

表 7-37　学校文化与战略领导力各要素相关分析

| 项　目 | 建立持续提升办学质量的规范 | 以学生高水平成绩为重点的愿景和目标 | 对学校里的所有人都有很高的期望 | 学校的决策基于可靠的证据 | 向家长等利益相关者报告学校发展状态信息 |
|---|---|---|---|---|---|
| 积极文化 | 0.837*** | 0.812*** | 0.831*** | 0.826*** | 0.810*** |
| 中性文化 | -0.181*** | -0.170*** | -0.173*** | -0.203*** | -0.155*** |
| 消极文化 | -0.335*** | -0.310*** | -0.308*** | -0.348*** | -0.296*** |

注：$^{***}p<0.001$。

4. 学校文化与包容领导力各要素相关

从表 7-38 的数据可以看出，学校文化与包容领导力各要素之间存在显著相关关系。其中，积极文化与学校的决策让家长等利益相关者参与的相关系数为 0.762，积极文化与赋权给全校教职员工的相关系数为 0.763，积极文化与积极建立与家长联系的相关系数为 0.801，积极文化与争取家长和社区等参与学校的各项活动的相关系数为 0.786。中性文化与学校的决策让家长等利益相关者参与的相关系数为-0.123，中性文化与赋权给全校教职员工的相关系数为-0.166，中性文化与积极建立与家长联系的相关系数为-0.145，中性文化与争取家长和社区等参与学校的各项活动的相关系数为 0.130，$p<0.001$。消极文化与学校的决策让家长等利益相关者参与的相关系数为-0.229，消极文化与赋权给全校教职员工的相关系数为-0.304，消极文化与积极建立与家长联系的相关系数为-0.284，消极文化与争取家长和社区等参与学校的各项活动的相关系数为-0.259，$p<0.001$。

表 7-38　学校文化与包容领导力各要素相关分析

| 项　目 | 学校的决策让家长等利益相关者参与 | 赋权给全校教职员工 | 积极建立与家长的联系 | 争取家长和社区等参与学校的各项活动 |
|---|---|---|---|---|
| 积极文化 | 0.762*** | 0.763*** | 0.801*** | 0.786*** |
| 中性文化 | -0.123*** | -0.166*** | -0.145*** | 0.130*** |
| 消极文化 | -0.229*** | -0.304*** | -0.284*** | -0.259*** |

注：$^{***}p<0.001$。

5. 学校文化与激励领导力各要素相关

从表 7-39 的数据可以看出，学校文化与激励领导力各要素之间存在显著相关关系。其中，积极文化与认识和利用学校教师才华的相关系数为 0.822，积极文化与教师建立信任和融洽关系的相关系数为 0.808，积极文化与学校教师榜样的相关系数为 0.791，积极文化与工作中能充分展示自我效能的相关系数为 0.814。积极文化与促进教师集体效能增长的相关系数为 0.842，积极文化与相信并看到教师发展可能性的相关系数为 0.837，积极文化与引导教师进行可能性思考的相关系数为 0.831。中性文化与认识和利用学校教师才华的相关系数为 -0.166，中性文化与教师建立信任和融洽关系的相关系数为-0.175，中性文化与是学校教师榜样的相关系数为-0.181，中性文化与工作中能充分展示自我效能的相关系数为-0.173。中性文化与促进教师集体效能增长的相关系数为-0.177，中性文化与相信并看到教师发展可能性的相关系数为-0.175，中性文化与引导教师进行可能性思考的相关系数为-0.175，$p<0.001$。消极文化与认识和利用学校教师才华的相关系数为-0.325，消极文化与教师建立信任和融洽关系的相关系数为-0.332，消极文化与是学校教师榜样的相关系数为-0.332，消极文化与工作中能充分展示自我效能的相关系数为-0.322。消极文化与促进教师集体效能增长的相关系数为-0.328，消极文化与相信并看到教师发展的可能相关系数为-0.328，消极文化与引导教师进行可能性思考的相关系数为-0.309，$p<0.001$。

**表 7-39　学校文化与激励领导力各要素相关分析**

| 项目 | 认识和利用学校教师的才华 | 与教师建立信任和融洽关系 | 是学校教师的榜样 | 工作中能充分展示自我效能 | 促进教师集体效能的增长 | 相信并看到教师发展的可能性 | 引导教师进行可能性思考 |
|---|---|---|---|---|---|---|---|
| 积极文化 | 0.822*** | 0.808*** | 0.791*** | 0.814*** | 0.842*** | 0.837*** | 0.831*** |
| 中性文化 | -0.166*** | -0.175*** | -0.181*** | -0.173*** | -0.177*** | -0.175*** | -0.175*** |
| 消极文化 | -0.325*** | -0.332*** | -0.332*** | -0.322*** | -0.328*** | -0.328*** | -0.309*** |

注：***$p<0.001$。

## 二、农村学校校长领导力与农村学校文化的回归分析

### （一）农村学校校长领导力与农村学校文化整体回归分析

结合前面所做的相关性分析结果，采用回归法对农村学校校长领导力与农村学校文化整体进行回归分析确定其相关显著性。以农村学校文化整体作为因变量，将农村学校校长领导力作为自变量进行多元回归分析，统计结果见表 7-40。模型 1 中进入自变量校长领导力，此变量对农村学校文化整体解释度为 2.6%，在 0.001 显著性水平上，模型 1 回归效果显著（$F=30.121$，$p<0.001$）。在 0.001 显著性水平上，不同校长领导力的学校间学校文化整体有显著差异（$\beta=0.161$，$p<0.001$）。

**表 7-40　校长领导力与学校文化整体回归分析**

| 模型 | | 非标准化系数 | | 标准系数 | $t$ | $F$ | $R^2$ | $R^2$ 更改 |
|---|---|---|---|---|---|---|---|---|
| | | $B$ | 标准误差 | 试用版 | | | | |
| 1 | （常量） | 3.542 | 0.116 | | 30.424*** | 1268.238*** | 0.026 | 0.026 |
| | 校长领导力 | 0.208 | 0.038 | 0.161 | 5.488*** | | | |

注：因变量：学校文化。

预测变量：校长领导力。

***$p<0.001$。

采用回归法对农村学校校长领导力与积极文化进行回归分析确定其相关显著性。以积极文化作为因变量，将农村学校校长领导力作为自变量进行多元回归分析，统计结果见表 7-41。模型 1 中进入自变量校长领导力，此变量对积极文化解释度为 80.3%，在 0.001 显著性水平上，模型 1 回归效果显著（$F=4652.881$，$p<0.001$）。在 0.001 显著性水平上，不同校长领导力的学校间积极文化有显著差异（$\beta=0.896$，$p<0.001$）。

**表 7-41　校长领导力与积极文化回归分析**

| 模型 | | 非标准化系数 | | 标准系数 | $t$ | $F$ | $R^2$ | $R^2$ 更改 |
|---|---|---|---|---|---|---|---|---|
| | | $B$ | 标准误差 | 试用版 | | | | |
| 1 | （常量） | 0.092 | 0.063 | | 1.472ns | 4652.881*** | 0.803 | 0.803 |
| | 校长领导力 | 0.958 | 0.014 | 0.896 | 68.212*** | | | |

注：因变量：积极文化。

预测变量：（常量），校长领导力。

***$p<0.001$，ns $p>0.05$。

采用回归法对农村学校校长领导力与中性文化进行回归分析来确定其相关显著性。以中性文化作为因变量，将农村学校校长领导力作为自变量进行多元回归分析，统计结果见表 7-42。模型 1 中进入自变量校长领导力，此变量对中性文化解释度为 3.5%，在 0.001 显著性水平上，模型 1 回归效果显著（$F=40.926$，$p<0.001$）。在 0.001 显著性水平上，不同校长领导力的学校间中性文化有显著差异（$\beta=-0.186$，$p<0.001$）。

**表 7-42　校长领导力与中性文化回归分析**

| 模型 | | 非标准化系数 | | 标准系数 | $t$ | $F$ | $R^2$ | $R^2$ 更改 |
|---|---|---|---|---|---|---|---|---|
| | | $B$ | 标准误差 | 试用版 | | | | |
| 1 | （常量） | 3.496 | 0.169 | | 20.677*** | 40.926*** | 0.035 | 0.035 |
| | 校长领导力 | -0.243 | 0.038 | -0.186 | -6.397*** | | | |

注：因变量：中性文化。

预测变量：（常量），校长领导力。

***$p<0.001$，ns $p>0.05$。

采用回归法对农村学校校长领导力与消极文化进行回归分析确定其相关显著性。以消极文化作为因变量，将农村学校校长领导力作为自变量进行多元回归分析，统计结果见表7-43。模型1中进入自变量校长领导力，此变量对消极文化解释度为11.8%，在0.001显著性水平上，模型1回归效果显著（$F=151.942$，$p<0.001$）。在0.001显著性水平上，不同校长领导力的学校间消极文化有显著差异（$\beta=-0.343$，$p<0.001$）。

**表7-43 校长领导力与消极文化回归分析**

| 模型 | | 非标准化系数 | | 标准系数 | $t$ | $F$ | $R^2$ | $R^2$ 更改 |
|---|---|---|---|---|---|---|---|---|
| | | $B$ | 标准误差 | 试用版 | | | | |
| 1 | （常量） | 4.041 | 0.154 | | 26.185*** | 151.942*** | 0.118 | 0.118 |
| | 校长领导力 | −0.427 | 0.035 | −0.343 | −12.326*** | | | |

注：因变量：消极文化。

预测变量：（常量），校长领导力。

***$p<0.001$，ns $p>0.05$。

## （二）农村学校文化分项与农村学校校长领导力分项回归分析

### 1. 积极文化与校长领导力分项回归分析

采用回归法对校长行政领导力与积极文化进行回归分析确定其相关显著性。以积极文化作为因变量，将农村学校校长行政领导力作为自变量进行多元回归分析，统计结果见表7-44。模型1中进入自变量行政领导力，此变量对积极文化解释度为70.9%，在0.001显著性水平上，模型1回归效果显著（$F=2776.094$，$p<0.001$）。在0.001显著性水平上，不同校长行政领导力的学校间积极文化有显著差异（$\beta=0.842$，$p<0.001$）。

**表7-44 积极文化与行政领导力回归分析**

| 模型 | | 非标准化系数 | | 标准系数 | $t$ | $F$ | $R^2$ | $R^2$ 更改 |
|---|---|---|---|---|---|---|---|---|
| | | $B$ | 标准误差 | 试用版 | | | | |
| 1 | （常量） | 0.406 | 0.075 | | 5.403*** | 2776.094*** | 0.709 | 0.709 |
| | 行政领导力 | 0.880 | 0.017 | 0.842 | 52.689*** | | | |

注：因变量：积极文化。

预测变量：（常量），行政领导力。

***$p<0.001$。

采用回归法对校长教学领导力与积极文化进行回归分析确定其相关显著性。以积极文化作为因变量，将农村学校校长教学领导力作为自变量进行多元回归分析，统计结果见表7-45。模型1中进入自变量教学领导力，此变量对积极文化解释度为 77.1%，在 0.001 显著性水平上，模型 1 回归效果显著（$F=3825.456$，$p<0.001$）。在 0.001 显著性水平上，不同校长教学领导力的学校间积极文化有显著差异（$\beta=0.878$，$p<0.001$）。

**表 7-45　积极文化与教学领导力回归分析**

| 模型 | | 非标准化系数 | | 标准系数 | $t$ | $F$ | $R^2$ | $R^2$ 更改 |
|---|---|---|---|---|---|---|---|---|
| | | $B$ | 标准误差 | 试用版 | | | | |
| 1 | （常量） | 0.353 | 0.065 | | 5.445 *** | 3825.456 *** | 0.771 | 0.771 |
| | 教学领导力 | 0.901 | 0.015 | 0.878 | 61.850 *** | | | |

注：因变量：积极文化。

预测变量：（常量），教学领导力。

***$p<0.001$。

采用回归法对校长战略领导力与积极文化进行回归分析确定其相关显著性。以积极文化作为因变量，将农村学校校长战略领导力作为自变量进行多元回归分析，统计结果见表 7-46。模型 1 中进入自变量战略领导力，此变量对积极文化解释度为 75.5%，在 0.001 显著性水平上，模型 1 回归效果显著（$F=3518.681$，$p<0.001$）。在 0.001 显著性水平上，不同校长战略领导力的学校间积极文化有显著差异（$\beta=0.869$，$p<0.001$）。

**表 7-46　积极文化与战略领导力回归分析**

| 模型 | | 非标准化系数 | | 标准系数 | $t$ | $F$ | $R^2$ | $R^2$ 更改 |
|---|---|---|---|---|---|---|---|---|
| | | $B$ | 标准误差 | 试用版 | | | | |
| 1 | （常量） | 0.298 | 0.069 | | 4.345 *** | 3518.681 *** | 0.755 | 0.755 |
| | 战略领导力 | 0.910 | 0.015 | 0.869 | 59.318 *** | | | |

注：因变量：积极文化。

预测变量：（常量），战略领导力。

***$p<0.001$。

采用回归法对校长包容领导力与积极文化进行回归分析确定其相关显著性。以积极文化作为因变量，将农村学校校长包容领导力作为自变量进行多元回归分析，统计结果见表 7-47。模型 1 中进入自变量包容领导力，此变量对积极文化解释度为 69.5%，在 0.001 显著性水平上，模型 1 回归效果显著（$F=2590.996$，$p<0.001$）。在 0.001 显著性水平上，不同校长包容领导力的学校间积极文化有显著差异（$\beta=0.833$，$p<0.001$）。

表 7-47　积极文化与包容领导力回归分析

| 模型 | | 非标准化系数 | | 标准系数 | $t$ | $F$ | $R^2$ | $R^2$ 更改 |
|---|---|---|---|---|---|---|---|---|
| | | $B$ | 标准误差 | 试用版 | | | | |
| 1 | （常量） | 0.702 | 0.072 | | 9.756*** | 2590.996*** | 0.695 | 0.695 |
| | 包容领导力 | 0.830 | 0.016 | 0.833 | 50.902*** | | | |

注：因变量：积极文化。

预测变量：（常量），包容领导力。

***$p<0.001$。

采用回归法对校长激励领导力与积极文化进行回归分析确定其相关显著性。以积极文化作为因变量，将农村学校校长激励领导力作为自变量进行多元回归分析，统计结果见表 7-48。模型 1 中进入自变量激励领导力，此变量对积极文化解释度为 73%，在 0.001 显著性水平上，模型 1 回归效果显著（$F=3085.757$，$p<0.001$）。在 0.001 显著性水平上，不同校长激励领导力的学校间积极文化有显著差异（$\beta=0.855$，$p<0.001$）。

表 7-48　积极文化与激励领导力回归分析

| 模型 | | 非标准化系数 | | 标准系数 | $t$ | $F$ | $R^2$ | $R^2$ 更改 |
|---|---|---|---|---|---|---|---|---|
| | | $B$ | 标准误差 | 试用版 | | | | |
| 1 | （常量） | 0.534 | 0.069 | | 7.735*** | 3085.757*** | 0.730 | 0.730 |
| | 激励领导力 | 0.854 | 0.015 | 0.855 | 55.550*** | | | |

注：因变量：积极文化。

预测变量：（常量），激励领导力。

***$p<0.001$。

2. 中性文化与校长领导力分项回归分析

采用回归法对校长行政领导力与中性文化进行回归分析确定其相关显著性。以中性文化作为因变量，将农村学校校长行政领导力作为自变量进行多元回归分析，统计结果见表 7-49。模型 1 中进入自变量行政领导力，此变量对中性文化解释度为 2.9%，在 0.001 显著性水平上，模型 1 回归效果显著（$F=34.419$，$p<0.001$）。在 0.001 显著性水平上，不同校长行政领导力的学校间中性文化有显著差异（$\beta=-0.171$，$p<0.001$）。

表 7-49　中性文化与行政领导力回归分析

| 模型 | | 非标准化系数 | | 标准系数 | $t$ | $F$ | $R^2$ | $R^2$ 更改 |
|---|---|---|---|---|---|---|---|---|
| | | $B$ | 标准误差 | 试用版 | | | | |
| 1 | （常量） | 3.396 | 0.167 | | 20.331*** | 34.419*** | 0.029 | 0.029 |
| | 行政领导力 | −0.218 | 0.037 | −0.171 | −5.867*** | | | |

注：因变量：中性文化。

预测变量：（常量），行政领导力。

***$p<0.001$。

采用回归法对校长教学领导力与中性文化进行回归分析确定其相关显著性。以中性文化作为因变量，将农村学校校长教学领导力作为自变量进行多元回归分析，统计结果见表 7-50。模型 1 中进入自变量教学领导力，此变量对中性文化解释度为 3.7%，在 0.001 显著性水平上，模型 1 回归效果显著（$F=43.368$，$p<0.001$）。在 0.001 显著性水平上，不同校长教学领导力的学校间中性文化有显著差异（$\beta=-0.192$，$p<0.001$）。

**表 7-50　中性文化与教学领导力回归分析**

| 模型 | | 非标准化系数 | | 标准系数 | $t$ | $F$ | $R^2$ | $R^2$ 更改 |
|---|---|---|---|---|---|---|---|---|
| | | $B$ | 标准误差 | 试用版 | | | | |
| 1 | （常量） | 3.479 | 0.162 | | 21.477*** | 43.368*** | 0.037 | 0.037 |
| | 教学领导力 | −0.239 | 0.036 | −0.192 | −6.585*** | | | |

注：因变量：中性文化。

预测变量：（常量），教学领导力。

***$p<0.001$。

采用回归法对校长战略领导力与中性文化进行回归分析确定其相关显著性。以中性文化作为因变量，将农村学校校长战略领导力作为自变量进行多元回归分析，统计结果见表 7-51。模型 1 中进入自变量战略领导力，此变量对中性文化解释度为 3.5%，在 0.001 显著性水平上，模型 1 回归效果显著（$F=41.051$，$p<0.001$）。在 0.001 显著性水平上，不同校长战略领导力的学校间中性文化有显著差异（$\beta=-0.187$，$p<0.001$）。

**表 7-51　中性文化与战略领导力回归分析**

| 模型 | | 非标准化系数 | | 标准系数 | $t$ | $F$ | $R^2$ | $R^2$ 更改 |
|---|---|---|---|---|---|---|---|---|
| | | $B$ | 标准误差 | 试用版 | | | | |
| 1 | （常量） | 3.477 | 0.166 | | 20.956*** | 41.051*** | 0.035 | 0.035 |
| | 战略领导力 | −0.238 | 0.037 | −0.187 | −6.407*** | | | |

注：因变量：中性文化。

预测变量：（常量），战略领导力。

***$p<0.001$。

采用回归法对校长包容领导力与中性文化进行回归分析确定其相关显著性。以中性文化作为因变量，将农村学校校长包容领导力作为自变量进行多元回归分析，统计结果见表 7-52。模型 1 中进入自变量包容领导力，此变量对中性文化解释度为 2.3%，在 0.001 显著性水平上，模型 1 回归效果显著（$F=26.939$，$p<0.001$）。在 0.001 显著性水平上，不同校长包容领导力的学校间中性文化有显著差异（$\beta=-0.152$，$p<0.001$）。

**表 7-52　中性文化与包容领导力回归分析**

| 模型 | | 非标准化系数 | | 标准系数 | $t$ | $F$ | $R^2$ | $R^2$ 更改 |
|---|---|---|---|---|---|---|---|---|
| | | $B$ | 标准误差 | 试用版 | | | | |
| 1 | （常量） | 3.231 | 0.157 | | 20.602*** | 26.939*** | 0.023 | 0.023 |
| | 包容领导力 | -0.185 | 0.036 | -0.152 | -5.190*** | | | |

注：因变量：中性文化。

预测变量：（常量），包容领导力。

*** $p<0.001$。

采用回归法对校长激励领导力与中性文化进行回归分析确定其相关显著性。以中性文化作为因变量，将农村学校校长激励领导力作为自变量进行多元回归分析，统计结果见表 7-53。模型 1 中进入自变量激励领导力，此变量对中性文化解释度为 3.3%，在 0.001 显著性水平上，模型 1 回归效果显著（$F=38.967$，$p<0.001$）。在 0.001 显著性水平上，不同校长激励领导力的学校间中性文化有显著差异（$\beta=-0.182$，$p<0.001$）。

**表 7-53　中性文化与激励领导力回归分析**

| 模型 | | 非标准化系数 | | 标准系数 | $t$ | $F$ | $R^2$ | $R^2$ 更改 |
|---|---|---|---|---|---|---|---|---|
| | | $B$ | 标准误差 | 试用版 | | | | |
| 1 | （常量） | 3.407 | 0.159 | | 21.402*** | 38.967*** | 0.033 | 0.033 |
| | 激励领导力 | -0.221 | 0.035 | -0.182 | -6.242*** | | | |

注：因变量：中性文化。

预测变量：（常量），激励领导力。

*** $p<0.001$。

3. 消极文化与校长领导力分项回归分析

采用回归法对校长行政领导力与消极文化进行回归分析确定其相关显著性。以消极文化作为因变量，将农村学校校长行政领导力作为自变量进行多元回归分析，统计结果见表 7-54。模型 1 中进入自变量行政领导力，此变量对消极文化解释度为 10.1%，在 0.001 显著性水平上，模型 1 回归效果显著（$F=127.906$，$p<0.001$）。在 0.001 显著性水平上，不同校长行政领导力的学校间消极文化有显著差异（$\beta=-0.318$，$p<0.001$）。

**表 7-54　消极文化与行政领导力回归分析**

| 模型 | | 非标准化系数 | | 标准系数 | $t$ | $F$ | $R^2$ | $R^2$ 更改 |
|---|---|---|---|---|---|---|---|---|
| | | $B$ | 标准误差 | 试用版 | | | | |
| 1 | （常量） | 3.877 | 0.153 | | 25.263*** | 127.906*** | 0.101 | 0.101 |
| | 行政领导力 | -0.386 | 0.034 | -0.318 | -11.310*** | | | |

注：因变量：消极文化。

预测变量：（常量），行政领导力。

*** $p<0.001$。

采用回归法对校长教学领导力与消极文化进行回归分析确定其相关显著性。以消极文化作为因变量，将农村学校校长教学领导力作为自变量进行多元回归分析，统计结果见表 7-55。模型 1 中进入自变量教学领导力，此变量对消极文化解释度为 11.8%，在 0.001 显著性水平上，模型 1 回归效果显著（$F=152.434$，$p<0.001$）。在 0.001 显著性水平上，不同校长教学领导力的学校间消极文化有显著差异（$\beta=-0.344$，$p<0.001$）。

**表 7-55　消极文化与教学领导力回归分析**

| 模型 | | 非标准化系数 | | 标准系数 | $t$ | $F$ | $R^2$ | $R^2$ 更改 |
|---|---|---|---|---|---|---|---|---|
| | | $B$ | 标准误差 | 试用版 | | | | |
| 1 | （常量） | 3.964 | 0.148 | | 26.784*** | 152.434*** | 0.118 | 0.118 |
| | 教学领导力 | -0.410 | 0.033 | -0.344 | -12.346*** | | | |

注：因变量：消极文化。

预测变量：（常量），教学领导力。

***$p<0.001$。

采用回归法对校长战略领导力与消极文化进行回归分析确定其相关显著性。以消极文化作为因变量，将农村学校校长战略领导力作为自变量进行多元回归分析，统计结果见表 7-56。模型 1 中进入自变量战略领导力，此变量对消极文化解释度为 11.4%，在 0.001 显著性水平上，模型 1 回归效果显著（$F=146.600$，$p<0.001$）。在 0.001 显著性水平上，不同校长战略领导力的学校间消极文化有显著差异（$\beta=-0.338$，$p<0.001$）。

**表 7-56　消极文化与战略领导力回归分析**

| 模型 | | 非标准化系数 | | 标准系数 | $t$ | $F$ | $R^2$ | $R^2$ 更改 |
|---|---|---|---|---|---|---|---|---|
| | | $B$ | 标准误差 | 试用版 | | | | |
| 1 | （常量） | 3.976 | 0.152 | | 26.200*** | 146.600*** | 0.114 | 0.114 |
| | 战略领导力 | -0.411 | 0.034 | -0.338 | -12.108*** | | | |

注：因变量：消极文化。

预测变量：（常量），战略领导力。

***$p<0.001$。

采用回归法对校长包容领导力与消极文化进行回归分析确定其相关显著性。以消极文化作为因变量，将农村学校校长包容领导力作为自变量进行多元回归分析，统计结果见表 7-57。模型 1 中进入自变量包容领导力，此变量对消极文化解释度为 8.4%，在 0.001 显著性水平上，模型 1 回归效果显著（$F=103.921$，$p<0.001$）。在 0.001 显著性水平上，不同校长包容领导力的学校间消极文化有显著差异（$\beta=-0.289$，$p<0.001$）。

**表 7-57　消极文化与包容领导力回归分析**

| 模型 | | 非标准化系数 | | 标准系数 | $t$ | $F$ | $R^2$ | $R^2$ 更改 |
|---|---|---|---|---|---|---|---|---|
| | | $B$ | 标准误差 | 试用版 | | | | |
| 1 | （常量） | 3.621 | 0.145 | | 24.967 *** | 103.921 *** | 0.084 | 0.084 |
| | 包容领导力 | −0.335 | 0.033 | −0.289 | −10.194 *** | | | |

注：因变量：消极文化。

预测变量：（常量），包容领导力。

***$p<0.001$。

采用回归法对校长激励领导力与消极文化进行回归分析确定其相关显著性。以消极文化作为因变量，将农村学校校长激励领导力作为自变量进行多元回归分析，统计结果见表 7-58。模型 1 中进入自变量激励领导力，此变量对消极文化解释度为 11.5%，在 0.001 显著性水平上，模型 1 回归效果显著（$F=147.592$，$p<0.001$）。在 0.001 显著性水平上，不同校长激励领导力的学校间消极文化有显著差异（$\beta=-0.339$，$p<0.001$）。

**表 7-58　消极文化与激励领导力回归分析**

| 模型 | | 非标准化系数 | | 标准系数 | $t$ | $F$ | $R^2$ | $R^2$ 更改 |
|---|---|---|---|---|---|---|---|---|
| | | $B$ | 标准误差 | 试用版 | | | | |
| 1 | .（常量） | 3.904 | 0.145 | | 26.840 *** | 147.592 *** | 0.115 | 0.115 |
| | 激励领导力 | −0.394 | 0.032 | −0.339 | −12.149 *** | | | |

注：因变量：消极文化。

预测变量：（常量），激励领导力。

***$p<0.001$。

上面是单独将校长领导力分项作为自变量投入方程中的回归分析结果。考虑到现实中校长领导力的各个方面是同时存在的，因此，用分层回归法再次分析校长领导力的所有分项内容对学校积极文化、中性文化、消极文化的影响程度，分析结果见表 7-59～表 7-61。

4. 积极文化与校长领导力分项分层回归分析

模型 1：进入自变量——行政领导力，此变量对积极文化解释度为 70.9%，在 0.001 显著性水平上，模型 1 回归效果显著（$F=2776.094$，$p<0.001$）。在 0.001 显著性水平上，不同行政领导力的学校间积极文化有显著差异（$\beta=0.842$，$p<0.001$）。

模型 2：进一步进入自变量——行政领导力、教学领导力，所有变量对积极文化解释度 77.8%，其中教学领导力的解释度为 6.9%。在 0.001 显著性水平上，模型 2 回归效果显著（$F=1998.610$，$p<0.001$）。在 0.001 显著性水平上，不同行政领导力的学校间积极文化有显著差异（$\beta=0.225$，$p<0.001$）；不同教学领导力被试的学校间积极文化有显著差异（$\beta=0.671$，$p<0.001$）。

模型 3：进一步进入自变量——行政领导力、教学领导力、战略领导力，所有变量对积极文化解释度 79%，其中战略领导力的解释度为 1.2%。在 0.001 显著性水平上，模型 3 回归效果显著（$F=1427.045$，$p<0.001$）。在 0.001 显著性水平上，不同行政领导力的学校间积极文化有显著差异（$\beta=0.156$，$p<0.001$）；不同教学领导力的学校间积极文化有显著差异（$\beta=0.422$，$p<0.001$）；不同战略领导力间积极文化有显著差异（$\beta=0.332$，$p<0.001$）。

模型 4：进一步进入自变量——行政领导力、教学领导力、战略领导力、包容领导力，所有变量对积极文化解释度 80.1%，其中包容领导力的解释度为 1.1%。在 0.001 显著性水平上，模型 4 回归效果显著（$F=1145.849$，$p<0.001$）。在 0.001 显著性水平上，不同行政领导力的学校间积极文化有显著差异（$\beta=0.144$，$p<0.001$）；不同教学领导力的学校间积极文化有显著差异（$\beta=0.374$，$p<0.001$）；在 0.01 显著性水平上，不同战略领导力间积极文化有显著差异（$\beta=0.183$，$p<0.001$）；不同包容领导力间积极文化显著差异（$\beta=0.232$，$p<0.001$）。

模型 5：进一步进入自变量——行政领导力、教学领导力、战略领导力、包容领导力、激励领导力，所有变量对积极文化解释度 80.6%，其中激励领导力的解释度为 0.5%。在 0.001 显著性水平上，模型 5 回归效果显著（$F=943.195$，$p<0.001$）。在 0.001 显著性水平上，不同行政领导力的学校间积极文化有显著差异（$\beta=0.134$，$p<0.001$）；不同教学领导力的学校间积极文化没有显著差异（$\beta=0.345$，$p<0.001$）；在 0.01 显著性水平上，不同战略领导力间积极文化有显著差异（$\beta=0.100$，$p<0.05$）；不同包容领导力间积极文化有显著差异（$\beta=0.169$，$p<0.001$）。不同激励领导力间积极文化有显著差异（$\beta=0.190$，$p<0.001$）。

**表 7-59　积极文化与校长领导力的所有分项回归分析**

| 模型 | | 非标准化系数 | | 标准系数试用版 | $t$ | $F$ | $R^2$ | $R^2$ 更改 |
|---|---|---|---|---|---|---|---|---|
| | | $B$ | 标准误差 | | | | | |
| 1 | （常量） | 0.406 | 0.075 | | 5.403*** | 2776.094*** | 0.709 | 0.709 |
| | 行政领导力 | 0.880 | 0.017 | 0.842 | 52.689*** | | | |
| 2 | （常量） | 0.244 | 0.066 | | 3.694*** | 1998.610*** | 0.778 | 0.069 |
| | 行政领导力 | 0.235 | 0.037 | 0.225 | 6.339*** | | | |
| | 教学领导力 | 0.688 | 0.036 | 0.671 | 18.867*** | | | |
| 3 | （常量） | 0.155 | 0.065 | | 2.380* | 1427.045*** | 0.790 | 0.012 |
| | 行政领导力 | 0.163 | 0.037 | 0.156 | 4.373*** | | | |
| | 教学领导力 | 0.433 | 0.048 | 0.422 | 9.064*** | | | |
| | 战略领导力 | 0.347 | 0.044 | 0.332 | 7.981*** | | | |

续表 7-59

| 模型 | | 非标准化系数 | | 标准系数 | $t$ | $F$ | $R^2$ | $R^2$ 更改 |
|---|---|---|---|---|---|---|---|---|
| | | $B$ | 标准误差 | 试用版 | | | | |
| 4 | （常量） | 0.115 | 0.064 | | 1.800$^{ns}$ | 1145.849$^{***}$ | 0.801 | 0.011 |
| | 行政领导力 | 0.150 | 0.036 | 0.144 | 4.133$^{***}$ | | | |
| | 教学领导力 | 0.384 | 0.047 | 0.374 | 8.192$^{***}$ | | | |
| | 战略领导力 | 0.191 | 0.047 | 0.183 | 4.101$^{***}$ | | | |
| | 包容领导力 | 0.231 | 0.029 | 0.232 | 8.014$^{***}$ | | | |
| 5 | （常量） | 0.104 | 0.063 | | 1.655$^{ns}$ | 943.195$^{***}$ | 0.806 | 0.005 |
| | 行政领导力 | 0.140 | 0.036 | 0.134 | 3.891$^{***}$ | | | |
| | 教学领导力 | 0.354 | 0.047 | 0.345 | 7.578$^{***}$ | | | |
| | 战略领导力 | 0.104 | 0.049 | 0.100 | 2.127$^{*}$ | | | |
| | 包容领导力 | 0.169 | 0.031 | 0.169 | 5.465$^{***}$ | | | |
| | 激励领导力 | 0.190 | 0.037 | 0.190 | 5.209$^{***}$ | | | |

注：因变量：积极文化。

模型 1：预测变量：（常量），行政领导力。

模型 2：预测变量：（常量），行政领导力、教学领导力。

模型 3：预测变量：（常量），行政领导力、教学领导力、战略领导力。

模型 4：预测变量：（常量），行政领导力、教学领导力、战略领导力、包容领导力。

模型 5：预测变量：（常量），行政领导力、教学领导力、战略领导力、包容领导力、激励领导力。

$^{*}$ $p<0.05$，$^{***}$ $p<0.001$，$^{ns}$ $p>0.05$。

5. 中性文化与校长领导力分项分层回归分析

模型 1：进入自变量——行政领导力，此变量对中性文化解释度为 2.9%，在 0.001 显著性水平上，模型 1 回归效果显著（$F=34.419$，$p<0.001$）。在 0.001 显著性水平上，不同行政领导力的学校间中性文化有显著差异（$\beta=-0.171$，$p<0.001$）。

模型 2：进一步进入自变量——行政领导力、教学领导力，所有变量对中性文化解释度 3.7%，其中教学领导力的解释度为 0.8%。在 0.001 显著性水平上，模型 2 回归效果显著（$F=21.759$，$p<0.001$）。在 0.001 显著性水平上，不同行政领导力的学校间中性文化没有显著差异（$\beta=0.032$，$p>0.05$）；不同教学领导力被试的学校间中性文化有显著差异（$\beta=-0.221$，$p<0.01$）。

模型 3：进一步进入自变量——行政领导力、教学领导力、战略领导力，所有变量对中性文化解释度 3.7%，其中战略领导力的解释度为 0。在 0.001 显著性水平上，模型 3 回归效果显著（$F=14.693$，$p<0.001$）。在 0.001 显著性水平上，不同行政领导力的学校间中性文化没有显著差异（$\beta=0.046$，$p>0.05$）；不同教学领导力的学校间中性文化没有显著差异（$\beta=-0.170$，$p>0.05$）；不同战略领导力间中性文化没有显著差异（$\beta=-0.068$，$p>0.05$）。

模型 4：进一步进入自变量——行政领导力、教学领导力、战略领导力、包容领导力，所有变量对中性文化解释度 3.9%，其中包容领导力的解释度为 0.1%。在 0.001 显著性水平上，模型 4 回归效果显著（$F=11.413$，$p<0.001$）。不同行政领导力的学校间中性文化没有显著差异（$\beta=0.041$，$p>0.05$）；不同教学领导力的学校间中性文化没有显著差异（$\beta=-0.186$，$p>0.05$）；不同战略领导力间中性文化没有显著差异（$\beta=-0.119$，$p>0.05$）；不同包容领导力间中性文化没有显著差异（$\beta=0.079$，$p>0.05$）。

模型 5：进一步进入自变量——行政领导力、教学领导力、战略领导力、包容领导力、激励领导力，所有变量对中性文化解释度 4.0%，其中激励领导力的解释度为 0.1%。在 0.001 显著性水平上，模型 5 回归效果显著（$F=9.423$，$p<0.001$）。在 0.001 显著性水平上，不同行政领导力的学校间中性文化没有显著差异（$\beta=0.046$，$p>0.05$）；不同教学领导力的学校间中性文化没有显著差异（$\beta=-0.171$，$p>0.05$）；在 0.01 显著性水平上，不同战略领导力间中性文化没有显著差异（$\beta=-0.076$，$p>0.05$）；不同包容领导力间中性文化没有显著差异（$\beta=0.111$，$p>0.05$）。不同激励领导力间中性文化没有显著差异（$\beta=-0.098$，$p>0.05$）。

**表 7-60　中性文化与校长领导力的所有分项回归分析**

| 模型 | | 非标准化系数 | | 标准系数 | $t$ | $F$ | $R^2$ | $R^2$ 更改 |
|---|---|---|---|---|---|---|---|---|
| | | $B$ | 标准误差 | 试用版 | | | | |
| 1 | （常量） | 3.396 | 0.167 | | 20.331*** | 34.419*** | 0.029 | 0.029 |
| | 行政领导力 | −0.218 | 0.037 | −0.171 | −5.867*** | | | |
| 2 | （常量） | 3.461 | 0.168 | | 20.615*** | 21.759*** | 0.037 | 0.008 |
| | 行政领导力 | 0.040 | 0.094 | 0.032 | 0.427ns | | | |
| | 教学领导力 | −0.276 | 0.093 | −0.221 | −2.977** | | | |
| 3 | （常量） | 3.483 | 0.170 | | 20.439*** | 14.693*** | 0.037 | 0.000 |
| | 行政领导力 | 0.058 | 0.097 | 0.046 | 0.598ns | | | |
| | 教学领导力 | −0.212 | 0.125 | −0.170 | −1.704ns | | | |
| | 战略领导力 | −0.086 | 0.114 | −0.068 | −0.759ns | | | |
| 4 | （常量） | 3.466 | 0.171 | | 20.280*** | 11.413*** | 0.039 | 0.001 |
| | 行政领导力 | 0.053 | 0.097 | 0.041 | 0.543ns | | | |
| | 教学领导力 | −0.233 | 0.126 | −0.186 | −1.852ns | | | |
| | 战略领导力 | −0.151 | 0.125 | −0.119 | −1.210ns | | | |
| | 包容领导力 | 0.096 | 0.077 | 0.079 | 1.246ns | | | |

续表 7-60

| 模型 | | 非标准化系数 | | 标准系数 | $t$ | $F$ | $R^2$ | $R^2$ 更改 |
|---|---|---|---|---|---|---|---|---|
| | | $B$ | 标准误差 | 试用版 | | | | |
| 5 | （常量） | 3.472 | 0.171 | | 20.312*** | 9.423*** | 0.040 | 0.001 |
| | 行政领导力 | 0.059 | 0.097 | 0.046 | 0.607ns | | | |
| | 教学领导力 | −0.214 | 0.127 | −0.171 | −1.690ns | | | |
| | 战略领导力 | −0.097 | 0.133 | −0.076 | −0.729ns | | | |
| | 包容领导力 | 0.135 | 0.084 | 0.111 | 1.614ns | | | |
| | 激励领导力 | −0.119 | 0.099 | −0.098 | −1.201ns | | | |

注：因变量：中性文化。

模型 1：预测变量：（常量），行政领导力。

模型 2：预测变量：（常量），行政领导力、教学领导力。

模型 3：预测变量：（常量），行政领导力、教学领导力、战略领导力。

模型 4：预测变量：（常量），行政领导力、教学领导力、战略领导力、包容领导力。

模型 5：预测变量：（常量），行政领导力、教学领导力、战略领导力、包容领导力、激励领导力。

* $p<0.05$，*** $p<0.001$，ns $p>0.05$。

6. 消极文化与校长领导力分项分层回归分析

模型 1：进入自变量——行政领导力，此变量对消极文化解释度为 10.1%，在 0.001 显著性水平上，模型 1 回归效果显著（$F=127.906$，$p<0.001$）。在 0.001 显著性水平上，不同行政领导力的学校间消极文化有显著差异（$\beta=-0.318$，$p<0.001$）。

模型 2：进一步进入自变量——行政领导力、教学领导力，所有变量对消极文化解释度 11.8%，其中教学领导力的解释度为 1.7%。在 0.001 显著性水平上，模型 2 回归效果显著（$F=76.165$，$p<0.001$）。在 0.001 显著性水平上，不同行政领导力的学校间消极文化没有显著差异（$\beta=-0.011$，$p>0.05$）；在 0.001 显著性水平上，不同教学领导力被试的学校间消极文化有显著差异（$\beta=-0.333$，$p<0.001$）。

模型 3：进一步进入自变量——行政领导力、教学领导力、战略领导力，所有变量对消极文化解释度 12%，其中战略领导力的解释度为 0.2%。在 0.001 显著性水平上，模型 3 回归效果显著（$F=51.609$，$p<0.001$）。在 0.001 显著性水平上，不同行政领导力的学校间消极文化没有有显著差异（$\beta=0.016$，$p>0.05$）；不同教学领导力的学校间消极文化有显著差异（$\beta=-0.236$，$p<0.05$）；不同战略领导力间消极文化没有显著差异（$\beta=-0.130$，$p>0.05$）。

模型 4：进一步进入自变量——行政领导力、教学领导力、战略领导力、包容领导力，所有变量对消极文化解释度 12.1%，其中包容领导力的解释度为

0.1%。在 0.001 显著性水平上，模型 4 回归效果显著（$F=39.112$，$p<0.001$）。不同行政领导力的学校间消极文化没有显著差异（$\beta=0.012$，$p>0.05$）；不同教学领导力的学校间消极文化有显著差异（$\beta=-0.251$，$p<0.01$）；不同战略领导力间消极文化没有显著差异（$\beta=-0.178$，$p>0.05$）；不同包容领导力间消极文化没有显著差异（$\beta=0.076$，$p>0.05$）。

模型 5：进一步进入自变量——行政领导力、教学领导力、战略领导力、包容领导力、激励领导力，所有变量对消极文化解释度 12.7%，其中激励领导力的解释度为 0.6%。在 0.001 显著性水平上，模型 5 回归效果显著（$F=33.018$，$p<0.001$）。不同行政领导力的学校间消极文化没有显著差异（$\beta=0.023$，$p>0.05$）；不同教学领导力的学校间消极文化有显著差异（$\beta=-0.218$，$p<0.05$）；不同战略领导力间消极文化没有显著差异（$\beta=-0.084$，$p>0.05$）；不同包容领导力间消极文化有显著差异（$\beta=0.146$，$p<0.05$）。不同激励领导力间消极文化没有显著差异（$\beta=-0.215$，$p<0.01$）。

**表 7-61　消极文化与校长领导力的所有分项回归分析**

| 模型 | | 非标准化系数 | | 标准系数 | $t$ | $F$ | $R^2$ | $R^2$ 更改 |
|---|---|---|---|---|---|---|---|---|
| | | $B$ | 标准误差 | 试用版 | | | | |
| 1 | （常量） | 3.877 | 0.153 | | 25.263*** | 127.906*** | 0.101 | 0.101 |
| | 行政领导力 | -0.386 | 0.034 | -0.318 | -11.310*** | | | |
| 2 | （常量） | 3.971 | 0.153 | | 25.889*** | 76.165*** | 0.118 | 0.017 |
| | 行政领导力 | -0.014 | 0.086 | -0.011 | -0.161ns | | | |
| | 教学领导力 | -0.397 | 0.085 | -0.333 | -4.697*** | | | |
| 3 | （常量） | 4.011 | 0.156 | | 25.785*** | 51.609*** | 0.120 | 0.002 |
| | 行政领导力 | 0.019 | 0.089 | 0.016 | 0.214ns | | | |
| | 教学领导力 | -0.281 | 0.114 | -0.236 | -2.474* | | | |
| | 战略领导力 | -0.158 | 0.104 | -0.130 | -1.523ns | | | |
| 4 | （常量） | 3.996 | 0.156 | | 25.610*** | 39.112*** | 0.121 | 0.001 |
| | 行政领导力 | 0.014 | 0.089 | 0.012 | 0.159ns | | | |
| | 教学领导力 | -0.300 | 0.115 | -0.251 | -2.615** | | | |
| | 战略领导力 | -0.217 | 0.114 | -0.178 | -1.904ns | | | |
| | 包容领导力 | 0.088 | 0.070 | 0.076 | 1.244ns | | | |

续表 7-61

| 模型 | | 非标准化系数 | | 标准系数 | $t$ | $F$ | $R^2$ | $R^2$ 更改 |
|---|---|---|---|---|---|---|---|---|
| | | $B$ | 标准误差 | 试用版 | | | | |
| 5 | （常量） | 4.009 | 0.156 | | 25.761*** | 33.018*** | 0.127 | 0.006 |
| | 行政领导力 | 0.028 | 0.089 | 0.023 | 0.310ns | | | |
| | 教学领导力 | −0.260 | 0.115 | −0.218 | −2.260* | | | |
| | 战略领导力 | −0.103 | 0.121 | −0.084 | −0.850ns | | | |
| | 包容领导力 | 0.169 | 0.076 | 0.146 | 2.224* | | | |
| | 激励领导力 | −0.250 | 0.090 | −0.215 | −2.778** | | | |

注：因变量：消极文化。

模型 1：预测变量：（常量），行政领导力。

模型 2：预测变量：（常量），行政领导力、教学领导力。

模型 3：预测变量：（常量），行政领导力、教学领导力、战略领导力。

模型 4：预测变量：（常量），行政领导力、教学领导力、战略领导力、包容领导力。

模型 5：预测变量：（常量），行政领导力、教学领导力、战略领导力、包容领导力、激励领导力。

* $p<0.05$，*** $p<0.001$，ns $p>0.05$。

## （三）学校文化与校长领导力各要素相关分析

### 1. 积极文化与校长领导力各要素

（1）积极文化与行政领导力要素（表 7-62）。

模型 1：进入自变量——能确保学校环境安全有序，此变量对积极文化解释度为 57.1%，在 0.001 显著性水平上，模型 1 回归效果显著（$F=1513.390$，$p<0.001$）。在 0.001 显著性水平上，能确保学校环境安全有序不同程度的学校间积极文化有显著差异（$\beta=0.755$，$p<0.001$）。

模型 2：进入自变量——能确保学校环境安全有序，合理分配人力和财政资源，所有变量对积极文化解释度为 66.1%，其中合理分配人力和财政资源的解释度为 9%。在 0.001 显著性水平上，模型 2 回归效果显著（$F=1109.493$，$p<0.001$）。在 0.001 显著性水平上，能确保学校环境安全有序不同程度的学校间积极文化有显著差异（$\beta=0.331$，$p<0.001$），合理分配人力和财政资源不同程度的学校间积极文化有显著差异（$\beta=0.520$，$p<0.001$）。

模型 3：进入自变量——能确保学校环境安全有序，合理分配人力和财政资源，科学进行人员的选拔和分配。所有变量对积极文化解释度为 68.1%，其中科学进行人员的选拔和分配的解释度为 2%。在 0.001 显著性水平上，模型 3 回归效果显著（$F=808.546$，$p<0.001$）。在 0.001 显著性水平上，能确保学校环境安全有序不同程度的学校间积极文化有显著差异（$\beta=0.310$，$p<0.001$），合理分配

人力和财政资源不同程度的学校间积极文化有显著差异（$\beta$=0. 215，$p$<0. 001），在 0. 05 显著性水平上，科学进行人员的选拔和分配不同程度的学校间积极文化有显著差异（$\beta$=0. 352，$p$<0. 001）。

模型 4：进入自变量——能确保学校环境安全有序，合理分配人力和财政资源，科学进行人员的选拔和分配，正确评价自己。所有变量对积极文化解释度为 69. 7%，其中正确评价自己的解释度为 1. 6%。在 0. 001 显著性水平上，模型 4 回归效果显著（$F$=652. 694，$p$<0. 001）。在 0. 001 显著性水平上，能确保学校环境安全有序不同程度的学校间积极文化有显著差异（$\beta$=0. 202，$p$<0. 001），合理分配人力和财政资源不同程度的学校间积极文化有显著差异（$\beta$=0. 150，$p$<0. 01），科学进行人员的选拔和分配不同程度的学校间积极文化有显著差异（$\beta$=0. 259，$p$<0. 001），在 0. 001 显著性水平上，正确评价自己不同程度的学校间积极文化有显著差异（$\beta$=0. 280，$p$<0. 001）。

模型 5：进入自变量——能确保学校环境安全有序，合理分配人力和财政资源，科学进行人员的选拔和分配，正确评价自己，了解全校师生动态。所有变量对积极文化解释度为 71. 2%，其中了解全校师生动态的解释度为 1. 5%。在 0. 001 显著性水平上，模型 5 回归效果显著（$F$=561. 371，$p$<0. 001）。在 0. 001 显著性水平上，能确保学校环境安全有序不同程度的学校间积极文化有显著差异（$\beta$=0. 135，$p$<0. 001），合理分配人力和财政资源不同程度的学校间积极文化没有显著差异（$\beta$=0. 117，$p$<0. 001），科学进行人员的选拔和分配不同程度的学校间积极文化没有显著差异（$\beta$=0. 212，$p$<0. 001），在 0. 01 显著性水平上，正确评价自己不同程度的学校间积极文化有显著差异（$\beta$=0. 136，$p$<0. 01），在 0. 001 显著性水平上，了解全校师生动态不同程度的学校间积极文化有显著差异（$\beta$=0. 301，$p$<0. 001）。

**表 7-62　积极文化与行政领导力要素回归分析**

| 模型 | | 非标准化系数 | | 标准系数 | $t$ | $F$ | $R^2$ | $R^2$ 更改 |
|---|---|---|---|---|---|---|---|---|
| | | $B$ | 标准误差 | 试用版 | | | | |
| 1 | （常量） | 0. 674 | 0. 094 | | 7. 134*** | 1513. 390*** | 0. 571 | 0. 571 |
| | 能确保学校环境安全有序 | 0. 792 | 0. 020 | 0. 755 | 38. 902*** | | | |
| 2 | （常量） | 0. 542 | 0. 084 | | 6. 430*** | 1109. 493*** | 0. 661 | 0. 090 |
| | 能确保学校环境安全有序 | 0. 347 | 0. 031 | 0. 331 | 11. 087*** | | | |
| | 合理分配人力和财政资源 | 0. 497 | 0. 029 | 0. 520 | 17. 423*** | | | |

续表 7-62

| 模型 | | 非标准化系数 | | 标准系数 | $t$ | $F$ | $R^2$ | $R^2$ 更改 |
|---|---|---|---|---|---|---|---|---|
| | | $B$ | 标准误差 | 试用版 | | | | |
| 3 | （常量） | 0.515 | 0.082 | | 6.288 *** | 808.546 *** | 0.681 | 0.020 |
| | 能确保学校环境安全有序 | 0.325 | 0.030 | 0.310 | 10.650 *** | | | |
| | 合理分配人力和财政资源 | 0.205 | 0.044 | 0.215 | 4.622 *** | | | |
| | 科学进行人员的选拔和分配 | 0.325 | 0.039 | 0.352 | 8.409 *** | | | |
| 4 | （常量） | 0.465 | 0.080 | | 5.805 *** | 652.694 *** | 0.697 | 0.016 |
| | 能确保学校环境安全有序 | 0.212 | 0.033 | 0.202 | 6.410 *** | | | |
| | 合理分配人力和财政资源 | 0.143 | 0.044 | 0.150 | 3.249 ** | | | |
| | 科学进行人员的选拔和分配 | 0.239 | 0.039 | 0.259 | 6.072 *** | | | |
| | 正确评价自己 | 0.274 | 0.035 | 0.280 | 7.731 *** | | | |
| 5 | （常量） | 0.409 | 0.078 | | 5.217 *** | 561.371 *** | 0.712 | 0.015 |
| | 能确保学校环境安全有序 | 0.141 | 0.034 | 0.135 | 4.212 *** | | | |
| | 合理分配人力和财政资源 | 0.112 | 0.043 | 0.117 | 2.600 *** | | | |
| | 科学进行人员的选拔和分配 | 0.196 | 0.039 | 0.212 | 5.052 *** | | | |
| | 正确评价自己 | 0.133 | 0.039 | 0.136 | 3.40 ** | | | |
| | 了解全校师生动态 | 0.297 | 0.038 | 0.301 | 7.755 *** | | | |

注：因变量：积极文化。

模型 1：预测变量：（常量），能确保学校环境安全有序。

模型 2：预测变量：（常量），能确保学校环境安全有序，合理分配人力和财政资源。

模型 3：预测变量：（常量），能确保学校环境安全有序，合理分配人力和财政资源，科学进行人员的选拔和分配。

模型 4：预测变量：（常量），能确保学校环境安全有序，合理分配人力和财政资源，科学进行人员的选拔和分配，正确评价自己。

模型 5：预测变量：（常量），能确保学校环境安全有序，合理分配人力和财政资源，科学进行人员的选拔和分配，正确评价自己，了解全校师生动态。

* $p<0.05$，** $p<0.01$，*** $p<0.001$，ns $p>0.05$。

(2) 积极文化与教学领导力要素（表 7-63）。

模型 1：进入自变量——为学校的教师设计专业发展路径，此变量对积极文化解释度为 68%，在 0.001 显著性水平上，模型 1 回归效果显著（$F=2424.519$, $p<0.001$）。在 0.001 显著性水平上，为学校的教师设计专业发展路径不同程度的学校间积极文化有显著差异（$\beta=0.825$，$p<0.001$）。

模型 2：进入自变量——为学校的教师设计专业发展路径，关注课程、教学和评估的一致性，所有变量对积极文化解释度为 73.2%，其中关注课程、教学和评估的一致性的解释度为 5.2%。在 0.001 显著性水平上，模型 2 回归效果显著（$F=1555.141$，$p<0.001$）。在 0.01 显著性水平上，为学校的教师设计专业发展路径不同程度的学校间积极文化有显著差异（$\beta=0.362$，$p<0.01$），在 0.001 显著性水平上，关注课程、教学和评估的一致性不同程度的学校间积极文化有显著差异（$\beta=0.515$，$p<0.001$）。

模型 3：进入自变量——为学校的教师设计专业发展路径，关注课程、教学和评估的一致性，关注教师教学的有效性，所有变量对积极文化解释度为 74.8%，其中关注课程、教学和评估的一致性的解释度为 1.6%。在 0.001 显著性水平上，模型 3 回归效果显著（$F=1125.837$，$p<0.001$）。为学校的教师设计专业发展路径不同程度的学校间积极文化有显著差异（$\beta=0.248$，$p<0.001$），在 0.01 显著性水平上，关注课程、教学和评估的一致性不同程度的学校间积极文化有显著差异（$\beta=0.300$，$p<0.001$），在 0.001 显著性水平上，关注教师教学的有效性不同程度的学校间积极文化有显著差异（$\beta=0.346$，$p<0.001$）。

模型 4：进入自变量——为学校的教师设计专业发展路径，关注课程、教学和评估的一致性，关注教师教学的有效性，向教师提供教学反馈信息，所有变量对积极文化解释度为 76.4%，其中向教师提供教学反馈信息的解释度为 1.5%。在 0.001 显著性水平上，模型 4 回归效果显著（$F=917.231$，$p<0.001$）。在 0.001 显著性水平上，为学校的教师设计专业发展路径不同程度的学校间积极文化有显著差异（$\beta=0.181$，$p<0.001$）；关注课程、教学和评估的一致性不同程度的学校间积极文化有显著差异（$\beta=0.216$，$p<0.001$）；关注教师教学的有效性不同程度的学校间积极文化有显著差异（$\beta=0.165$，$p<0.001$）；向教师提供教学反馈信息不同程度的学校间积极文化有显著差异（$\beta=0.346$，$p<0.001$）。

模型 5：进入自变量——为学校的教师设计专业发展路径，关注课程、教学和评估的一致性，关注教师教学的有效性，向教师提供教学反馈信息，关注学生的学习进步，所有变量对积极文化解释度为 77.3%，其中向教师提供教学反馈信息的解释度为 0.9%。在 0.001 显著性水平上，模型 5 回归效果显著（$F=772.173$，$p<0.001$）。在 0.001 显著性水平上，为学校的教师设计专业发展路径不同程度的学校间积极文化有显著差异（$\beta=0.156$，$p<0.001$）；关注课程、

教学和评估的一致性不同程度的学校间积极文化有显著差异（$\beta=0.204$，$p<0.001$）；关注教师教学的有效性不同程度的学校间积极文化没有显著差异（$\beta=0.063$，$p>0.05$）；在 0.001 显著性水平上，向教师提供教学反馈信息不同程度的学校间积极文化有显著差异（$\beta=0.244$，$p<0.001$）；关注学生的学习进步不同程度的学校间积极文化有显著差异（$\beta=0.252$，$p<0.001$）。

**表 7-63　积极文化与教学领导力要素回归分析**

| 模型 | | 非标准化系数 | | 标准系数 | $t$ | $F$ | $R^2$ | $R^2$ 更改 |
|---|---|---|---|---|---|---|---|---|
| | | $B$ | 标准误差 | 试用版 | | | | |
| 1 | （常量） | 0.921 | 0.070 | | 13.155*** | 2424.519*** | 0.680 | 0.680 |
| | 为学校的教师设计专业发展路径 | 0.781 | 0.016 | 0.825 | 49.239*** | | | |
| 2 | （常量） | 0.662 | 0.066 | | 9.955*** | 1555.141*** | 0.732 | 0.052 |
| | 为学校的教师设计专业发展路径 | 0.343 | 0.033 | 0.362 | 10.421*** | | | |
| | 关注课程、教学和评估的一致性 | 0.495 | 0.033 | 0.515 | 14.828*** | | | |
| 3 | （常量） | 0.525 | 0.066 | | 7.893*** | 1125.837*** | 0.748 | 0.016 |
| | 为学校的教师设计专业发展路径 | 0.235 | 0.034 | 0.248 | 6.832*** | | | |
| | 关注课程、教学和评估的一致性 | 0.288 | 0.041 | 0.300 | 7.103*** | | | |
| | 关注教师教学的有效性 | 0.342 | 0.040 | 0.346 | 8.504*** | | | |
| 4 | （常量） | 0.418 | 0.066 | | 6.366*** | 917.231*** | 0.764 | 0.015 |
| | 为学校的教师设计专业发展路径 | 0.171 | 0.034 | 0.181 | 5.015*** | | | |
| | 关注课程、教学和评估的一致性 | 0.207 | 0.040 | 0.216 | 5.137*** | | | |

续表 7-63

| 模型 | | 非标准化系数 | | 标准系数 | $t$ | $F$ | $R^2$ | $R^2$ 更改 |
|---|---|---|---|---|---|---|---|---|
| | | $B$ | 标准误差 | 试用版 | | | | |
| 4 | 关注教师教学的有效性 | 0.163 | 0.044 | 0.165 | 3.683 *** | 917.231 *** | 0.764 | 0.015 |
| | 向教师提供教学反馈信息 | 0.346 | 0.040 | 0.346 | 8.611 *** | | | |
| 5 | （常量） | 0.327 | 0.066 | | 4.975 *** | 772.173 *** | 0.773 | 0.009 |
| | 为学校的教师设计专业发展路径 | 0.148 | 0.034 | 0.156 | 4.384 *** | | | |
| | 关注课程、教学和评估的一致性 | 0.196 | 0.040 | 0.204 | 4.942 *** | | | |
| | 关注教师教学的有效性 | 0.063 | 0.046 | 0.063 | 1.366 ns | | | |
| | 向教师提供教学反馈信息 | 0.245 | 0.042 | 0.244 | 5.803 *** | | | |
| | 关注学生的学习进步 | 0.255 | 0.038 | 0.252 | 6.793 *** | | | |

注：因变量：积极文化。

模型 1：（常量），为学校的教师设计专业发展路径。

模型 2：（常量），为学校的教师设计专业发展路径，关注课程、教学和评估的一致性。

模型 3：（常量），为学校的教师设计专业发展路径，关注课程、教学和评估的一致性，关注教师教学的有效性。

模型 4：（常量），为学校的教师设计专业发展路径，关注课程、教学和评估的一致性，关注教师教学的有效性，向教师提供教学反馈信息。

模型 5：（常量），为学校的教师设计专业发展路径，关注课程、教学和评估的一致性，关注教师教学的有效性，向教师提供教学反馈信息，关注学生的学习进步。

* $p<0.05$，** $p<0.01$，*** $p<0.001$，ns $p>0.05$。

（3）积极文化与战略领导力（表 7-64）。

模型 1：进入自变量——建立持续提升办学质量的规范，此变量对积极文化解释度为 70.1%，在 0.001 显著性水平上，模型 1 回归效果显著（$F=2675.333$，$p<0.001$）。在 0.001 显著性水平上，建立持续提升办学质量的规范不同程度的学校间积极文化有显著差异（$\beta=0.837$，$p<0.001$）。

模型 2：进入自变量——建立持续提升办学质量的规范，以学生高水平成绩为重点的愿景和目标，所有变量对积极文化解释度为72.2%，其中以学生高水平成绩为重点的愿景和目标的解释度为2.1%。在0.001显著性水平上，模型2回归效果显著（$F=1477.832$，$p<0.001$）。在0.001显著性水平上，建立持续提升办学质量的规范不同程度的学校间积极文化有显著差异（$\beta=0.555$，$p<0.001$），在0.01显著性水平上，以学生高水平成绩为重点的愿景和目标不同程度的学校间积极文化有显著差异（$\beta=0.317$，$p<0.001$）。

模型3：进入自变量——建立持续提升办学质量的规范，以学生高水平成绩为重点的愿景和目标，对学校里的所有人都有很高的期望，所有变量对积极文化解释度为74.3%，其中对学校里的所有人都有很高的期望的解释度为2.1%。在0.001显著性水平上，模型3回归效果显著（$F=1094.493$，$p<0.001$）。在0.001显著性水平上，建立持续提升办学质量的规范不同程度的学校间积极文化有显著差异（$\beta=0.385$，$p<0.001$），以学生高水平成绩为重点的愿景和目标不同程度的学校间积极文化没有显著差异（$\beta=0.167$，$p<0.001$），在0.001显著性水平上，对学校里的所有人都有很高的期望不同程度的学校间积极文化有显著差异（$\beta=0.343$，$p<0.001$）。

模型4：进入自变量——建立持续提升办学质量的规范，以学生高水平成绩为重点的愿景和目标，对学校里的所有人都有很高的期望，学校的决策基于可靠的证据，所有变量对积极文化解释度为75%，其中学校的决策基于可靠的证据的解释度为0.7%。在0.001显著性水平上，模型4回归效果显著（$F=852.970$，$p<0.001$）。在0.001显著性水平上，建立持续提升办学质量的规范不同程度的学校间积极文化有显著差异（$\beta=0.306$，$p<0.001$），以学生高水平成绩为重点的愿景和目标不同程度的学校间积极文化没有显著差异（$\beta=0.125$，$p<0.01$），在0.001显著性水平上，对学校里的所有人都有很高的期望不同程度的学校间积极文化有显著差异（$\beta=0.255$，$p<0.001$），学校的决策基于可靠的证据不同程度的学校间积极文化有显著差异（$\beta=0.218$，$p<0.001$）。

模型5：进入自变量——建立持续提升办学质量的规范，以学生高水平成绩为重点的愿景和目标，对学校里的所有人都有很高的期望，学校的决策基于可靠的证据，向家长等利益相关者报告学校发展状态信息，所有变量对积极文化解释度为75.7%，其中向家长等利益相关者报告学校发展状态信息的解释度为0.7%。在0.001显著性水平上，模型5回归效果显著（$F=707.124$，$p<0.001$）。在0.001显著性水平上，建立持续提升办学质量的规范不同程度的学校间积极文化有显著差异（$\beta=0.271$，$p<0.001$），以学生高水平成绩为重点的愿景和目标不同程度的学校间积极文化没有显著差异（$\beta=0.115$，$p<0.01$），在0.001显著性水平上，对学校里的所有人都有很高的期望不同程度的学校间积极文化有显著差异（$\beta=0.205$，$p<0.001$），学校的决策基于可靠的证据不同程度的学校间积极文化

有显著差异（$\beta=0.140$，$p<0.001$），向家长等利益相关者报告学校发展状态信息不同程度的学校间积极文化有显著差异（$\beta=0.186$，$p<0.001$）。

**表 7-64　积极文化与战略领导力要素回归分析**

| 模型 | | 非标准化系数 | | 标准系数 | $t$ | $F$ | $R^2$ | $R^2$ 更改 |
|---|---|---|---|---|---|---|---|---|
| | | $B$ | 标准误差 | 试用版 | | | | |
| 1 | （常量） | 0.618 | 0.072 | | 8.528*** | 2675.333*** | 0.701 | 0.701 |
| | 建立持续提升办学质量的规范 | 0.831 | 0.016 | 0.837 | 51.724*** | | | |
| 2 | （常量） | 0.466 | 0.072 | | 6.490*** | 1477.832*** | 0.722 | 0.021 |
| | 建立持续提升办学质量的规范 | 0.551 | 0.034 | 0.555 | 16.083*** | | | |
| | 以学生高水平成绩为重点的愿景和目标 | 0.316 | 0.034 | 0.317 | 9.188*** | | | |
| 3 | （常量） | 0.385 | 0.070 | | 5.529*** | 1094.493*** | 0.743 | 0.021 |
| | 建立持续提升办学质量的规范 | 0.382 | 0.037 | 0.385 | 10.238*** | | | |
| | 以学生高水平成绩为重点的愿景和目标 | 0.166 | 0.037 | 0.167 | 4.539*** | | | |
| | 对学校里的所有人都有很高的期望 | 0.340 | 0.035 | 0.343 | 9.584*** | | | |
| 4 | （常量） | 0.377 | 0.069 | | 5.487*** | 852.970*** | 0.750 | 0.007 |
| | 建立持续提升办学质量的规范 | 0.304 | 0.039 | 0.306 | 7.745*** | | | |
| | 以学生高水平成绩为重点的愿景和目标 | 0.125 | 0.037 | 0.125 | 3.387** | | | |
| | 对学校里的所有人都有很高的期望 | 0.253 | 0.038 | 0.255 | 6.653*** | | | |
| | 学校的决策基于可靠的证据 | 0.211 | 0.036 | 0.218 | 5.811*** | | | |

续表 7-64

| 模型 | | 非标准化系数 | | 标准系数 | $t$ | $F$ | $R^2$ | $R^2$ 更改 |
|---|---|---|---|---|---|---|---|---|
| | | $B$ | 标准误差 | 试用版 | | | | |
| | （常量） | 0.292 | 0.069 | | 4.213 *** | | | |
| | 建立持续提升办学质量的规范 | 0.269 | 0.039 | 0.271 | 6.856 *** | | | |
| | 以学生高水平成绩为重点的愿景和目标 | 0.115 | 0.036 | 0.115 | 3.149 ** | | | |
| 5 | 对学校里的所有人都有很高的期望 | 0.203 | 0.039 | 0.205 | 5.275 *** | 707.124 *** | 0.757 | 0.007 |
| | 学校的决策基于可靠的证据 | 0.135 | 0.038 | 0.140 | 3.535 *** | | | |
| | 向家长等利益相关者报告学校发展状态信息 | 0.189 | 0.034 | 0.186 | 5.627 *** | | | |

注：因变量：积极文化。

模型 1：预测变量：（常量），建立持续提升办学质量的规范。

模型 2：预测变量：（常量），建立持续提升办学质量的规范，以学生高水平成绩为重点的愿景和目标。

模型 3：预测变量：（常量），建立持续提升办学质量的规范，以学生高水平成绩为重点的愿景和目标，对学校里的所有人都有很高的期望。

模型 4：预测变量：（常量），建立持续提升办学质量的规范，以学生高水平成绩为重点的愿景和目标，对学校里的所有人都有很高的期望，学校的决策基于可靠的证据。

模型 5：预测变量：（常量），建立持续提升办学质量的规范，以学生高水平成绩为重点的愿景和目标，对学校里的所有人都有很高的期望，学校的决策基于可靠的证据，向家长等利益相关者报告学校发展状态信息。

* $p<0.05$，** $p<0.01$，*** $p<0.001$，ns $p>0.05$。

（4）积极文化与包容领导力要素（表 7-65）。

模型 1：进入自变量——学校的决策让家长等利益相关者参与，此变量对积极文化解释度为 58.1%，在 0.001 显著性水平上，模型 1 回归效果显著（$F=1578.356$，$p<0.001$）。在 0.001 显著性水平上，学校的决策让家长等利益相关者参与不同程度的学校间积极文化有显著差异（$\beta=0.762$，$p<0.001$）。

模型 2：进入自变量——学校的决策让家长等利益相关者参与，赋权给全校教职员工，所有变量对积极文化解释度为 63.2%，其中赋权给全校教职员工的解释度为 5.2%。在 0.001 显著性水平上，模型 2 回归效果显著（$F=978.738$，

$p$<0.001)。在0.001显著性水平上，学校的决策让家长等利益相关者参与不同程度的学校间积极文化有显著差异（$\beta$=0.413，$p$<0.001），在0.001显著性水平上，赋权给全校教职员工不同程度的学校间积极文化有显著差异（$\beta$=0.416，$p$<0.001）。

模型3：进入自变量——学校的决策让家长等利益相关者参与，赋权给全校教职员工，积极建立与家长的联系，所有变量对积极文化解释度为69.7%，其中积极建立与家长的联系的解释度为6.4%。在0.001显著性水平上，模型3回归效果显著（$F$=869.976，$p$<0.001）。在0.001显著性水平上，学校的决策让家长等利益相关者参与不同程度的学校间积极文化有显著差异（$\beta$=0.164，$p$<0.001），赋权给全校教职员工不同程度的学校间积极文化没有显著差异（$\beta$=0.268，$p$<0.001），积极建立与家长的联系不同程度的学校间积极文化有显著差异（$\beta$=0.459，$p$<0.001）。

模型4：进入自变量——学校的决策让家长等利益相关者参与，赋权给全校教职员工，积极建立与家长的联系，争取家长和社区等参与学校的各项活动，所有变量对积极文化解释度为70.1%，其中争取家长和社区等参与学校的各项活动的解释度为0.4%。在0.001显著性水平上，模型4回归效果显著（$F$=665.556，$p$<0.001）。在0.05显著性水平上，学校的决策让家长等利益相关者参与不同程度的学校间积极文化有显著差异（$\beta$=0.139，$p$<0.001），赋权给全校教职员工不同程度的学校间积极文化没有显著差异（$\beta$=0.227，$p$<0.001），在0.001显著性水平上，积极建立与家长的联系不同程度的学校间积极文化有显著差异（$\beta$=0.371，$p$<0.001），争取家长和社区等参与学校的各项活动不同程度的学校间积极文化没有显著差异（$\beta$=0.159，$p$<0.001）。

**表7-65　积极文化与包容领导力要素回归分析**

| 模型 | | 非标准化系数 $B$ | 非标准化系数 标准误差 | 标准系数 试用版 | $t$ | $F$ | $R^2$ | $R^2$ 更改 |
|---|---|---|---|---|---|---|---|---|
| 1 | （常量） | 1.260 | 0.078 | | 16.122*** | 1578.356*** | 0.581 | 0.581 |
| | 学校的决策让家长等利益相关者参与 | 0.701 | 0.018 | 0.762 | 39.729*** | | | |
| 2 | （常量） | 1.189 | 0.073 | | 16.189*** | 978.738*** | 0.632 | 0.052 |
| | 学校的决策让家长等利益相关者参与 | 0.380 | 0.030 | 0.413 | 12.546*** | | | |
| | 赋权给全校教职员工 | 0.350 | 0.028 | 0.416 | 12.629*** | | | |

续表 7-65

| 模型 | | 非标准化系数 | | 标准系数 | $t$ | $F$ | $R^2$ | $R^2$ 更改 |
|---|---|---|---|---|---|---|---|---|
| | | $B$ | 标准误差 | 试用版 | | | | |
| 3 | （常量） | 0.644 | 0.075 | | 8.532*** | 869.976*** | 0.697 | 0.064 |
| | 学校的决策让家长等利益相关者参与 | 0.151 | 0.031 | 0.164 | 4.818*** | | | |
| | 赋权给全校教职员工 | 0.225 | 0.026 | 0.268 | 8.526*** | | | |
| | 积极建立与家长的联系 | 0.463 | 0.030 | 0.459 | 15.508*** | | | |
| 4 | （常量） | 0.614 | 0.075 | | 8.160*** | 665.556*** | 0.701 | 0.004 |
| | 学校的决策让家长等利益相关者参与 | 0.128 | 0.032 | 0.139 | 4.050*** | | | |
| | 赋权给全校教职员工 | 0.191 | 0.028 | 0.227 | 6.938*** | | | |
| | 积极建立与家长的联系 | 0.374 | 0.037 | 0.371 | 10.171*** | | | |
| | 争取家长和社区等参与学校的各项活动 | 0.152 | 0.037 | 0.159 | 4.070*** | | | |

注：因变量：积极文化。

模型 1：预测变量：（常量），学校的决策让家长等利益相关者参与。

模型 2：预测变量：（常量），学校的决策让家长等利益相关者参与，赋权给全校教职员工。

模型 3：预测变量：（常量），学校的决策让家长等利益相关者参与，赋权给全校教职员工，积极建立与家长的联系。

模型 4：预测变量：（常量），学校的决策让家长等利益相关者参与，赋权给全校教职员工，积极建立与家长的联系，争取家长和社区等参与学校的各项活动。

* $p<0.05$，** $p<0.01$，*** $p<0.001$，$^{ns}$ $p>0.05$。

（5）积极文化与激励领导力（表 7-66）。

模型 1：进入自变量——认识和利用学校教师的才华，此变量对积极文化解释度为 67.6%，在 0.001 显著性水平上，模型 1 回归效果显著（$F=2375.740$，$p<0.001$）。在 0.001 显著性水平上，认识和利用学校教师的才华不同程度的学校间积极文化有显著差异（$\beta=0.822$，$p<0.001$）。

模型 2：进入自变量——认识和利用学校教师的才华，与教师建立信任和融洽关系，所有变量对积极文化解释度为69.4%，其中与教师建立信任和融洽关系的解释度为1.8%。在0.001显著性水平上，模型2回归效果显著（$F=1291.747$，$p<0.001$）。在0.001显著性水平上，认识和利用学校教师的才华不同程度的学校间积极文化有显著差异（$\beta=0.509$，$p<0.001$），在0.01显著性水平上，与教师建立信任和融洽关系不同程度的学校间积极文化有显著差异（$\beta=0.341$，$p<0.01$）。

模型3：进入自变量——认识和利用学校教师的才华，与教师建立信任和融洽关系，是学校教师的榜样，所有变量对积极文化解释度为69.8%，其中是学校教师的榜样的解释度为0.3%。在0.001显著性水平上，模型3回归效果显著（$F=874.330$，$p<0.001$）。在0.001显著性水平上，认识和利用学校教师的才华不同程度的学校间积极文化有显著差异（$\beta=0.468$，$p<0.001$），与教师建立信任和融洽关系不同程度的学校间积极文化没有显著差异（$\beta=0.228$，$p<0.001$）。是学校教师的榜样不同程度的学校间积极文化有显著差异（$\beta=0.162$，$p<0.001$）。

模型4：进入自变量——认识和利用学校教师的才华，与教师建立信任和融洽关系，是学校教师的榜样，工作中能充分展示自我效能，所有变量对积极文化解释度为71.4%，其中工作中能充分展示自我效能的解释度为1.7%。在0.001显著性水平上，模型4回归效果显著（$F=710.319$，$p<0.001$）。在0.001显著性水平上，认识和利用学校教师的才华不同程度的学校间积极文化有显著差异（$\beta=0.410$，$p<0.001$），与教师建立信任和融洽关系不同程度的学校间积极文化有显著差异（$\beta=0.147$，$p<0.01$）。是学校教师的榜样不同程度的学校间积极文化没有显著差异（$\beta=-0.061$，$p>0.05$）。在0.001显著性水平上，工作中能充分展示自我效能不同程度的学校间积极文化有显著差异（$\beta=0.377$，$p<0.001$）。

模型5：进入自变量——认识和利用学校教师的才华，与教师建立信任和融洽关系，是学校教师的榜样，工作中能充分展示自我效能，促进教师集体效能的增长，所有变量对积极文化解释度为73.6%，其中促进教师集体效能的增长的解释度为2.1%。在0.001显著性水平上，模型5回归效果显著（$F=631.603$，$p<0.001$）。在0.001显著性水平上，认识和利用学校教师的才华不同程度的学校间积极文化有显著差异（$\beta=0.312$，$p<0.001$），与教师建立信任和融洽关系不同程度的学校间积极文化没有显著差异（$\beta=0.044$，$p>0.05$）。是学校教师的榜样不同程度的学校间学生积极文化没有显著差异（$\beta=-0.088$，$p>0.05$）。在0.01显著性水平上，工作中能充分展示自我效能不同程度的学校间积极文化有显著差异（$\beta=0.168$，$p<0.01$），在0.001显著性水平上，促进教师集体效能的增长不同程度的学校间积极文化有显著差异（$\beta=0.447$，$p<0.001$）。

模型6：进入自变量——认识和利用学校教师的才华，与教师建立信任和融洽关系，是学校教师的榜样，工作中能充分展示自我效能，促进教师集体效能的增长，相信并看到教师发展的可能性，所有变量对积极文化解释度为 74%，其中相信并看到教师发展的可能性的解释度为 0.4%。在 0.001 显著性水平上，模型 6 回归效果显著（$F=537.567$，$p<0.001$）。在 0.001 显著性水平上，认识和利用学校教师的才华不同程度的学校间积极文化有显著差异（$\beta=0.263$，$p<0.001$），与教师建立信任和融洽关系不同程度的学校间积极文化没有显著差异（$\beta=0.019$，$p>0.05$），是学校教师的榜样不同程度的学校间积极文化没有显著差异（$\beta=-0.097$，$p>0.05$），工作中能充分展示自我效能不同程度的学校间积极文化有显著差异（$\beta=0.136$，$p<0.01$），在 0.05 显著性水平上，促进教师集体效能的增长不同程度的学校间积极文化有显著差异（$\beta=0.343$，$p<0.001$），相信并看到教师发展的可能性不同程度的学校间积极文化有显著差异（$\beta=0.222$，$p>0.001$）。

模型 7：进入自变量——认识和利用学校教师的才华，与教师建立信任和融洽关系，是学校教师的榜样，工作中能充分展示自我效能，促进教师集体效能的增长，相信并看到教师发展的可能性，引导教师进行可能性思考，所有变量对积极文化解释度为 74.4%，其中引导教师进行可能性思考的解释度为 0.4%。在 0.001 显著性水平上，模型 7 回归效果显著（$F=469.212$，$p<0.001$）。在 0.001 显著性水平上，认识和利用学校教师的才华不同程度的学校间积极文化有显著差异（$\beta=0.247$，$p<0.001$），与教师建立信任和融洽关系不同程度的学校间积极文化没有显著差异（$\beta=0.015$，$p>0.05$）。是学校教师的榜样不同程度的学校间积极文化有显著差异（$\beta=-0.111$，$p<0.05$）。工作中能充分展示自我效能不同程度的学校间积极文化有显著差异（$\beta=0.125$，$p<0.05$），促进教师集体效能的增长不同程度的学校间积极文化没有显著差异（$\beta=0.267$，$p<0.001$），相信并看到教师发展的可能性不同程度的学校间积极文化没有显著差异（$\beta=0.157$，$p<0.01$），引导教师进行可能性思考不同程度的学校间积极文化没有显著差异（$\beta=0.189$，$p<0.001$）。

**表 7-66　积极文化与激励领导力要素回归分析**

| 模型 | | 非标准化系数 | | 标准系数 | $t$ | $F$ | $R^2$ | $R^2$ 更改 |
|---|---|---|---|---|---|---|---|---|
| | | $B$ | 标准误差 | 试用版 | | | | |
| 1 | （常量） | 0.849 | 0.072 | | 11.766*** | 2375.740*** | 0.676 | 0.676 |
| | 认识和利用学校教师的才华 | 0.781 | 0.016 | 0.822 | 48.742*** | | | |
| 2 | （常量） | 0.736 | 0.071 | | 10.292*** | 1291.747*** | 0.694 | 0.018 |
| | 认识和利用学校教师的才华 | 0.484 | 0.039 | 0.509 | 12.303*** | | | |
| | 与教师建立信任和融洽关系 | 0.324 | 0.039 | 0.341 | 8.246*** | | | |

续表 7-66

| 模型 | | 非标准化系数 | | 标准系数 | $t$ | $F$ | $R^2$ | $R^2$ 更改 |
|---|---|---|---|---|---|---|---|---|
| | | $B$ | 标准误差 | 试用版 | | | | |
| 3 | （常量） | 0.714 | 0.071 | | 9.996*** | 874.330*** | 0.698 | 0.003 |
| | 认识和利用学校教师的才华 | 0.445 | 0.041 | 0.468 | 10.966*** | | | |
| | 与教师建立信任和融洽关系 | 0.216 | 0.049 | 0.228 | 4.380*** | | | |
| | 是学校教师的榜样 | 0.152 | 0.042 | 0.162 | 3.574*** | | | |
| 4 | （常量） | 0.606 | 0.071 | | 8.573*** | 710.319*** | 0.714 | 0.017 |
| | 认识和利用学校教师的才华 | 0.390 | 0.040 | 0.410 | 9.739*** | | | |
| | 与教师建立信任和融洽关系 | 0.140 | 0.049 | 0.147 | 2.861** | | | |
| | 是学校教师的榜样 | −0.057 | 0.049 | −0.061 | −1.180ns | | | |
| | 工作中能充分展示自我效能 | 0.363 | 0.044 | 0.377 | 8.167*** | | | |
| 5 | （常量） | 0.520 | 0.069 | | 7.589*** | 631.603*** | 0.736 | 0.021 |
| | 认识和利用学校教师的才华 | 0.296 | 0.040 | 0.312 | 7.458*** | | | |
| | 与教师建立信任和融洽关系 | 0.042 | 0.048 | 0.044 | 0.873ns | | | |
| | 是学校教师的榜样 | −0.082 | 0.047 | −0.088 | −1.757ns | | | |
| | 工作中能充分展示自我效能 | 0.162 | 0.048 | 0.168 | 3.390** | | | |
| | 促进教师集体效能的增长 | 0.438 | 0.046 | 0.447 | 9.549*** | | | |
| 6 | （常量） | 0.513 | 0.068 | | 7.540*** | 537.567*** | 0.740 | 0.004 |
| | 认识和利用学校教师的才华 | 0.250 | 0.041 | 0.263 | 6.115*** | | | |
| | 与教师建立信任和融洽关系 | 0.018 | 0.048 | 0.019 | 0.377ns | | | |
| | 是学校教师的榜样 | −0.091 | 0.046 | −0.097 | −1.951ns | | | |
| | 工作中能充分展示自我效能 | 0.131 | 0.048 | 0.136 | 2.736** | | | |

续表 7-66

| 模型 | | 非标准化系数 | | 标准系数 | $t$ | $F$ | $R^2$ | $R^2$ 更改 |
|---|---|---|---|---|---|---|---|---|
| | | $B$ | 标准误差 | 试用版 | | | | |
| 6 | 促进教师集体效能的增长 | 0.335 | 0.051 | 0.343 | 6.540*** | 537.567*** | 0.740 | 0.004 |
| | 相信并看到教师发展的可能性 | 0.214 | 0.050 | 0.222 | 4.307*** | | | |
| 7 | （常量） | 0.486 | 0.068 | | 7.144*** | 469.212*** | 0.744 | 0.004 |
| | 认识和利用学校教师的才华 | 0.235 | 0.041 | 0.247 | 5.747*** | | | |
| | 与教师建立信任和融洽关系 | 0.014 | 0.048 | 0.015 | 0.300ns | | | |
| | 是学校教师的榜样 | -0.103 | 0.046 | -0.111 | -2.235* | | | |
| | 工作中能充分展示自我效能 | 0.121 | 0.048 | 0.125 | 2.535* | | | |
| | 促进教师集体效能的增长 | 0.262 | 0.054 | 0.267 | 4.836*** | | | |
| | 相信并看到教师发展的可能性 | 0.152 | 0.052 | 0.157 | 2.934** | | | |
| | 引导教师进行可能性思考 | 0.185 | 0.046 | 0.189 | 4.014*** | | | |

注：因变量：积极文化。

模型 1：预测变量：（常量），认识和利用学校教师的才华。

模型 2：预测变量：（常量），认识和利用学校教师的才华，与教师建立信任和融洽关系。

模型 3：预测变量：（常量），认识和利用学校教师的才华，与教师建立信任和融洽关系，是学校教师的榜样。

模型 4：预测变量：（常量），认识和利用学校教师的才华，与教师建立信任和融洽关系，是学校教师的榜样，工作中能充分展示自我效能。

模型 5：预测变量：（常量），认识和利用学校教师的才华，与教师建立信任和融洽关系，是学校教师的榜样，工作中能充分展示自我效能，促进教师集体效能的增长。

模型 6：预测变量：（常量），认识和利用学校教师的才华，与教师建立信任和融洽关系，是学校教师的榜样，工作中能充分展示自我效能，促进教师集体效能的增长，相信并看到教师发展的可能性。

模型 7：预测变量：（常量），认识和利用学校教师的才华，与教师建立信任和融洽关系，是学校教师的榜样，工作中能充分展示自我效能，促进教师集体效能的增长，相信并看到教师发展的可能性，引导教师进行可能性思考。

* $p<0.05$，** $p<0.01$，*** $p<0.001$，ns $p>0.05$。

2. 中性文化与校长领导力各要素

(1) 中性文化与行政领导力（表 7-67）。

模型 1：进入自变量——能确保学校环境安全有序，此变量对中性文化解释度为 1.1%，在 0.001 显著性水平上，模型 1 回归效果显著（$F=12.213$，$p<0.001$）。在 0.001 显著性水平上，能确保学校环境安全有序不同程度的学校间中性文化有显著差异（$\beta=-0.103$，$p<0.001$）。

模型 2：进入自变量——能确保学校环境安全有序，合理分配人力和财政资源，所有变量对中性文化解释度为 4.1%，其中合理分配人力和财政资源的解释度为 3%。在 0.001 显著性水平上，模型 2 回归效果显著（$F=24.225$，$p<0.001$）。在 0.01 显著性水平上，能确保学校环境安全有序不同程度的学校间中性文化有显著差异（$\beta=0.142$，$p<0.01$），合理分配人力和财政资源不同程度的学校间中性文化有显著差异（$\beta=-0.301$，$p<0.001$）。

模型 3：进入自变量——能确保学校环境安全有序，合理分配人力和财政资源，科学进行人员的选拔和分配。所有变量对中性文化解释度为 5.5%，其中科学进行人员的选拔和分配的解释度为 1.5%。在 0.001 显著性水平上，模型 3 回归效果显著（$F=22.253$，$p<0.001$）。在 0.01 显著性水平上，能确保学校环境安全有序不同程度的学校间中性文化有显著差异（$\beta=0.161$，$p<0.01$），合理分配人力和财政资源不同程度的学校间中性文化没有显著差异（$\beta=-0.039$，$p>0.05$），在 0.001 显著性水平上，科学进行人员的选拔和分配不同程度的学校间中性文化有显著差异（$\beta=-0.302$，$p<0.001$）。

模型 4：进入自变量——能确保学校环境安全有序，合理分配人力和财政资源，科学进行人员的选拔和分配，正确评价自己。所有变量对中性文化解释度为 5.5%，其中正确评价自己的解释度为 0。在 0.001 显著性水平上，模型 4 回归效果显著（$F=16.675$，$p<0.001$）。在 0.01 显著性水平上，能确保学校环境安全有序不同程度的学校间中性文化有显著差异（$\beta=0.160$，$p<0.01$），合理分配人力和财政资源不同程度的学校间中性文化没有显著差异（$\beta=-0.039$，$p>0.05$），科学进行人员的选拔和分配不同程度的学校间中性文化有显著差异（$\beta=-0.303$，$p<0.001$），正确评价自己不同程度的学校间中性文化没有显著差异（$\beta=0.002$，$p>0.05$）。

模型 5：进入自变量——能确保学校环境安全有序，合理分配人力和财政资源，科学进行人员的选拔和分配，正确评价自己，了解全校师生动态。所有变量对中性文化解释度为 5.6%，其中了解全校师生动态的解释度为 0.1%。在 0.001 显著性水平上，模型 5 回归效果显著（$F=13.585$，$p<0.001$）。在 0.05 显著性水

平上，能确保学校环境安全有序不同程度的学校间中性文化有显著差异（$\beta$=0.142，$p$<0.05），合理分配人力和财政资源不同程度的学校间中性文化没有显著差异（$\beta$=-0.048，$p$>0.05），科学进行人员的选拔和分配不同程度的学校间中性文化有显著差异（$\beta$=-0.315，$p$<0.001），正确评价自己不同程度的学校间中性文化没有显著差异（$\beta$=-0.035，$p$>0.05），了解全校师生动态不同程度的学校间中性文化没有显著差异（$\beta$=0.077，$p$>0.05）。

**表 7-67　中性文化与行政领导力要素回归分析**

| 模型 | | 非标准化系数 | | 标准系数 | $t$ | $F$ | $R^2$ | $R^2$ 更改 |
|---|---|---|---|---|---|---|---|---|
| | | $B$ | 标准误差 | 试用版 | | | | |
| 1 | （常量） | 3.036 | 0.175 | | 17.387$^{***}$ | 12.213$^{***}$ | 0.011 | 0.011 |
| | 能确保学校环境安全有序 | -0.132 | 0.038 | -0.103 | -3.495$^{***}$ | | | |
| 2 | （常量） | 3.129 | 0.173 | | 18.118$^{***}$ | 24.225$^{***}$ | 0.041 | 0.030 |
| | 能确保学校环境安全有序 | 0.182 | 0.064 | 0.142 | 2.835$^{**}$ | | | |
| | 合理分配人力和财政资源 | -0.350 | 0.058 | -0.301 | -5.989$^{***}$ | | | |
| 3 | （常量） | 3.158 | 0.172 | | 18.400$^{***}$ | 22.253$^{***}$ | 0.055 | 0.015 |
| | 能确保学校环境安全有序 | 0.205 | 0.064 | 0.161 | 3.209$^{**}$ | | | |
| | 合理分配人力和财政资源 | -0.045 | 0.093 | -0.039 | -0.483$^{ns}$ | | | |
| | 科学进行人员的选拔和分配 | -0.340 | 0.081 | -0.302 | -4.195$^{***}$ | | | |
| 4 | （常量） | 3.157 | 0.172 | | 18.329$^{***}$ | 16.675$^{***}$ | 0.055 | 0.000 |
| | 能确保学校环境安全有序 | 0.204 | 0.071 | 0.160 | 2.864$^{**}$ | | | |
| | 合理分配人力和财政资源 | -0.046 | 0.095 | -0.039 | -0.482$^{ns}$ | | | |
| | 科学进行人员的选拔和分配 | -0.341 | 0.085 | -0.303 | -4.031$^{***}$ | | | |
| | 正确评价自己 | 0.003 | 0.076 | 0.002 | 0.037$^{ns}$ | | | |

续表 7-67

| 模型 | | 非标准化系数 | | 标准系数 | $t$ | $F$ | $R^2$ | $R^2$ 更改 |
|---|---|---|---|---|---|---|---|---|
| | | $B$ | 标准误差 | 试用版 | | | | |
| 5 | （常量） | 3.139 | 0.173 | | 18.152*** | 13.585*** | 0.056 | 0.001 |
| | 能确保学校环境安全有序 | 0.182 | 0.074 | 0.142 | 2.455* | | | |
| | 合理分配人力和财政资源 | −0.055 | 0.095 | −0.048 | −0.582ns | | | |
| | 科学进行人员的选拔和分配 | −0.355 | 0.086 | −0.315 | −4.148*** | | | |
| | 正确评价自己 | −0.041 | 0.086 | −0.035 | −0.480ns | | | |
| | 了解全校师生动态 | 0.093 | 0.085 | 0.077 | 1.102ns | | | |

注：因变量：中性文化。

模型 1：预测变量：（常量），能确保学校环境安全有序。

模型 2：预测变量：（常量），能确保学校环境安全有序，合理分配人力和财政资源。

模型 3：预测变量：（常量），能确保学校环境安全有序，合理分配人力和财政资源，科学进行人员的选拔和分配。

模型 4：预测变量：（常量），能确保学校环境安全有序，合理分配人力和财政资源，科学进行人员的选拔和分配，正确评价自己。

模型 5：预测变量：（常量），能确保学校环境安全有序，合理分配人力和财政资源，科学进行人员的选拔和分配，正确评价自己，了解全校师生动态。

* $p<0.05$，** $p<0.01$，*** $p<0.001$，ns $p>0.05$。

（2）中性文化与教学领导力要素（表 7-68）。

模型 1：进入自变量——为学校的教师设计专业发展路径，此变量对中性文化解释度为 3.1%，在 0.001 显著性水平上，模型 1 回归效果显著（$F=37.026$，$p<0.001$）。在 0.001 显著性水平上，为学校的教师设计专业发展路径不同程度的学校间中性文化有显著差异（$\beta=-0.177$，$p<0.001$）。

模型 2：进入自变量——为学校的教师设计专业发展路径，关注课程、教学和评估的一致性，所有变量对中性文化解释度为 4%，其中关注课程、教学和评估的一致性的解释度为 0.9%。在 0.001 显著性水平上，模型 2 回归效果显著（$F=23.728$，$p<0.001$）。为学校的教师设计专业发展路径不同程度的学校间中性文化没有显著差异（$\beta=0.011$，$p>0.05$），在 0.01 显著性水平上，关注课程、教学和评估的一致性不同程度的学校间中性文化有显著差异（$\beta=-0.210$，$p<0.01$）。

模型 3：进入自变量——为学校的教师设计专业发展路径，关注课程、教学和评估的一致性，关注教师教学的有效性，所有变量对中性文化解释度为 4%，其中关注课程、教学和评估的一致性的解释度为 0。在 0.001 显著性水平上，模型 3 回归效果显著（$F=15.978$，$p<0.001$）。为学校的教师设计专业发展路径不同程度的学校间中性文化没有显著差异（$\beta=0.029$，$p>0.05$），在 0.05 显著性水平上，关注课程、教学和评估的一致性不同程度的学校间中性文化有显著差异（$\beta=-0.175$，$p<0.05$），关注教师教学的有效性不同程度的学校间中性文化没有显著差异（$\beta=-0.056$，$p>0.05$）。

模型 4：进入自变量——为学校的教师设计专业发展路径，关注课程、教学和评估的一致性，关注教师教学的有效性，向教师提供教学反馈信息，所有变量对中性文化解释度为 4.1%，其中向教师提供教学反馈信息的解释度为 0。在 0.001 显著性水平上，模型 4 回归效果显著（$F=12.032$，$p<0.001$）。为学校的教师设计专业发展路径不同程度的学校间中性文化没有显著差异（$\beta=0.037$，$p>0.05$）；关注课程、教学和评估的一致性不同程度的学校间中性文化没有显著差异（$\beta=-0.165$，$p>0.05$）；关注教师教学的有效性不同程度的学校间中性文化没有显著差异（$\beta=-0.036$，$p>0.05$）；向教师提供教学反馈信息不同程度的学校间中性文化没有显著差异（$\beta=-0.039$，$p>0.05$）。

模型 5：进入自变量——为学校的教师设计专业发展路径，关注课程、教学和评估的一致性，关注教师教学的有效性，向教师提供教学反馈信息，关注学生的学习进步，所有变量对中性文化解释度为 4.4%，其中向教师提供教学反馈信息的解释度为 0.3%。在 0.001 显著性水平上，模型 5 回归效果显著（$F=10.344$，$p<0.001$）。为学校的教师设计专业发展路径不同程度的学校间中性文化没有显著差异（$\beta=0.022$，$p>0.05$）；关注课程、教学和评估的一致性不同程度的学校间中性文化有显著差异（$\beta=-0.172$，$p<0.05$）；关注教师教学的有效性不同程度的学校间中性文化没有显著差异（$\beta=-0.093$，$p>0.05$）；向教师提供教学反馈信息不同程度的学校间中性文化没有显著差异（$\beta=-0.096$，$p>0.05$）；关注学生的学习进步不同程度的学校间中性文化，没有显著差异（$\beta=0.142$，$p>0.05$）。

**表 7-68　中性文化与教学领导力要素回归分析**

| 模型 | | 非标准化系数 | | 标准系数试用版 | $t$ | $F$ | $R^2$ | $R^2$ 更改 |
|---|---|---|---|---|---|---|---|---|
| | | $B$ | 标准误差 | | | | | |
| 1 | （常量） | 3.316 | 0.149 | | 22.323*** | 37.026*** | 0.031 | 0.031 |
| | 为学校的教师设计专业发展路径 | -0.205 | 0.034 | -0.177 | -6.085*** | | | |

续表 7-68

| 模型 | | 非标准化系数 | | 标准系数 | $t$ | $F$ | $R^2$ | $R^2$ 更改 |
|---|---|---|---|---|---|---|---|---|
| | | $B$ | 标准误差 | 试用版 | | | | |
| 2 | （常量） | 3.444 | 0.153 | | 22.460*** | 23.728*** | 0.040 | 0.009 |
| | 为学校的教师设计专业发展路径 | 0.012 | 0.076 | 0.011 | 0.160ns | | | |
| | 关注课程、教学和评估的一致性 | −0.245 | 0.077 | −0.210 | −3.183** | | | |
| 3 | （常量） | 3.472 | 0.158 | | 21.955*** | 15.978*** | 0.040 | 0.000 |
| | 为学校的教师设计专业发展路径 | 0.034 | 0.082 | 0.029 | 0.410ns | | | |
| | 关注课程、教学和评估的一致性 | −0.204 | 0.096 | −0.175 | −2.119* | | | |
| | 关注教师教学的有效性 | −0.068 | 0.096 | −0.056 | −0.706ns | | | |
| 4 | （常量） | 3.486 | 0.161 | | 21.641*** | 12.032*** | 0.041 | 0.000 |
| | 为学校的教师设计专业发展路径 | 0.042 | 0.084 | 0.037 | 0.504ns | | | |
| | 关注课程、教学和评估的一致性 | −0.193 | 0.099 | −0.165 | −1.951ns | | | |
| | 关注教师教学的有效性 | −0.043 | 0.109 | −0.036 | −0.398ns | | | |
| | 向教师提供教学反馈信息 | −0.047 | 0.099 | −0.039 | −0.476ns | | | |
| 5 | （常量） | 3.424 | 0.164 | | 20.834*** | 10.344*** | 0.044 | 0.003 |
| | 为学校的教师设计专业发展路径 | 0.026 | 0.084 | 0.022 | 0.309ns | | | |

续表 7-68

| 模型 | | 非标准化系数 | | 标准系数 | t | F | $R^2$ | $R^2$ 更改 |
|---|---|---|---|---|---|---|---|---|
| | | B | 标准误差 | 试用版 | | | | |
| 5 | 关注课程、教学和评估的一致性 | -0.201 | 0.099 | -0.172 | $-2.031^{*}$ | $10.344^{***}$ | 0.044 | 0.003 |
| | 关注教师教学的有效性 | -0.112 | 0.115 | -0.093 | $-0.979^{ns}$ | | | |
| | 向教师提供教学反馈信息 | -0.117 | 0.105 | -0.096 | $-1.107^{ns}$ | | | |
| | 关注学生的学习进步 | 0.175 | 0.094 | 0.142 | $1.867^{ns}$ | | | |

注：因变量：中性文化。

模型 1：（常量），为学校的教师设计专业发展路径。

模型 2：（常量），为学校的教师设计专业发展路径，关注课程、教学和评估的一致性。

模型 3：（常量），为学校的教师设计专业发展路径，关注课程、教学和评估的一致性，关注教师教学的有效性。

模型 4：（常量），为学校的教师设计专业发展路径，关注课程、教学和评估的一致性，关注教师教学的有效性，向教师提供教学反馈信息。

模型 5：（常量），为学校的教师设计专业发展路径，关注课程、教学和评估的一致性，关注教师教学的有效性，向教师提供教学反馈信息，关注学生的学习进步。

$^{*}p<0.05$，$^{**}p<0.01$，$^{***}p<0.001$，$^{ns}p>0.05$。

（3）中性文化与战略领导力（表 7-69）。

模型 1：进入自变量——建立持续提升办学质量的规范，此变量对中性文化解释度为 3.3%，在 0.001 显著性水平上，模型 1 回归效果显著（$F=38.787$，$p<0.001$）。在 0.001 显著性水平上，建立持续提升办学质量的规范不同程度的学校间中性文化有显著差异（$\beta=-0.181$，$p<0.001$）。

模型 2：进入自变量——建立持续提升办学质量的规范，以学生高水平成绩为重点的愿景和目标，所有变量对中性文化解释度为 3.3%，其中以学生高水平成绩为重点的愿景和目标的解释度为 0。在 0.001 显著性水平上，模型 2 回归效果显著（$F=19.553$，$p<0.001$）。在 0.05 显著性水平上，建立持续提升办学质量的规范不同程度的学校间中性文化有显著差异（$\beta=-0.148$，$p<0.05$），以学生高水平成绩为重点的愿景和目标不同程度的学校间中性文化没有显著差异（$\beta=-0.038$，$p>0.05$）。

模型 3：进入自变量——建立持续提升办学质量的规范，以学生高水平成绩为重点的愿景和目标，对学校里的所有人都有很高的期望，所有变量对中性文化解释度为 3.4%，其中对学校里的所有人都有很高的期望的解释度为 0。在 0.001 显著性水平上，模型 3 回归效果显著（$F=13.188$，$p<0.001$）。建立持续提升办学质量的规范不同程度的学校间中性文化没有显著差异（$\beta=-0.124$，$p>0.05$），以学生高水平成绩为重点的愿景和目标不同程度的学校间中性文化没有显著差异（$\beta=-0.017$，$p>0.05$），对学校里的所有人都有很高的期望不同程度的学校间中性文化没有显著差异（$\beta=-0.048$，$p>0.05$）。

模型 4：进入自变量——建立持续提升办学质量的规范，以学生高水平成绩为重点的愿景和目标，对学校里的所有人都有很高的期望，学校的决策基于可靠的证据，所有变量对中性文化解释度为 4.2%，其中学校的决策基于可靠的证据的解释度为 0.8%。在 0.001 显著性水平上，模型 4 回归效果显著（$F=12.404$，$p<0.001$）。建立持续提升办学质量的规范不同程度的学校间中性文化没有显著差异（$\beta$-0.041，$p>0.05$），以学生高水平成绩为重点的愿景和目标不同程度的学校间中性文化没有显著差异（$\beta=0.027$，$p>0.05$），对学校里的所有人都有很高的期望不同程度的学校间中性文化没有显著差异（$\beta=00.044$，$p>0.05$），学校的决策基于可靠的证据不同程度的学校间中性文化有显著差异（$\beta=-0.230$，$p<0.01$）。

模型 5：进入自变量——建立持续提升办学质量的规范，以学生高水平成绩为重点的愿景和目标，对学校里的所有人都有很高的期望，学校的决策基于可靠的证据，向家长等利益相关者报告学校发展状态信息，所有变量对中性文化解释度为 4.4%，其中向家长等利益相关者报告学校发展状态信息的解释度为 0.2%。在 0.001 显著性水平上，模型 5 回归效果显著（$F=10.424$，$p<0.001$）。建立持续提升办学质量的规范不同程度的学校间中性文化没有显著差异（$\beta=-0.060$，$p>0.05$），以学生高水平成绩为重点的愿景和目标不同程度的学校间中性文化没有显著差异（$\beta=0.022$，$p>0.05$），对学校里的所有人都有很高的期望不同程度的学校间中性文化没有显著差异（$\beta=0.017$，$p>0.05$），学校的决策基于可靠的证据不同程度的学校间中性文化有显著差异（$\beta=-0.273$，$p<0.01$），向家长等利益相关者报告学校发展状态信息不同程度的学校间中性文化没有显著差异（$\beta=0.103$，$p>0.05$）。

**表 7-69 中性文化与战略领导力要素回归分析**

| 模型 | | 非标准化系数 | | 标准系数 | $t$ | $F$ | $R^2$ | $R^2$ 更改 |
|---|---|---|---|---|---|---|---|---|
| | | $B$ | 标准误差 | 试用版 | | | | |
| 1 | （常量） | 3.403 | 0.159 | | 21.423*** | 38.787*** | 0.033 | 0.033 |
| | 建立持续提升办学质量的规范 | -0.219 | 0.035 | -0.181 | -6.228*** | | | |

续表 7-69

| 模型 | | 非标准化系数 | | 标准系数 | $t$ | $F$ | $R^2$ | $R^2$ 更改 |
|---|---|---|---|---|---|---|---|---|
| | | $B$ | 标准误差 | 试用版 | | | | |
| 2 | （常量） | 3.424 | 0.163 | | $20.979^{***}$ | $19.553^{***}$ | 0.033 | 0.000 |
| | 建立持续提升办学质量的规范 | −0.179 | 0.078 | −0.148 | $-2.299^{*}$ | | | |
| | 以学生高水平成绩为重点的愿景和目标 | −0.046 | 0.078 | −0.038 | $-0.585^{ns}$ | | | |
| 3 | （常量） | 3.438 | 0.164 | | $20.903^{***}$ | $13.188^{***}$ | 0.034 | 0.000 |
| | 建立持续提升办学质量的规范 | −0.150 | 0.088 | −0.124 | $-1.704^{ns}$ | | | |
| | 以学生高水平成绩为重点的愿景和目标 | −0.020 | 0.087 | −0.017 | $-0.234^{ns}$ | | | |
| | 对学校里的所有人都有很高的期望 | −0.058 | 0.084 | −0.048 | $-0.690^{ns}$ | | | |
| 4 | （常量） | 3.449 | 0.164 | | $21.043^{***}$ | $12.404^{***}$ | 0.042 | 0.008 |
| | 建立持续提升办学质量的规范 | −0.050 | 0.094 | −0.041 | $-0.530^{ns}$ | | | |
| | 以学生高水平成绩为重点的愿景和目标 | 0.033 | 0.088 | 0.027 | $0.376^{ns}$ | | | |
| | 对学校里的所有人都有很高的期望 | 0.054 | 0.091 | 0.044 | $0.591^{ns}$ | | | |
| | 学校的决策基于可靠的证据 | −0.270 | 0.086 | −0.230 | $-3.122^{**}$ | | | |
| 5 | （常量） | 3.392 | 0.168 | | $20.221^{***}$ | $10.424^{***}$ | 0.044 | 0.002 |
| | 建立持续提升办学质量的规范 | −0.073 | 0.095 | −0.060 | $-0.771^{ns}$ | | | |
| | 以学生高水平成绩为重点的愿景和目标 | 0.026 | 0.088 | 0.022 | $0.299^{ns}$ | | | |

续表 7-69

| 模型 | | 非标准化系数 | | 标准系数 | $t$ | $F$ | $R^2$ | $R^2$ 更改 |
|---|---|---|---|---|---|---|---|---|
| | | $B$ | 标准误差 | 试用版 | | | | |
| 5 | 对学校里的所有人都有很高的期望 | 0.020 | 0.093 | 0.017 | $0.218^{ns}$ | $10.424^{***}$ | 0.044 | 0.002 |
| | 学校的决策基于可靠的证据 | -0.321 | 0.092 | -0.273 | $-3.474^{**}$ | | | |
| | 向家长等利益相关者报告学校发展状态信息 | 0.127 | 0.081 | 0.103 | $1.562^{ns}$ | | | |

注：因变量：中性文化。

模型 1：预测变量：（常量），建立持续提升办学质量的规范。

模型 2：预测变量：（常量），建立持续提升办学质量的规范，以学生高水平成绩为重点的愿景和目标。

模型 3：预测变量：（常量），建立持续提升办学质量的规范，以学生高水平成绩为重点的愿景和目标，对学校里的所有人都有很高的期望。

模型 4：预测变量：（常量），建立持续提升办学质量的规范，以学生高水平成绩为重点的愿景和目标，对学校里的所有人都有很高的期望，学校的决策基于可靠的证据。

模型 5：预测变量：（常量），建立持续提升办学质量的规范，以学生高水平成绩为重点的愿景和目标，对学校里的所有人都有很高的期望，学校的决策基于可靠的证据，向家长等利益相关者报告学校发展状态信息。

$^{*}p<0.05$，$^{**}p<0.01$，$^{***}p<0.001$，$^{ns}p>0.05$。

（4）中性文化与包容领导力要素（表 7-70）。

模型 1：进入自变量——学校的决策让家长等利益相关者参与，此变量对中性文化解释度为 1.5%，在 0.001 显著性水平上，模型 1 回归效果显著（$F=17.607$，$p<0.001$）。在 0.001 显著性水平上，学校的决策让家长等利益相关者参与不同程度的学校间中性文化有显著差异（$\beta=-0.123$，$p<0.001$）。

模型 2：进入自变量——学校的决策让家长等利益相关者参与，赋权给全校教职员工，所有变量对中性文化解释度为 2.9%，其中赋权给全校教职员工的解释度为 1.3%。在 0.001 显著性水平上，模型 2 回归效果显著（$F=16.717$，$p<0.001$）。学校的决策让家长等利益相关者参与不同程度的学校间中性文化没有显著差异（$\beta=0.054$，$p>0.05$），在 0.001 显著性水平上，赋权给全校教职员工不同程度的学校间中性文化有显著差异（$\beta=-0.212$，$p<0.001$）。

模型 3：进入自变量——学校的决策让家长等利益相关者参与，赋权给全校教职员工，积极建立与家长的联系，所有变量对中性文化解释度为 3%，其中积极建立与家长的联系的解释度为 0.2%。在 0.001 显著性水平上，模型 3 回归效果显著（$F=11.875$，$p<0.001$）。学校的决策让家长等利益相关者参与不同程度的学校间中性文化没有显著差异（$\beta=0.096$，$p>0.05$），赋权给全校教职员工不同程度的学校间中性文化有显著差异（$\beta=-0.186$，$p<0.01$），积极建立与家长的联系不同程度的学校间中性文化没有显著差异（$\beta=-0.078$，$p>0.05$）。

模型4：进入自变量——学校的决策让家长等利益相关者参与，赋权给全校教职员工，积极建立与家长的联系，争取家长和社区等参与学校的各项活动，所有变量对中性文化解释度为3.1%，其中争取家长和社区等参与学校的各项活动的解释度为0.1%。在0.001显著性水平上，模型4回归效果显著（$F=9.155$，$p<0.001$）。学校的决策让家长等利益相关者参与不同程度的学校间中性文化没有显著差异（$\beta=0.085$，$p>0.05$），赋权给全校教职员工不同程度的学校间中性文化有显著差异（$\beta=-0.204$，$p<0.01$），积极建立与家长的联系不同程度的学校间中性文化有显著差异（$\beta=-0.116$，$p>0.05$），争取家长和社区等参与学校的各项活动不同程度的学校间中性文化没有显著差异（$\beta=0.070$，$p>0.05$）。

**表7-70　中性文化与包容领导力要素回归分析**

| 模型 | | 非标准化系数 | | 标准系数 | $t$ | $F$ | $R^2$ | $R^2$ 更改 |
|---|---|---|---|---|---|---|---|---|
| | | $B$ | 标准误差 | 试用版 | | | | |
| 1 | （常量） | 3.032 | 0.146 | | $20.778^{***}$ | | | |
| | 学校的决策让家长等利益相关者参与 | -0.138 | 0.033 | -0.123 | $-4.196^{***}$ | $17.607^{***}$ | 0.015 | 0.015 |
| 2 | （常量） | 3.076 | 0.145 | | $21.152^{***}$ | | | |
| | 学校的决策让家长等利益相关者参与 | 0.060 | 0.060 | 0.054 | $1.007^{ns}$ | $16.717^{***}$ | 0.029 | 0.013 |
| | 赋权给全校教职员工 | -0.217 | 0.055 | -0.212 | $-3.950^{***}$ | | | |
| 3 | （常量） | 3.189 | 0.164 | | $19.408^{***}$ | | | |
| | 学校的决策让家长等利益相关者参与 | 0.108 | 0.068 | 0.096 | $1.582^{ns}$ | | | |
| | 赋权给全校教职员工 | -0.191 | 0.058 | -0.186 | $-3.319^{**}$ | $11.875^{***}$ | 0.030 | 0.002 |
| | 积极建立与家长的联系 | -0.096 | 0.065 | -0.078 | $-1.468^{ns}$ | | | |

续表 7-70

| 模型 | | 非标准化系数 | | 标准系数 | $t$ | $F$ | $R^2$ | $R^2$ 更改 |
|---|---|---|---|---|---|---|---|---|
| | | $B$ | 标准误差 | 试用版 | | | | |
| 4 | （常量） | 3.173 | 0.165 | | 19.223 *** | 9.155 *** | 0.031 | 0.001 |
| | 学校的决策让家长等利益相关者参与 | 0.096 | 0.069 | 0.085 | 1.380 ns | | | |
| | 赋权给全校教职员工 | -0.209 | 0.060 | -0.204 | -3.465 ** | | | |
| | 积极建立与家长的联系 | -0.143 | 0.081 | -0.116 | -1.775 ns | | | |
| | 争取家长和社区等参与学校的各项活动 | 0.082 | 0.082 | 0.070 | 0.999 ns | | | |

注：因变量：中性文化。

模型 1：预测变量：（常量），学校的决策让家长等利益相关者参与。

模型 2：预测变量：（常量），学校的决策让家长等利益相关者参与，赋权给全校教职员工。

模型 3：预测变量：（常量），学校的决策让家长等利益相关者参与，赋权给全校教职员工，积极建立与家长的联系。

模型 4：预测变量：（常量），学校的决策让家长等利益相关者参与，赋权给全校教职员工，积极建立与家长的联系，争取家长和社区等参与学校的各项活动。

$^{*}p<0.05$，$^{**}p<0.01$，$^{***}p<0.001$，$^{ns}p>0.05$。

（5）中性文化与激励领导力（表 7-71）。

模型 1：进入自变量——认识和利用学校教师的才华，此变量对中性文化解释度为 2.7%，在 0.001 显著性水平上，模型 1 回归效果显著（$F=32.205$，$p<0.001$）。在 0.001 显著性水平上，认识和利用学校教师的才华不同程度的学校间中性文化有显著差异（$\beta=-0.166$，$p<0.001$）。

模型 2：进入自变量——认识和利用学校教师的才华，与教师建立信任和融洽关系，所有变量对中性文化解释度为 3.1%，其中与教师建立信任和融洽关系的解释度为 0.3%。在 0.001 显著性水平上，模型 2 回归效果显著（$F=1291.747$，$p<0.001$）。在 0.001 显著性水平上，认识和利用学校教师的才华不同程度的学校间中性文化没有显著差异（$\beta=-0.031$，$p>0.05$），与教师建立信任和融洽关系不同程度的学校间中性文化有显著差异（$\beta=-0.147$，$p<0.05$）。

模型 3（进入自变量：认识和利用学校教师的才华，与教师建立信任和融洽关系，是学校教师的榜样）、模型 4（进入自变量：认识和利用学校教师的才华，与教师建立信任和融洽关系，是学校教师的榜样，工作中能充分展示自我效能）、模型5（进入自变量：认识和利用学校教师的才华，与教师建立信任和融洽关系，是学校教师的榜样，工作中能充分展示自我效能，促进教师集体效能的增长）、模型6（进入自变量：认识和利用学校教师的才华，与教师建立信任和融洽关系，是学校教师的榜样，工作中能充分展示自我效能，促进教师集体效能的增长，相信并看到教师发展的可能性）、模型7（进入自变量：认识和利用学校教师的才华，与教师建立信任和融洽关系，是学校教师的榜样，工作中能充分展示自我效能，促进教师集体效能的增长，相信并看到教师发展的可能性，引导教师进行可能性思考）中激励领导力的各要素不同程度的学校间中性文化均没有显著差异，$p>0.05$。

**表7–71　中性文化与激励领导力要素回归分析**

| 模型 | | 非标准化系数 | | 标准系数 | $t$ | $F$ | $R^2$ | $R^2$ 更改 |
|---|---|---|---|---|---|---|---|---|
| | | $B$ | 标准误差 | 试用版 | | | | |
| 1 | （常量） | 3.279 | 0.152 | | 21.525*** | 32.205*** | 0.027 | 0.027 |
| | 认识和利用学校教师的才华 | −0.192 | 0.034 | −0.166 | −5.675*** | | | |
| 2 | （常量） | 3.339 | 0.155 | | 21.533*** | 18.136*** | 0.031 | 0.003 |
| | 认识和利用学校教师的才华 | −0.036 | 0.085 | −0.031 | −0.419ns | | | |
| | 与教师建立信任和融洽关系 | −0.170 | 0.085 | −0.147 | −1.996* | | | |
| 3 | （常量） | 3.361 | 0.156 | | 21.612*** | 13.016*** | 0.033 | 0.002 |
| | 认识和利用学校教师的才华 | 0.003 | 0.088 | 0.003 | 0.035ns | | | |
| | 与教师建立信任和融洽关系 | −0.062 | 0.107 | −0.053 | −0.574ns | | | |
| | 是学校教师的榜样 | −0.152 | 0.092 | −0.134 | −1.649ns | | | |
| 4 | （常量） | 3.368 | 0.158 | | 21.264*** | 9.767*** | 0.033 | 0.000 |
| | 认识和利用学校教师的才华 | 0.007 | 0.090 | 0.006 | 0.073ns | | | |
| | 与教师建立信任和融洽关系 | −0.057 | 0.110 | −0.049 | −0.520ns | | | |
| | 是学校教师的榜样 | −0.139 | 0.109 | −0.123 | −1.281ns | | | |
| | 工作中能充分展示自我效能 | −0.023 | 0.100 | −0.019 | −0.228ns | | | |

续表 7-71

| 模型 | | 非标准化系数 | | 标准系数 | $t$ | $F$ | $R^2$ | $R^2$ 更改 |
|---|---|---|---|---|---|---|---|---|
| | | $B$ | 标准误差 | 试用版 | | | | |
| 5 | （常量） | 3.386 | 0.160 | | 21.197*** | 7.968*** | 0.034 | 0.001 |
| | 认识和利用学校教师的才华 | 0.027 | 0.093 | 0.023 | 0.288ns | | | |
| | 与教师建立信任和融洽关系 | −0.036 | 0.112 | −0.031 | −0.320ns | | | |
| | 是学校教师的榜样 | −0.134 | 0.109 | −0.118 | −1.229ns | | | |
| | 工作中能充分展示自我效能 | 0.021 | 0.111 | 0.018 | 0.186ns | | | |
| | 促进教师集体效能的增长 | −0.094 | 0.107 | −0.079 | −0.883ns | | | |
| 6 | （常量） | 3.388 | 0.160 | | 21.193*** | 6.664*** | 0.034 | 0.000 |
| | 认识和利用学校教师的才华 | 0.037 | 0.096 | 0.032 | 0.389ns | | | |
| | 与教师建立信任和融洽关系 | −0.030 | 0.113 | −0.026 | −0.269ns | | | |
| | 是学校教师的榜样 | −0.132 | 0.109 | −0.116 | −1.210ns | | | |
| | 工作中能充分展示自我效能 | 0.028 | 0.112 | 0.024 | 0.247ns | | | |
| | 促进教师集体效能的增长 | −0.071 | 0.120 | −0.059 | −0.588ns | | | |
| | 相信并看到教师发展的可能性 | −0.049 | 0.117 | −0.042 | −0.421ns | | | |
| 7 | （常量） | 3.394 | 0.161 | | 21.117*** | 5.732*** | 0.034 | 0.000 |
| | 认识和利用学校教师的才华 | 0.041 | 0.096 | 0.035 | 0.425ns | | | |
| | 与教师建立信任和融洽关系 | −0.030 | 0.113 | −0.026 | −0.261ns | | | |
| | 是学校教师的榜样 | −0.129 | 0.109 | −0.113 | −1.179ns | | | |
| | 工作中能充分展示自我效能 | 0.030 | 0.113 | 0.026 | 0.268ns | | | |

续表 7-71

| 模型 | | 非标准化系数 | | 标准系数 | $t$ | $F$ | $R^2$ | $R^2$ 更改 |
|---|---|---|---|---|---|---|---|---|
| | | $B$ | 标准误差 | 试用版 | | | | |
| 7 | 促进教师集体效能的增长 | -0.053 | 0.128 | -0.045 | $-0.416^{ns}$ | $5.732^{***}$ | 0.034 | 0.000 |
| | 相信并看到教师发展的可能性 | -0.034 | 0.122 | -0.029 | $-0.280^{ns}$ | | | |
| | 引导教师进行可能性思考 | -0.044 | 0.109 | -0.037 | $-0.405^{ns}$ | | | |

注：因变量：中性文化。

模型 1：预测变量：（常量），认识和利用学校教师的才华。

模型 2：预测变量：（常量），认识和利用学校教师的才华，与教师建立信任和融洽关系。

模型 3：预测变量：（常量），认识和利用学校教师的才华，与教师建立信任和融洽关系，是学校教师的榜样。

模型 4：预测变量：（常量），认识和利用学校教师的才华，与教师建立信任和融洽关系，是学校教师的榜样，工作中能充分展示自我效能。

模型 5：预测变量：（常量），认识和利用学校教师的才华，与教师建立信任和融洽关系，是学校教师的榜样，工作中能充分展示自我效能，促进教师集体效能的增长。

模型 6：预测变量：（常量），认识和利用学校教师的才华，与教师建立信任和融洽关系，是学校教师的榜样，工作中能充分展示自我效能，促进教师集体效能的增长，相信并看到教师发展的可能性。

模型 7：预测变量：（常量），认识和利用学校教师的才华，与教师建立信任和融洽关系，是学校教师的榜样，工作中能充分展示自我效能，促进教师集体效能的增长，相信并看到教师发展的可能性，引导教师进行可能性思考。

$^{*}p<0.05$，$^{**}p<0.01$，$^{***}p<0.001$，$^{ns}p>0.05$。

3. 消极文化与校长领导力各要素

（1）消极文化与行政领导力（表 7-72）。

模型 1：进入自变量——能确保学校环境安全有序，此变量对消极文化解释度为 5.8%，在 0.001 显著性水平上，模型 1 回归效果显著（$F=70.084$，$p<0.001$）。在 0.001 显著性水平上，能确保学校环境安全有序不同程度的学校间消极文化有显著差异（$\beta=-0.241$，$p<0.001$）。

模型 2：进入自变量——能确保学校环境安全有序，合理分配人力和财政资源，所有变量对消极文化解释度为 9.8%，其中合理分配人力和财政资源的解释度为 4%。在 0.001 显著性水平上，模型 2 回归效果显著（$F=61.950$，$p<0.001$）。能确保学校环境安全有序不同程度的学校间消极文化没有显著差异（$\beta=0.042$，$p>0.05$），在 0.01 显著性水平上，合理分配人力和财政资源不同程度的学校间消极文化有显著差异（$\beta=-0.347$，$p<0.001$）。

模型 3：进入自变量——能确保学校环境安全有序，合理分配人力和财政资源，科学进行人员的选拔和分配。所有变量对消极文化解释度为 11.8%，其中科学进行人员的选拔和分配的解释度为2%。在0.001显著性水平上，模型3回归效果显著（$F$=50.885，$p$<0.001）。能确保学校环境安全有序不同程度的学校间消极文化没有显著差异（$\beta$=0.064，$p$>0.05），合理分配人力和财政资源不同程度的学校间消极文化没有显著差异（$\beta$=-0.039，$p$>0.05），在0.001显著性水平上，科学进行人员的选拔和分配不同程度的学校间消极文化有显著差异（$\beta$=-0.355，$p$<0.001）。

模型4：进入自变量——能确保学校环境安全有序，合理分配人力和财政资源，科学进行人员的选拔和分配，正确评价自己。所有变量对消极文化解释度为12%，其中正确评价自己的解释度为0.2%。在0.001显著性水平上，模型4回归效果显著（$F$=38.803，$p$<0.001）。能确保学校环境安全有序不同程度的学校间消极文化没有显著差异（$\beta$=0.100，$p$>0.05），合理分配人力和财政资源不同程度的学校间消极文化没有显著差异（$\beta$=-0.017，$p$>0.05），在0.001显著性水平上，科学进行人员的选拔和分配不同程度的学校间消极文化有显著差异（$\beta$=-0.323，$p$<0.001），正确评价自己不同程度的学校间消极文化没有显著差异（$\beta$=-0.095，$p$>0.05）。

模型5：进入自变量——能确保学校环境安全有序，合理分配人力和财政资源，科学进行人员的选拔和分配，正确评价自己，了解全校师生动态。所有变量对消极文化解释度为12%，其中了解全校师生动态的解释度为0。在0.001显著性水平上，模型5回归效果显著（$F$=31.015，$p$<0.001）。能确保学校环境安全有序不同程度的学校间消极文化没有显著差异（$\beta$=0.100，$p$>0.05），合理分配人力和财政资源不同程度的学校间消极文化没有显著差异（$\beta$=-0.017，$p$>0.05），科学进行人员的选拔和分配不同程度的学校间消极文化有显著差异（$\beta$=-0.323，$p$<0.001），正确评价自己不同程度的学校间消极文化没有显著差异（$\beta$=-0.094，$p$>0.05），了解全校师生动态不同程度的学校间消极文化没有显著差异（$\beta$=-0.001，$p$>0.05）。

**表7-72 消极文化与行政领导力要素回归分析**

| 模型 | | 非标准化系数 | | 标准系数 | $t$ | $F$ | $R^2$ | $R^2$ 更改 |
|---|---|---|---|---|---|---|---|---|
| | | $B$ | 标准误差 | 试用版 | | | | |
| 1 | （常量） | 3.515 | 0.163 | | 21.605*** | 70.084*** | 0.058 | 0.058 |
| | 能确保学校环境安全有序 | -0.293 | 0.035 | -0.241 | -8.372*** | | | |
| 2 | （常量） | 3.617 | 0.160 | | 22.622*** | 61.950*** | 0.098 | 0.040 |
| | 能确保学校环境安全有序 | 0.052 | 0.059 | 0.042 | 0.868ns | | | |
| | 合理分配人力和财政资源 | -0.386 | 0.054 | -0.347 | -7.124*** | | | |

续表 7-72

| 模型 | | 非标准化系数 | | 标准系数 | $t$ | $F$ | $R^2$ | $R^2$ 更改 |
|---|---|---|---|---|---|---|---|---|
| | | $B$ | 标准误差 | 试用版 | | | | |
| 3 | （常量） | 3.649 | 0.158 | | 23.052*** | 50.885*** | 0.118 | 0.020 |
| | 能确保学校环境安全有序 | 0.078 | 0.059 | 0.064 | 1.317ns | | | |
| | 合理分配人力和财政资源 | −0.043 | 0.086 | −0.039 | −0.504ns | | | |
| | 科学进行人员的选拔和分配 | −0.382 | 0.075 | −0.355 | −5.102*** | | | |
| 4 | （常量） | 3.669 | 0.159 | | 23.115*** | 38.803*** | 0.120 | 0.002 |
| | 能确保学校环境安全有序 | 0.122 | 0.066 | 0.100 | 1.861ns | | | |
| | 合理分配人力和财政资源 | −0.019 | 0.087 | −0.017 | −0.215ns | | | |
| | 科学进行人员的选拔和分配 | −0.348 | 0.078 | −0.323 | −4.457*** | | | |
| | 正确评价自己 | −0.108 | 0.070 | −0.095 | −1.541ns | | | |
| 5 | （常量） | 3.669 | 0.159 | | 23.009*** | 31.015*** | 0.120 | 0.000 |
| | 能确保学校环境安全有序 | 0.122 | 0.068 | 0.100 | 1.795ns | | | |
| | 合理分配人力和财政资源 | −0.019 | 0.088 | −0.017 | −.212ns | | | |
| | 科学进行人员的选拔和分配 | −0.347 | 0.079 | −0.323 | −4.406*** | | | |
| | 正确评价自己 | −0.107 | 0.079 | −0.094 | −1.353ns | | | |
| | 了解全校师生动态 | −0.002 | 0.078 | −0.001 | −0.022ns | | | |

注：因变量：消极文化。

模型 1：预测变量：（常量），能确保学校环境安全有序。

模型 2：预测变量：（常量），能确保学校环境安全有序，合理分配人力和财政资源。

模型 3：预测变量：（常量），能确保学校环境安全有序，合理分配人力和财政资源，科学进行人员的选拔和分配。

模型 4：预测变量：（常量），能确保学校环境安全有序，合理分配人力和财政资源，科学进行人员的选拔和分配，正确评价自己。

模型 5：预测变量：（常量），能确保学校环境安全有序，合理分配人力和财政资源，科学进行人员的选拔和分配，正确评价自己，了解全校师生动态。

* $p<0.05$，** $p<0.01$，*** $p<0.001$，ns $p>0.05$。

（2）消极文化与教学领导力要素（表 7-73）。

模型 1：进入自变量——为学校的教师设计专业发展路径，此变量对消极文化解释度为 9.7%，在 0.001 显著性水平上，模型 1 回归效果显著（$F=122.759$，$p<0.001$）。在 0.001 显著性水平上，为学校的教师设计专业发展路径不同程度的学校间消极文化有显著差异（$\beta=-0.312$，$p<0.001$）。

模型 2：进入自变量——为学校的教师设计专业发展路径，关注课程、教学和评估的一致性，所有变量对消极文化解释度为 12.3%，其中关注课程、教学和评估的一致性的解释度为 2.5%。在 0.001 显著性水平上，模型 2 回归效果显著（$F=79.542$，$p<0.001$）。为学校的教师设计专业发展路径不同程度的学校间消极文化没有显著差异（$\beta=0.012$，$p>0.05$），在 0.001 显著性水平上，关注课程、教学和评估的一致性不同程度的学校间消极文化有显著差异（$\beta=-0.361$，$p<0.001$）。

模型 3：进入自变量——为学校的教师设计专业发展路径，关注课程、教学和评估的一致性，关注教师教学的有效性，所有变量对消极文化解释度为 12.5%，其中关注课程、教学和评估的一致性的解释度为 0.2%。在 0.001 显著性水平上，模型 3 回归效果显著（$F=53.923$，$p<0.001$）。为学校的教师设计专业发展路径不同程度的学校间消极文化没有显著差异（$\beta=0.051$，$p>0.05$），在 0.001 显著性水平上，关注课程、教学和评估的一致性不同程度的学校间消极文化有显著差异（$\beta=-0.286$，$p<0.001$），关注教师教学的有效性不同程度的学校间消极文化没有显著差异（$\beta=-0.119$，$p>0.05$）。

模型 4：进入自变量——为学校的教师设计专业发展路径，关注课程、教学和评估的一致性，关注教师教学的有效性，向教师提供教学反馈信息，所有变量对消极文化解释度为 12.6%，其中向教师提供教学反馈信息的解释度为 0.2%。在 0.001 显著性水平上，模型 4 回归效果显著（$F=41.071$，$p<0.001$）。在 0.001 显著性水平上，为学校的教师设计专业发展路径不同程度的学校间消极文化没有显著差异（$\beta=0.074$，$p>0.05$）；关注课程、教学和评估的一致性不同程度的学校间消极文化有显著差异（$\beta=-0.258$，$p<0.01$）；关注教师教学的有效性不同程度的学校间消极文化没有显著差异（$\beta=-0.058$，$p>0.05$）；向教师提供教学反馈信息不同程度的学校间消极文化没有显著差异（$\beta=-0.118$，$p>0.05$）。

模型 5：进入自变量——为学校的教师设计专业发展路径，关注课程、教学和评估的一致性，关注教师教学的有效性，向教师提供教学反馈信息，关注学生的学习进步，所有变量对消极文化解释度为 12.8%，其中向教师提供教学反馈信息的解释度为 0.1%。在 0.001 显著性水平上，模型 5 回归效果显著（$F=33.198$，$p<0.001$）。为学校的教师设计专业发展路径不同程度的学校间消极文化没有显著差异（$\beta=0.065$，$p>0.05$）；关注课程、教学和评估的一致性不同程度的学校间消极文化有显著差异（$\beta=-0.262$，$p<0.01$）；关注教师教学的有效性不同程度的学校间消极文化没有显著差异（$\beta=-0.095$，$p>0.05$）；在 0.001 显著性水平上，向教师提供教学反馈信息不同程度的学校间消极文化没有显著差异（$\beta=-0.155$，$p>0.05$）；关注学生的学习进步不同程度的学校间消极文化，没有显著差异（$\beta=0.092$，$p>0.05$）。

**表 7-73　消极文化与教学领导力要素回归分析**

| 模型 | | 非标准化系数 | | 标准系数 | $t$ | $F$ | $R^2$ | $R^2$ 更改 |
|---|---|---|---|---|---|---|---|---|
| | | $B$ | 标准误差 | 试用版 | | | | |
| 1 | （常量） | 3.654 | 0.137 | | 26.688*** | 122.759*** | 0.097 | 0.097 |
| | 为学校的教师设计专业发展路径 | -0.344 | 0.031 | -0.312 | -11.080*** | | | |
| 2 | （常量） | 3.865 | 0.140 | | 27.614*** | 79.542*** | 0.123 | 0.025 |
| | 为学校的教师设计专业发展路径 | 0.013 | 0.069 | 0.012 | 0.189ns | | | |
| | 关注课程、教学和评估的一致性 | -0.403 | 0.070 | -0.361 | -5.735*** | | | |
| 3 | （常量） | 3.921 | 0.144 | | 27.188*** | 53.923*** | 0.125 | 0.002 |
| | 为学校的教师设计专业发展路径 | 0.057 | 0.075 | 0.051 | 0.758ns | | | |
| | 关注课程、教学和评估的一致性 | -0.320 | 0.088 | -0.286 | -3.640*** | | | |
| | 关注教师教学的有效性 | -0.137 | 0.087 | -0.119 | -1.574ns | | | |
| 4 | （常量） | 3.963 | 0.147 | | 27.001*** | 41.071*** | 0.126 | 0.002 |
| | 为学校的教师设计专业发展路径 | 0.082 | 0.076 | 0.074 | 1.071ns | | | |
| | 关注课程、教学和评估的一致性 | -0.288 | 0.090 | -0.258 | -3.190** | | | |

续表 7-73

| 模型 | | 非标准化系数 | | 标准系数 | $t$ | $F$ | $R^2$ | $R^2$ 更改 |
|---|---|---|---|---|---|---|---|---|
| | | $B$ | 标准误差 | 试用版 | | | | |
| 4 | 关注教师教学的有效性 | -0.066 | 0.099 | -0.058 | $-0.671^{ns}$ | $41.071^{***}$ | 0.126 | 0.002 |
| | 向教师提供教学反馈信息 | -0.137 | 0.090 | -0.118 | $-1.525^{ns}$ | | | |
| 5 | （常量） | 3.924 | 0.150 | | $26.187^{***}$ | $33.198^{***}$ | 0.128 | 0.001 |
| | 为学校的教师设计专业发展路径 | 0.072 | 0.077 | 0.065 | $0.934^{ns}$ | | | |
| | 关注课程、教学和评估的一致性 | -0.293 | 0.090 | -0.262 | $-3.242^{**}$ | | | |
| | 关注教师教学的有效性 | -0.109 | 0.104 | -0.095 | $-1.046^{ns}$ | | | |
| | 向教师提供教学反馈信息 | -0.180 | 0.096 | -0.155 | $-1.877^{ns}$ | | | |
| | 关注学生的学习进步 | 0.109 | 0.086 | 0.092 | $1.272^{ns}$ | | | |

注：因变量：消极文化。

模型 1：(常量)，为学校的教师设计专业发展路径。

模型 2：(常量)，为学校的教师设计专业发展路径，关注课程、教学和评估的一致性。

模型 3：(常量)，为学校的教师设计专业发展路径，关注课程、教学和评估的一致性，关注教师教学的有效性。

模型 4：(常量)，为学校的教师设计专业发展路径，关注课程、教学和评估的一致性，关注教师教学的有效性，向教师提供教学反馈信息。

模型 5：(常量)，为学校的教师设计专业发展路径，关注课程、教学和评估的一致性，关注教师教学的有效性，向教师提供教学反馈信息，关注学生的学习进步。

$^{*}p<0.05$，$^{**}p<0.01$，$^{***}p<0.001$，$^{ns}p>0.05$。

（3）消极文化与战略领导力（表 7-74）。

模型 1：进入自变量——建立持续提升办学质量的规范，此变量对消极文化解释度为 11.3%，在 0.001 显著性水平上，模型 1 回归效果显著（$F=144.398$，$p<0.001$）。在 0.001 显著性水平上，建立持续提升办学质量的规范不同程度的学校间消极文化有显著差异（$\beta=-0.335$，$p<0.001$）。

模型 2：进入自变量——建立持续提升办学质量的规范，以学生高水平成绩为重点的愿景和目标，所有变量对消极文化解释度为 11.3%，其中以学生高水平成绩为重点的愿景和目标的解释度为 0.1%在 0.001 显著性水平上，模型 2 回归效果显著（$F=72.531$，$p<0.001$）。在 0.001 显著性水平上，建立持续提升办学质量的规范不同程度的学校间消极文化有显著差异（$\beta=-0.289$，$p<0.001$），以学生高水平成绩为重点的愿景和目标不同程度的学校间消极文化没有显著差异（$\beta=0.052$，$p>0.05$）。

模型 3：进入自变量——建立持续提升办学质量的规范，以学生高水平成绩为重点的愿景和目标，对学校里的所有人都有很高的期望，所有变量对消极文化解释度为 11.3%，其中对学校里的所有人都有很高的期望的解释度为 0。在 0.001 显著性水平上，模型 3 回归效果显著（$F=48.417$，$p<0.001$）。建立持续提升办学质量的规范不同程度的学校间消极文化有显著差异（$\beta=-0.272$，$P<0.001$），以学生高水平成绩为重点的愿景和目标不同程度的学校间消极文化没有显著差异（$\beta=-0.036$，$p>0.05$），对学校里的所有人都有很高的期望不同程度的学校间消极文化没有显著差异（$\beta=-0.035$，$p>0.05$）。

模型 4：进入自变量——建立持续提升办学质量的规范，以学生高水平成绩为重点的愿景和目标，对学校里的所有人都有很高的期望，学校的决策基于可靠的证据，所有变量对消极文化解释度为 12.6%，其中学校的决策基于可靠的证据的解释度为 1.3%。在 0.001 显著性水平上，模型 4 回归效果显著（$F=40.895$，$p<0.001$）。建立持续提升办学质量的规范不同程度的学校间消极文化没有显著差异（$\beta=-0.169$，$p<0.05$），以学生高水平成绩为重点的愿景和目标不同程度的学校间消极文化没有显著差异（$\beta=0.018$，$p>0.05$），在 0.01 显著性水平上，对学校里的所有人都有很高的期望不同程度的学校间消极文化没有显著差异（$\beta=0.079$，$p>0.05$），学校的决策基于可靠的证据不同程度的学校间消极文化有显著差异（$\beta=-0.284$，$p<0.001$）。

模型 5：进入自变量——建立持续提升办学质量的规范，以学生高水平成绩为重点的愿景和目标，对学校里的所有人都有很高的期望，学校的决策基于可靠的证据，向家长等利益相关者报告学校发展状态信息，所有变量对消极文化解释度为 12.7%，其中向家长等利益相关者报告学校发展状态信息的解释度为 0.1%。在 0.001 显著性水平上，模型 5 回归效果显著（$F=32.960$，$p<0.001$）。建立持续提升办学质量的规范不同程度的学校间消极文化没有显著差异（$\beta=-0.182$，$p<0.05$），以学生高水平成绩为重点的愿景和目标不同程度的学校间消极文化没有显著差异（$\beta=0.014$，$p>0.05$），对学校里的所有人都有很高的期望不同程度的学校间消极文化没有显著差异（$\beta=0.061$，$p>0.05$），学校的决策基于可靠的证据不同程度的学校间消极文化有显著差异（$\beta=-0.313$，$p<0.001$），向家长等利益相关者报告学校发展状态信息不同程度的学校间消极文化没有显著差异（$\beta=0.069$，$p>0.05$）。

**表 7-74 消极文化与战略领导力要素回归分析**

| 模型 | | 非标准化系数 | | 标准系数 | $t$ | $F$ | $R^2$ | $R^2$ 更改 |
|---|---|---|---|---|---|---|---|---|
| | | $B$ | 标准误差 | 试用版 | | | | |
| 1 | （常量） | 3.883 | 0.145 | | 26.727*** | 144.398*** | 0.113 | 0.113 |
| | 建立持续提升办学质量的规范 | -0.387 | 0.032 | -0.335 | -12.017*** | | | |
| 2 | （常量） | 3.911 | 0.149 | | 26.202*** | 72.531*** | 0.113 | 0.001 |
| | 建立持续提升办学质量的规范 | -0.334 | 0.071 | -0.289 | -4.696*** | | | |
| | 以学生高水平成绩为重点的愿景和目标 | -0.060 | 0.072 | -0.052 | -0.838ns | | | |
| 3 | （常量） | 3.921 | 0.150 | | 26.064*** | 48.417*** | 0.113 | 0.000 |
| | 建立持续提升办学质量的规范 | -0.314 | 0.081 | -0.272 | -3.894*** | | | |
| | 以学生高水平成绩为重点的愿景和目标 | -0.042 | 0.079 | -0.036 | -0.531ns | | | |
| | 对学校里的所有人都有很高的期望 | -0.041 | 0.077 | -0.035 | -0.529ns | | | |
| 4 | （常量） | 3.934 | 0.149 | | 26.318*** | 40.895*** | 0.126 | 0.013 |
| | 建立持续提升办学质量的规范 | -0.195 | 0.085 | -0.169 | -2.286* | | | |
| | 以学生高水平成绩为重点的愿景和目标 | 0.021 | 0.080 | 0.018 | 0.262ns | | | |
| | 对学校里的所有人都有很高的期望 | 0.091 | 0.083 | 0.079 | 1.101ns | | | |
| | 学校的决策基于可靠的证据 | -0.319 | 0.079 | -0.284 | -4.046*** | | | |
| 5 | （常量） | 3.897 | 0.153 | | 25.462*** | 32.960*** | 0.127 | 0.001 |
| | 建立持续提升办学质量的规范 | -0.210 | 0.086 | -0.182 | -2.430* | | | |

续表 7-74

| 模型 | | 非标准化系数 | | 标准系数 | $t$ | $F$ | $R^2$ | $R^2$ 更改 |
|---|---|---|---|---|---|---|---|---|
| | | $B$ | 标准误差 | 试用版 | | | | |
| 5 | 以学生高水平成绩为重点的愿景和目标 | 0.017 | 0.080 | 0.014 | 0.207$^{ns}$ | 32.960$^{***}$ | 0.127 | 0.001 |
| | 对学校里的所有人都有很高的期望 | 0.070 | 0.085 | 0.061 | 0.822$^{ns}$ | | | |
| | 学校的决策基于可靠的证据 | −0.351 | 0.084 | −0.313 | −4.171$^{***}$ | | | |
| | 向家长等利益相关者报告学校发展状态信息 | 0.081 | 0.074 | 0.069 | 1.091$^{ns}$ | | | |

注：因变量：消极文化。

模型 1：预测变量：（常量），建立持续提升办学质量的规范。

模型 2：预测变量：（常量），建立持续提升办学质量的规范，以学生高水平成绩为重点的愿景和目标。

模型 3：预测变量：（常量），建立持续提升办学质量的规范，以学生高水平成绩为重点的愿景和目标，对学校里的所有人都有很高的期望。

模型 4：预测变量：（常量），建立持续提升办学质量的规范，以学生高水平成绩为重点的愿景和目标，对学校里的所有人都有很高的期望，学校的决策基于可靠的证据。

模型 5：预测变量：（常量），建立持续提升办学质量的规范，以学生高水平成绩为重点的愿景和目标，对学校里的所有人都有很高的期望，学校的决策基于可靠的证据，向家长等利益相关者报告学校发展状态信息。

$^{*}p<0.05$，$^{**}p<0.01$，$^{***}p<0.001$，$^{ns}p>0.05$。

（4）消极文化与包容领导力要素（表 7-75）。

模型 1：进入自变量——学校的决策让家长等利益相关者参与，此变量对消极文化解释度为 5.3%，在 0.001 显著性水平上，模型 1 回归效果显著（$F$=63.114，$p$<0.001）。在 0.001 显著性水平上，学校的决策让家长等利益相关者参与不同程度的学校间消极文化有显著差异（$\beta$=−0.229，$p$<0.001）。

模型 2：进入自变量——学校的决策让家长等利益相关者参与，赋权给全校教职员工，所有变量对消极文化解释度为 9.5%，其中赋权给全校教职员工的解释度为 4.2%。在 0.001 显著性水平上，模型 2 回归效果显著（$F$=59.556，$p$<0.001）。学校的决策让家长等利益相关者参与不同程度的学校间消极文化没有显著差异（$\beta$=0.087，$p$>0.05），在 0.001 显著性水平上，赋权给全校教职员工不同程度的学校间消极文化有显著差异（$\beta=-0.377$，$p<0.001$）。

模型 3：进入自变量——学校的决策让家长等利益相关者参与，赋权给全校教职员工，积极建立与家长的联系，所有变量对消极文化解释度为 10.7%，其中积极建立与家长的联系的解释度为 1.2%。在 0.001 显著性水平上，模型 3 回归效果显著（$F=45.318$，$p<0.001$）。学校的决策让家长等利益相关者参与不同程度的学校间消极文化没有显著差异（$\beta=0.195$，$p<0.01$），赋权给全校教职员工不同程度的学校间消极文化有显著差异（$\beta=-0.313$，$p<0.001$），积极建立与家长的联系不同程度的学校间消极文化有显著差异（$\beta=-0.199$，$p<0.001$）。

模型 4：进入自变量——学校的决策让家长等利益相关者参与，赋权给全校教职员工，积极建立与家长的联系，争取家长和社区等参与学校的各项活动，所有变量对消极文化解释度为 10.8%，其中争取家长和社区等参与学校的各项活动的解释度为 0.1%。在 0.001 显著性水平上，模型 4 回归效果显著（$F=34.259$，$p<0.001$）。学校的决策让家长等利益相关者参与不同程度的学校间消极文化有显著差异（$\beta=0.184$，$p<0.01$），赋权给全校教职员工不同程度的学校间消极文化有显著差异（$\beta=-0.330$，$p<0.001$），积极建立与家长的联系不同程度的学校间消极文化有显著差异（$\beta=-0.237$，$p<0.001$），争取家长和社区等参与学校的各项活动不同程度的学校间消极文化没有显著差异（$\beta=0.070$，$p>0.05$）。

**表 7-75　消极文化与包容领导力要素回归分析**

| 模型 | | 非标准化系数 | | 标准系数 | $t$ | $F$ | $R^2$ | $R^2$ 更改 |
|---|---|---|---|---|---|---|---|---|
| | | $B$ | 标准误差 | 试用版 | | | | |
| 1 | （常量） | 3.234 | 0.137 | 23.664*** | | 63.114*** | 0.053 | 0.053 |
| | 学校的决策让家长等利益相关者参与 | −0.245 | 0.031 | −0.229 | −7.944*** | | | |
| 2 | （常量） | 3.309 | 0.134 | | 24.686*** | 59.556*** | 0.095 | 0.042 |
| | 学校的决策让家长等利益相关者参与 | 0.093 | 0.055 | 0.087 | 1.676$^{ns}$ | | | |
| | 赋权给全校教职员工 | −0.368 | 0.051 | −0.377 | −7.288*** | | | |
| 3 | （常量） | 3.584 | 0.151 | | 23.805*** | 45.318*** | 0.107 | 0.012 |
| | 学校的决策让家长等利益相关者参与 | 0.208 | 0.062 | 0.195 | 3.340** | | | |

续表 7-75

| 模型 | | 非标准化系数 | | 标准系数 | $t$ | $F$ | $R^2$ | $R^2$ 更改 |
|---|---|---|---|---|---|---|---|---|
| | | $B$ | 标准误差 | 试用版 | | | | |
| 3 | 赋权给全校教职员工 | −0.306 | 0.053 | −0.313 | −5.797*** | 45.318*** | 0.107 | 0.012 |
| | 积极建立与家长的联系 | −0.234 | 0.060 | −0.199 | −3.917*** | | | |
| 4 | （常量） | 3.569 | 0.151 | | 23.596*** | 34.259*** | 0.108 | 0.001 |
| | 学校的决策让家长等利益相关者参与 | 0.197 | 0.063 | 0.184 | 3.103** | | | |
| | 赋权给全校教职员工 | −0.323 | 0.055 | −0.330 | −5.837*** | | | |
| | 积极建立与家长的联系 | −0.279 | 0.074 | −0.237 | −3.770*** | | | |
| | 争取家长和社区等参与学校的各项活动 | 0.078 | 0.075 | 0.070 | 1.036ns | | | |

注：因变量：消极文化。

模型 1：预测变量：（常量），学校的决策让家长等利益相关者参与。

模型 2：预测变量：（常量），学校的决策让家长等利益相关者参与，赋权给全校教职员工。

模型 3：预测变量：（常量），学校的决策让家长等利益相关者参与，赋权给全校教职员工，积极建立与家长的联系。

模型 4：预测变量：（常量），学校的决策让家长等利益相关者参与，赋权给全校教职员工，积极建立与家长的联系，争取家长和社区等参与学校的各项活动。

* $p<0.05$，** $p<0.01$，*** $p<0.001$，ns $p>0.05$。

（5）消极文化与激励领导力（表 7-76）。

模型 1：进入自变量——认识和利用学校教师的才华，此变量对中性文化解释度为 10.6%，在 0.001 显著性水平上，模型 1 回归效果显著（$F=134.529$，$p<0.001$）。在 0.001 显著性水平上，认识和利用学校教师的才华不同程度的学校间消极文化有显著差异（$\beta=-0.325$，$p<0.001$）。

模型 2：进入自变量——认识和利用学校教师的才华，与教师建立信任和融洽关系，所有变量对消极文化解释度为 11.3%，其中与教师建立信任和融洽关系的解释度为 0.7%。在 0.001 显著性水平上，模型 2 回归效果显著（$F=72.461$，$p<0.001$）。在 0.001 显著性水平上，认识和利用学校教师的才华不同程度的学校间消极文化没有显著差异（$\beta=-0.127$，$p>0.05$），与教师建立信任和融洽关系不同程度的学校间消极文化有显著差异（$\beta=-0.216$，$p<0.01$）。

模型3（进入自变量：认识和利用学校教师的才华，与教师建立信任和融洽关系，是学校教师的榜样）、模型4（进入自变量：认识和利用学校教师的才华，与教师建立信任和融洽关系，是学校教师的榜样，工作中能充分展示自我效能）、模型5（进入自变量：认识和利用学校教师的才华，与教师建立信任和融洽关系，是学校教师的榜样，工作中能充分展示自我效能，促进教师集体效能的增长）、模型6（进入自变量：认识和利用学校教师的才华，与教师建立信任和融洽关系，是学校教师的榜样，工作中能充分展示自我效能，促进教师集体效能的增长，相信并看到教师发展的可能性）、模型7（进入自变量：认识和利用学校教师的才华，与教师建立信任和融洽关系，是学校教师的榜样，工作中能充分展示自我效能，促进教师集体效能的增长，相信并看到教师发展的可能性，引导教师进行可能性思考）中激励领导力的各要素不同程度的学校间消极文化均没有显著差异，$p>0.05$。

**表 7-76　消极文化与激励领导力要素回归分析**

| 模型 | | 非标准化系数 | | 标准系数 | $t$ | $F$ | $R^2$ | $R^2$ 更改 |
|---|---|---|---|---|---|---|---|---|
| | | $B$ | 标准误差 | 试用版 | | | | |
| 1 | （常量） | 3.754 | 0.139 | | $26.914^{***}$ | $134.529^{***}$ | 0.106 | 0.106 |
| | 认识和利用学校教师的才华 | −0.359 | 0.031 | −0.325 | $-11.599^{***}$ | | | |
| 2 | （常量） | 3.838 | 0.142 | | $27.098^{***}$ | $72.461^{***}$ | 0.113 | 0.007 |
| | 认识和利用学校教师的才华 | −0.140 | 0.078 | −0.127 | $-1.798^{ns}$ | | | |
| | 与教师建立信任和融洽关系 | −0.239 | 0.078 | −0.216 | $-3.066^{**}$ | | | |
| 3 | （常量） | 3.861 | 0.142 | | $27.185^{***}$ | $49.555^{***}$ | 0.116 | 0.003 |
| | 认识和利用学校教师的才华 | −0.100 | 0.081 | −0.091 | $-1.240^{ns}$ | | | |
| | 与教师建立信任和融洽关系 | −0.127 | 0.098 | −0.115 | $-1.299^{ns}$ | | | |
| | 是学校教师的榜样 | −0.156 | 0.084 | −0.144 | $-1.853^{ns}$ | | | |
| 4 | （常量） | 3.870 | 0.145 | | $26.758^{***}$ | $37.165^{***}$ | 0.116 | 0.000 |
| | 认识和利用学校教师的才华 | −0.096 | 0.082 | −0.086 | $-1.166^{ns}$ | | | |

续表 7-76

| 模型 | | 非标准化系数 | | 标准系数 | $t$ | $F$ | $R^2$ | $R^2$ 更改 |
|---|---|---|---|---|---|---|---|---|
| | | $B$ | 标准误差 | 试用版 | | | | |
| 4 | 与教师建立信任和融洽关系 | -0.121 | 0.100 | -0.110 | $-1.210^{ns}$ | | | |
| | 是学校教师的榜样 | -0.139 | 0.099 | -0.128 | $-1.398^{ns}$ | $37.165^{***}$ | 0.116 | 0.000 |
| | 工作中能充分展示自我效能 | -0.030 | 0.091 | -0.027 | $-0.334^{ns}$ | | | |
| 5 | （常量） | 3.890 | 0.146 | | $26.672^{***}$ | | | |
| | 认识和利用学校教师的才华 | -0.073 | 0.085 | -0.066 | -0.866ns | | | |
| | 与教师建立信任和融洽关系 | -0.098 | 0.102 | -0.088 | $-0.955^{ns}$ | | | |
| | 是学校教师的榜样 | -0.133 | 0.100 | -0.122 | $-1.336^{ns}$ | $29.966^{***}$ | 0.117 | 0.001 |
| | 工作中能充分展示自我效能 | 0.018 | 0.102 | 0.016 | $0.175^{ns}$ | | | |
| | 促进教师集体效能的增长 | -0.105 | 0.097 | -0.092 | $-1.073^{ns}$ | | | |
| 6 | （常量） | 3.892 | 0.146 | | $26.673^{***}$ | | | |
| | 认识和利用学校教师的才华 | -0.059 | 0.088 | -0.053 | $-0.668^{ns}$ | | | |
| | 与教师建立信任和融洽关系 | -0.090 | 0.103 | -0.082 | $-0.874^{ns}$ | | | |
| | 是学校教师的榜样 | -0.130 | 0.100 | -0.120 | $-1.308^{ns}$ | $25.027^{***}$ | 0.117 | 0.000 |
| | 工作中能充分展示自我效能 | 0.028 | 0.103 | 0.025 | $0.268^{ns}$ | | | |
| | 促进教师集体效能的增长 | -0.072 | 0.110 | -0.063 | $-0.656^{ns}$ | | | |
| | 相信并看到教师发展的可能性 | -0.068 | 0.106 | -0.060 | $-0.637^{ns}$ | | | |

续表 7-76

| 模型 | | 非标准化系数 | | 标准系数 | $t$ | $F$ | $R^2$ | $R^2$ 更改 |
|---|---|---|---|---|---|---|---|---|
| | | $B$ | 标准误差 | 试用版 | | | | |
| 7 | （常量） | 3.875 | 0.147 | | 26.419*** | 21.662*** | 0.118 | 0.001 |
| | 认识和利用学校教师的才华 | -0.068 | 0.088 | -0.062 | -0.778ns | | | |
| | 与教师建立信任和融洽关系 | -0.093 | 0.103 | -0.084 | -0.898ns | | | |
| | 是学校教师的榜样 | -0.138 | 0.100 | -0.128 | -1.387ns | | | |
| | 工作中能充分展示自我效能 | 0.021 | 0.103 | 0.019 | 0.204ns | | | |
| | 促进教师集体效能的增长 | -0.119 | 0.117 | -0.105 | -1.021ns | | | |
| | 相信并看到教师发展的可能性 | -0.108 | 0.112 | -0.096 | -0.965ns | | | |
| | 引导教师进行可能性思考 | 0.118 | 0.099 | 0.104 | 1.192ns | | | |

注：因变量：消极文化。

模型 1：预测变量：（常量），认识和利用学校教师的才华。

模型 2：预测变量：（常量），认识和利用学校教师的才华，与教师建立信任和融洽关系。

模型 3：预测变量：（常量），认识和利用学校教师的才华，与教师建立信任和融洽关系，是学校教师的榜样。

模型 4：预测变量：（常量），认识和利用学校教师的才华，与教师建立信任和融洽关系，是学校教师的榜样，工作中能充分展示自我效能。

模型 5：预测变量：（常量），认识和利用学校教师的才华，与教师建立信任和融洽关系，是学校教师的榜样，工作中能充分展示自我效能，促进教师集体效能的增长。

模型 6：预测变量：（常量），认识和利用学校教师的才华，与教师建立信任和融洽关系，是学校教师的榜样，工作中能充分展示自我效能，促进教师集体效能的增长，相信并看到教师发展的可能性。

模型 7：预测变量：（常量），认识和利用学校教师的才华，与教师建立信任和融洽关系，是学校教师的榜样，工作中能充分展示自我效能，促进教师集体效能的增长，相信并看到教师发展的可能性，引导教师进行可能性思考。

* $p<0.05$，** $p<0.01$，*** $p<0.001$，ns $p>0.05$。

## 第三节 农村学校校长领导力与学校效能间传导机制

### 一、不同维度的领导实践对学校效能增强均有显著的独立影响

线性回归分析结果显示，校长的领导实践及各维度对学校效能增强均有显著

性独立影响，每个维度对学校效能增强的影响存在差异（表 7-77）。整体领导实践对学校效能影响的解释力达到 53%，即领导实践每增加一个单位，学校效能增加 0.53 个单位。5 个不同维度的领导实践对学校效能的解释力均达到 40%以上。其中教学领导实践解释力最高，达到 50.7%，包容领导实践的解释力最低为 40.3%。这表明，5 个维度中的任何一个领导实践对学校效能的增加都有积极正向的影响。

**表 7-77 领导实践对学校效能单独影响的回归分析摘要**

| 自变量 | 可决系数 $R^2$ | $F$ 值 | 标准化回归系数 $\beta$ |
|---|---|---|---|
| 整体领导实践 | 0.530 | 1285.891*** | 0.728 |
| 行政领导实践 | 0.489 | 1090.303*** | 0.699 |
| 教学领导实践 | 0.507 | 1170.321*** | 0.712 |
| 战略领导实践 | 0.497 | 1124.280*** | 0.705 |
| 包容领导实践 | 0.403 | 769.638*** | 0.635 |
| 激励领导实践 | 0.465 | 991.126*** | 0.682 |

## 二、不同学校特征下不同维度的领导实践对学校效能的影响优势存在差异

鉴于不同维度的领导实践可能同时存在于管理工作中，共同影响学校效能，因此，将这些维度同时投入到回归方程中，并对学校特征限制后采取逐步回归分析。结果发现，学校规模不同、学校所在地不同、学校类型不同、学校与管理部门的空间距离不同，不同维度的领导实践对学校效能增强的优势不同（表7-78）。

在小规模学校（学生数在 200 人以下）中，占绝对优势解释力的是教学领导实践，其可决系数为 0.507；这表明 5 个维度的领导实践能联合预测学校效能 53.3%的变异量中 50.7%是由教学领导实践完成的。在中等规模的学校中（学生数在 200~1000 之间），占绝对优势解释力的是教学领导实践，其可决系数为 0.429；在规模较大的学校中（学生数在 1000 人以上），占绝对优势解释力的却是战略领导实践，其解释力达到 64.7%（模型 1）。县市、乡镇的学校中，占绝对优势解释力的是教学实践，其解释力分别为 59.7%和 49.3%，在村屯学校，占绝对优势解释力的是行政领导实践，其解释力为 55%（模型 2）。小学占绝对优势解释力的是战略领导实践，其解释力为 51.4%；初中占绝对优势解释力的是教学实践，其解释力为 52.9%；高中只有教学领导实践对学校效能有显著影响，其解释力的高达 73.8%（模型 3）。从学校与管理部门的空间距离来看，位置非常远和适中的学校中，占绝对优势解释力的是行政领导实践，其解释力分别为 55.4%和 51.1%；非常近的学校中，占绝对优势解释力的是激励领导实践，其解释力为 78.5%（模型 4）。

**表 7-78 不同情境下各维度领导实践对学校效能影响的回归分析可决系数（$R^2$）**

| 项 目 | | 行政领导 | 教学领导 | 战略领导 | 包容领导 | 激励领导 | 总值 |
|---|---|---|---|---|---|---|---|
| 模型 1：学校学生数 | <200 | 0.015 | 0.507 | 0 | 0.011 | 0 | 0.533 |
| | 200~1000 | 0.027 | 0.429 | 0 | 0.004 | 0 | 0.459 |
| | >1000 | 0 | 0.008 | 0.647 | 0 | 0.030 | 0.684 |
| 模型 2：学校所在地 | 县市 | 0.012 | 0.597 | 0 | 0 | 0.025 | 0.629 |
| | 乡镇 | 0.011 | 0.493 | 0 | 0.006 | 0 | 0.510 |
| | 村屯 | 0.550 | 0 | 0 | 0.013 | 0 | 0.563 |
| 模型 3：学校类型 | 小学 | 0.024 | 0 | 0.514 | 0.007 | 0.003 | 0.548 |
| | 初中 | 0.020 | 0.529 | 0 | 0 | 0.007 | 0.555 |
| | 高中 | 0 | 0.738 | 0 | 0 | 0 | 0.738 |
| 模型 4：学校与管理部门的空间距离 | 非常远 | 0.554 | 0.046 | 0 | 0 | 0 | 0.601 |
| | 适中 | 0.511 | 0 | 0.022 | 0 | 0 | 0.533 |
| | 非常近 | 0.015 | 0 | 0.018 | 0 | 0.785 | 0.818 |

注：因变量：学校效能。

自变量：行政领导、教学领导、战略领导、包容领导、激励领导。

## 三、积极学校文化在校长领导实践对学校效能影响中起到显著的中介作用

为分析不同性质学校文化在校长领导实践对学校效能影响间的中介作用，利用 BOOTSTAP 方法检验 3 种学校文化的中介效应。数据结果显示，模型中的总效应、直接效应、总的间接效应均显著，积极文化中介效应显著，中性文化和消极文化的中介效应不显著（表 7-79）。积极文化的中介效应占总效应的 51.23%，也就是说在校长领导实践对促进学校效能提升过程中有 48.77%的作用是校长领导实践直接起到的，另外的 51.23%是通过积极文化起到的作用。三种文化在校长领导实践和学校效能间的作用不一致，积极文化起到推进作用，而中性文化和消极文化起到减缓或阻碍作用。

**表 7-79 学校文化在校长领导实践对学校效能提升的中介效应分析**

| 自变量 | 估计值 | SE（Boot SE） | LLCI | ULCI |
|---|---|---|---|---|
| 总效应 | 0.1542 | 0.0052 | 0.1440 | 0.1644 |
| 直接效应 | 0.0763 | 0.0111 | 0.0546 | 0.0980 |
| 积极文化 | 0.0790 | 0.0141 | 0.0509 | 0.1059 |
| 中性文化 | −0.0004 | 0.0008 | −0.0023 | 0.0011 |
| 消极文化 | −0.0008 | 0.0023 | −0.0052 | 0.0037 |
| 总中介效应 | 0.0778 | 0.0142 | 0.0497 | 0.1045 |

# 第八章 农村学校校长领导力提升学校效能策略

就校长领导力的提升而言，其前提和动力在于学校的组织与变革，因此，可以将校长领导力的提升与学校效能的提升紧密联系在一起。事实上，校长领导力提升的过程也是学校组织改进与提升的过程，紧随其后的即为学校效能的整体提升。而学校的组织与变革需要在组织与管理层面进行调整，这其中就涉及组织层面中关联到的相关主体的调整，此时的组织就是由若干个主体组成的开放系统，校长在这样的开放系统中不是孤立存在的，组织系统内各个要素都在相互协调配合，为整个学校组织的运作发挥作用。因此，在探讨校长领导力提升学校效能的策略时，就需要综合考虑组织系统内外多方面的因素，在制度与文化层面优化校长领导环境，在战略发展层面提供领导力量，在技术管理层面强化追随者力量，多面发力，基于校长领导力的发挥提升学校效能。

## 第一节 制度与文化层面——优化领导环境

随着组织的产生与发展，组织内制度也随之出现，组织内部制度的优化与健全，背后存在组织对于制度环境的依赖，在学校组织中也是如此，制度环境是进行制度安排的驱动引擎，是学校组织得以存在的最为根本的支持因素。制度环境的变化决定着学校外部公共权力的结构和运营，决定着学校与多种社会关系的基本交往与沟通，既为学校内部制度提供基本运行准则，也为学校领导力发挥的提供外在条件。而相对于制度的另一方面——文化，其整体环境形成了一种价值观导向，这种导向影响甚至决定学校成员对教育的认识，对后续生活的态度和行为表现。因此，在组织运行过程中，制度环境、文化环境是一种领导环境，可以保障校长领导力的有效发挥，其中涉及领导活动的自然要素与社会要素的双重结合。对于校长而言，想要将制度与文化落实到学校整体的环境中必然受制于外部环境的影响，因此，提升校长领导效能，首先要在外部领导环境上进行优化。

### 一、完善义务教育经费保障机制

制度层面的教育资金投入需要依靠强有力的制度环境保障，并需要满足生存和发展所必需的资金，因此，农村义务教育资金保障制度是谋求义务教育均衡发展、提高校长领导能力的核心。完善农村试点学校、薄弱学校、教育点等义务教育资金保障制度，可以更好地从制度层面解决农村学校教育资金不足的问题，由此一来，校长主导学校的内外部改革和发展有了强有力的资金保障后，就为其领导方式的多样化奠定了基础，继而对学校整体的办学条件水平的提升、教师的职业效能与组织承诺水平的稳定、学生学业水平以及整体素质的提升等发挥积极作用，并最终促进学校整体的发展。教育经济学理论表明，有三类标准可以用来进行教育财政政策的判断，即为是否具备充足的教育经费、是否进行了有效的教育资源分配、是否配置了合理公平的教育资源。

### （一）应确保公共财政总量的充足

在谈到充足的公共财政时，应筹措足够的资金以满足实际需要（包括数量和质量的教育金融服务）。就农村学校而言，为保障其可持续发展，稳步提升教育质量，政府层面应不断加大教育经费的投入。为保证农村义务教育经费的稳定投入和持续增长，实现城乡义务教育均衡发展，可以通过学习国外经验，将教育附加费提高到教育税，在城市地区征收，专项用于农村义务教育的发展。在使用过程中优先考虑农村地区薄弱的学校，并考虑其他地区公共财政的总需求。各级政府应完善系统，确保农村学校，尤其是小规模学校和教育点的资金准时到位并得以有效利用，进行教育政策的适度倾斜，优先考虑对农村薄弱学校的教育资金投入。

### （二）保障教育资源配置公平标准

关于教育资源配置的公平性标准具体包括三个方面：一是水平的公平性，即同等状况下的群体应该予以相似的待遇；二是垂直的公平性，即对待不同情况下的人应予以不同的待遇；三是机会的均等性，即每个群体或个人都应该被予以同等发展机会。从这一点来看，提高公共支出基本标准的制订速度，解决人员经费本体问题等都应该遵循公平分配教育资源的基本原则。从政策观点来看，为义务教育加快建立国家公共资金标准是非常必要的，也是非常紧迫的。一些学者认为，应该建立一种农村义务教育公共经费支出的核定标准——“经济发展水平+成果+弹性指数”。随着经济发展水平的稳步推进和教育质量的逐步提高，公共资金投入也要随之持续增加。另外，作为发展中国家，为了加快现代化进程，促进经济飞跃发展，有必要增加教育投资，增加教育投资比率。

### （三）遵循教育资源配置效率准则

教育资源的配置效率准则是指资源的投入与产出的关系。政府对资源分配的不当介入会使得经济相关活动脱离原来的轨道，进而降低资源分配的效率，因此有必要考虑加强学校公共资金的管理。之所以提高学校公共资金管理的自主性，主要是因为义务教育资金保障机制在某种程度会限制校长领导力的自主发挥。财政领导力是校长领导能力中不可或缺的部分，如果没有财政力量，就很难执行校长的管理和领导。校财局管的模式确实有助于防止公共资金的滥用，但监督管理的同时在一定程度上也意味着截断了校长的财政管理权限，进而在某种程度上影响校长领导力的发挥。因此，在实施农村义务教育资金保障的过程中，应首先保障学校公共资金管理的自主权，既包括预算自主权，也包括公共资金的依法使用自主权，这不仅是学校应具备的正当权利，同时也是确保学校的正常运转、提高公共资金利用效率的必要条件。

## 二、推进义务教育资源区域共享

区域内教育资源的共享，不能脱离其背后教育行政主体的支持，接受特定的教育资源共享，必须进行相应的制度安排。就现有的区域性教育资源的共享现实来看，财物资源和人力资源的共享存在规定不清、责任不明晰，以及实施目标对象的抵触情绪等，因此应明确政府责任，进行细化明确的规定。特别是对一些尚处于教育资源共享探索阶段的农村地区，为保障教育资源共享的效果，要实行专项配套扶持政策，进而保障教育资源共享的实时性、实效性。就县域内教育资源的共享而言，要以人力资源与教学资源为主，教育领域的人力资源主要指向于教师群体，就现阶段而言，有教师轮岗政策，但城区中的轮岗教师仍旧难以破除所属原单位的群体意识，因此仍需要探索创新人力资源共享的新方法、新手段。例如，可以通过在县内统一设置岗位，实现县内教师队伍的流动。相对于人力资源的共享，教育资源的传递因其自身传输速度快捷、方式多样等特点相对便利，不需要太多的责任说明和规定，应该是最有效方便的共享资源。与网络相结合，可通过远程传送课程资料、教学计划模板及高质量课件视频等，实现区域教育资源的快速流动。对于农村地区发展相对较好的村级学校可以实现线下教学资源的传递，例如，村级示范学校教师可以带动附近区域薄弱学校积极进行课程资源的开发，建立课程教学研究共享小组，共同推进教授理论和实践的发展。

## 三、塑造共同愿景的学校文化

塑造共同愿景的学校文化，作为学校领导者的校长，需要付出努力。就农村学校而言，文化认知基础的不稳定性是限制农村学校校长领导效能发挥的根本因素。有研究表明，具备高效领导才能的校长应在六个方面发挥作用：一是提出并宣传发展蓝图；二是激励、赏识学校组织成员；三是积极获取内外部资源；四是采取标准组织运营流程；五是有效监督和强化改善；六是协调处理、减除纷扰。逐一审视六方面的作用不难发现，六种校长领导力的作用方向有维护学校稳定发展的基础性维稳作用，有带动学校灵动发展的变革愿景。因此，农村学校借由校长领导力的提升为学校效能的持续长远发展做铺垫，务必要明确校长的一种领导模式，即结合内外多面，塑造共同愿景的学校文化。这就对农村学校提出了巨大的挑战。从某种意义上讲，在大中小城市学校的发展过程中，内涵式的文化创建与发展尚且并非易事，相对而言，农村学校的共同愿景学校文化的塑造更是需要予以深入思考。因此，挖掘植根于学校传统、价值观与信仰的“乡土气质”的农村小学文化可以作为塑造学校共同文化愿景的落脚点。

### （一）建立对共同价值观与目标的集体认同

在共同目标意识的作用之下，通过对重要问题的明确理解，使成员融为一体，在学校发展的过程中也是如此。应对于学校发展方向和目标达成一致共识，形成共同提升的意愿，进一步推动学校成员形成主人翁参与意识，强化集体认同。因此，建立共同的价值观与目标的集体认同，可以从立足本体、发展主体、推进整体三方面着手。

立足本体，即基于学校文化本位的发展愿景。这种本位的发展愿景在一定程度上也可以被视为一种学校的特色文化。首先，可以体现为一种校史文化，对于学校所有成员而言，校史文化应该是根植于其内心的，并非简单地停留在校史馆中讲解员空洞的讲解词中，要让学校组织中的群体成员将校史文化内化于心、外化于行。这就需要校长发挥其领导力，联动教师群体对校史文化进行深入挖掘，在继承的基础之上进行传承与创新，逐步形成学校全体成员对于校史文化感受的核心力量。农村学校相对于城市而言，师生的精神生活相对贫乏，可以引导师生通过体悟校史文化，结合课上课下、教学实践进行精神文化的传递。其次，本体愿景还可以理解成为一种学校特色文化，农村学校可以发挥地域优势，建设具有特色的学校文化。

发展主体，即坚持愿景建设的主体性。共同价值和共同目标是包括校长、教师和学生在内的学校多种多样的主体，不能分离。价值的形成是学校发展过程中各个主体持续继承、吸收、创造、积累和发展的结果。作为价值层面的领导者，校长应该树立正确的教学价值观，包括办学思考、培训目标、教学风格、学习风格、校训等。此外，校长可以通过个人的人格魅力，其中既包含校长内在的智慧、知识素养、道德品质等，又包含其外部创新、沟通、组织协调的能力。因此，在发展学校愿景的主体性这一部分，更接近于校长个人特质的表现。

推进整体，即注重学校愿景建设中各个子系统的整体性。学校发展的全面性不是静止僵化的，而是以多种因素的不断开发和变化为基础的。以农村小学为例，虽然校长的交替缓慢和长期缺乏教师成为固定模式，但随着时间的推进和自身不断学习发展，农村学校校长和教师的价值观念也会发生变化，因此应该在学校发展蓝图的大背景之下，进行文化的整合发展。将校长、教师和学生的价值整合到共同发展的愿景之中，统筹协调、组织安排，在开发过程中实现全新的进化。

（二）相互信任

基于“透明性”和“均衡性”的原则，作为学校领导者的校长应该主动在教师之间积极培养信赖感。所谓透明性，即对教师敞开心扉，弱化在组织群体中领导者与追随者的边界，与教师之间形成相互信任的人际关系，要理解教师的立场和感受，站在教师的立场上思考和处理问题，引发感情共鸣；均衡性是指以包容的心态对待各种观点与问题，在做出决定前能够参考广大教职工的意见与建议。农村学校的大部分教师都是农村出身，校长也是其中的一分子，他们很难与自己所属的地区文化进行分离，感受到的熟悉和亲密感更多。在这样的地缘关系中，多一点理解，多一点信赖别人，彼此间的信赖并不难建立。

## 第二节　战略层面——提供领导力量

对于教育行政者来说，以战略性的规划寻求系统内部领导者的整体提升是一种提供领导力量的方式。对于学校领导者而言，战略层面的管理同样是必要的，要求用一种长远性、全局性的眼光谋求学校组织可能性的发展。因此，无论是教育行政者与领导者，在战略层面的合理引导使得学校组织内部的领导者效能得以最大程度的发挥既是目的也是关键。

### 一、健全校长领导行为的保障机制

（一）规范农村学校校长选拔

当前农村学校校长的选拔现实困境在于，大部分农村素质与能力相对较低。事实上，选拔农村学校校长处于一个较为尴尬的境地。选拔标准如果严格，设定较高的准入门槛，几乎没有人愿意到农村学校做校长，一方面要处理纷繁复杂的事务，另一方面更为重要的是选拔的高层次水平的校长基本不是农村所属地缘的居民，这样使得在生活方面存在实际困难，更难调动到农村担任校长的积极意愿。相反，如若降低选拔标准，农村学校原本的问题仍会对农村学校的发展产生限制。因此，选拔农村学校校长，要以中庸之道进行折中，既要以较为严格的准入标准进行门槛性的限制，又要在一定程度进行政策的倾斜。

首先要考虑校长的特点。教育行政人员可以根据县域一级以及农村学校的实际情况选拔和采用，综合考虑候选人的特点。其次，应该考虑运用一定的方式来明确农村学校校长资格任用。设定校长资格的方法有两种：一是通过规定校长最低条件，明确校长责任和权限，以法律的形式保障校长在学校运营中的地位；另一个是通过建立学校管理人员证书制度来确定校长的资格，为了维护学校管理人员的专业地位，校长证书制度的建立则是重要的措施之一。

就学校管理的理论知识而言，对于农村学校校长的要求可以适度放宽。就校长的角色来说，校长是教育实践人员而不是教育理论家。在现阶段，虽然对校长专业化的要求越来越高，但在农村学校的实际情况下，校长需要立足实践，扎根实践。一些研究人员指出，校长在城市化过程中的作用应该是学校变革的推动者，是社会活动家，更是农村文化课程的开发者，是教师可以进行追随的榜样，是学校温暖家园的建设者。不难发现，这些角色的背后都离不开校长在实践过程中的不断行动。理论的获得离不开实践，担任校长后，可以从实践经验中获得有关学校管理的理论，进一步提升学校组织管理的能力。

### （二）完善农村学校校长培训机制

培训是校长从教育教学人员转变为具备领导才能人员的一种外部智力支持，对于校长而言，培训是必不可少的，也是提高领导能力效率的必要手段。就当下农村小学的实际情况来看，农村大部分学校校长在参与校长工作之前没有接受系统的学校运营理论的学习，有很多校长以经验或模仿为基础进行管理，因此应该注重对校长的培训，以及培训中的内容均衡。从理论上讲，校长的培训需要专业的知识体系和知识结构，在实际的校长培训中，存在对于培训内容不满意的情况，这就需要培训者在实际进行安排时，处理好供需矛盾，注重培训课程的实效性与针对性。

以校长不均衡培训的现实为基础，提议制订农村学校校长专项训练计划。我国自 1999 年实行《中小学校长培训规定》以来，在推进校长专业化发展的过程中，对校长培训进行了积极的理论探索和实践。但从地区角度看，主要受益的还是城区校长，农村学校校长的培训机会十分有限。从学校业务的角度看，城乡小学面对的问题、管理方法实际情况有很大差异。如果采用大一统的培训的形式，将城乡进行捆绑，使用同样的培训方法和内容，城乡双方面对的难题依旧难以得以化解。为此，应制订农村学校校长专项培训计划，结合地缘特点，对特定地区农村学校校长进行培训，让农村学校校长成为专项培训政策的受益群体，进一步推动义务教育的均衡发展。

## 二、构建区域网络与学校定位

学校是一个复杂的网络系统，作为学校的领导者，校长处于这一网络之中。大量的实证研究表明，教师需要有专业的教学网络环境来对其进行教育教学实践予以支持，校长和其他管理者同样需要一个能够进行观念思维共享、实践行动联通的网络环境，这一点对于提高领导能力和发展领导能力具有决定性的影响。尤其是大部分农村学校，通过群体形式的校长培训考核等很难解决其在个人素质能力的提升、学校组织管理运行过程中对于复杂问题等困惑的处理，因此，需要的是一种“网络连接”，可以建立地缘网络连接组织，进行捆绑，形成总网点和分网点，形成校长领导群体，共同交流研究、学习成长。

学校的定位是指学校对当前内外部情况的全面调查、评估和预测，应通过对内部及外部条件的研究，追加制订适合学校目标的实施计划。领导效能需要农村学校校长在对当前学校准确定位的基础上进行提升与改进。但对于大部分农村学校校长来说，学校问题的诊断更多的是一种“问题积累”，单一问题不断堆积，在处理问题的思路上没有抽丝剥茧的决断，而往往试图通过单方面的资金投资和教育资源的投入来提高领导效率。对于自己所属学校发展的优势以及机遇不甚了解，因此，对于校长而言，从某一单一问题出发，有哪些环节需要进行改进与提升，都需要校长进行全方位的透彻分析，提出学校发展的主体方向，进而形成对于学校发展的战略分析。

## 三、在反思中改进校长领导实践

### （一）有意识引领反思

反思可以分为两类，主体性反思、实践性反思，对于校长而言，应将自身视为反思的主体，进行主体性以及实践性的反思。主体性反思是个体进行反思的第一步，通俗地说就是“认识你自己”。现实中，大部分的农村学校校长对于自身的个性特点缺乏全方位的认识，或是认知不全面。就这一情况，存在两类不同的校长群体，一类是愿意顺应学校外部环境改变自身特质，长此以往形成机械化程式化的领导风格，校长个性特质逐渐消失；另一类是校长不愿意做出改变，就管理效能而言，会有所偏颇。因此，主体性反思是对于自我特性的一种重要思考方向与参考。实践性反思，则是强调在主体认识自我的基础之上，在实践前、中、后对其间涉及的方方面面进行思考，强调的是一种动态的反思过程。对于农村学校而言，实践性的反思与农村学校的生存发展息息相关，这就要求校长在实践改革过程中，从复杂、疑惑与不确定的问题情景中剥离与归类，从而形成事物的秩序，明确问题进而解决问题。

校长应引领构建一种群体性反思。仅仅通过校长的力量，提高领导能力的效率是不够的。在学校的发展过程中，共同的蓝图展望、共同目标的定位、共同实践背景的人一起组织起来就是很强的反省力量。对农村学校校长来说，学校问题的判断和解决不是校长一个人进行反思的结果，这样难以摆脱主观性和不确定性，而是需要群体思考。因此，可以通过校长的引领来进行集体反思。例如，可以通过定期组织群体对话交流，提出关于学校建设与发展的困惑、愿景，以批判的思维反思学校发展的动态过程，在交流沟通中推动学校的发展。另外，教师的主观反省还可以通过培训形式来强化教师对于师德素质的定期、自觉的反省与思考，从而形成有规律的自我反省。

### （二）创新内部激励方式

在物质追求和经济利益占据支配地位的社会背景下，农村学校校长往往将奖励划归到物质奖励的范畴。由于公共资金不足，对教师的物质奖励越来越少。既然物质性激励方式存在困难，可以从其他方面找寻可以进行内部激励的方式，例如荣誉激励、感情激励、晋升激励等形式。荣誉奖励，即通过校内设奖，给教师提供动力，这也是对于个人的社会价值的完全肯定，可以在教师的职业效能方面予以加强；情感激励意味着教师从校长领导者个人的魅力和言行中获得激励，这样的形式下的作用是潜移默化的，但产生的影响作用也是最为长远的。因此，对于校长而言，要在日常的工作中强化对于自身的要求，形成榜样示范作用。晋升激励可以通过对教师优秀成果的补偿和教职员工人事方面进行适当调整来实现，这也是给教师以精神动力的一种方法。

### （三）转变领导方式

首先，校长要进行领导观念的转变。长期以来，对于农村学校发展滞后这一方面，往往进行外部归因，如农村教育经费投入不足、教育设施不完善等，当然，部分农村地区学校的发展会受困于外部因素的影响，但不可否认的是，农村学校的发展更多依靠的是学校的内部整合力量，其中最为关键的因素即为学校管理组织者对于学校发展的定位是否具有主观意识。传统的校长独断的学校管理模式已经不再适用于当前教育发展情况，应进行交流讨论共享，整合学校内部力量，强化师生对于学校发展的认同，形成共同领导的形式，以促进学校发展愿景目标的达成。

其次，校长应善于进行领导力的分配与授予。分布式领导理论的精髓在于授权，其实质是领导权力在组织内部的共享。在领导力的分配与授予之下，学校组织群体成员能够提升对于学校事务参与的热情，进而获得对于学校组织群体的归属感，最后的结果即为在整体上提升农村学校的发展活力。但是必须要明确的是，授权背后是责任的共担，形成学校事务的共同领导，一方面在某种程度上减轻校长自身的负担，另一方面，也使得学校组织成员得到锻炼，进而提升学校组织的整体领导效能。

# 第三节　技术层面——强化追随力量

## 一、建设农村学校教师“学习型组织”

建设农村学校教师“学习型组织”，是基于农村学校组织体制特点以及农村学校教师文化素质特性而言的。对于当下社会而言，时代与社会的发展推动着学校不断向前进，而在学校的发展推动之下，教师自身的素养以及其终身学习的要求在不断提升。从农村学校教师的现状来看，受困于环境以及外部条件，农村学校教师在学校发展的过程中逐渐失去了主动学习的动力。因此对于学校整体发展而言，需要建设农村学校教师学习型组织。

### （一）创建高效能的学校组织结构

建立高效的学校组织结构。首先，作为一个学习组织，学校的组织结构应该是扁平式的，校长和教师的管理层级不能过多，要便于上下沟通，校长也可以在这样的组织结构中直接获取一手教育教学动态。对于农村小规模学校或教学点而言，基本都是扁平式结构，但对于较大规模的农村学校来说，需要进行管理层次的简化，以保证效率。其次，高效能的学校组织结构需要校长明确自身领导者的角色，对于农村学校校长而言，需要借由学校组织结构使得自己的办学理念、教育想法得以被认同。因此，农村学校校长应该是共同教育观念的确立与分享者、是学校教育教学活动的发起与评价者。

### （二）营造内部学习氛围，促进交流共享

建立适当的学习机制是学校成为学习组织的重要条件。对于学校外部而言，农村学校可以充分调动社会力量形成教育合力，为学校发展赢得外部支持，通过学校服务社区、社会，改善农村学校教育资源的使用效率，提高学生参与社会实践的能力，建立社区文化教育中心。对于学校内部来说，首先，农村学校要善于为教师的发展提供支持空间，创设适用于教师个人发展的组织环境，通过学习氛围的营造，使教师充分认识到个人组织开发和价值增长的重要性并不断进行深化。其次，要在教师群体中不断强化交流共享意识，在学校大环境的支持性学习氛围中，建立良好的教师人际关系，逐步形成共同的发展愿景。

## 二、满足追随者的价值追求

在学校组织中，作为追随者的教师，其主要承担着培养人才的重要使命，在这样的过程中，教师务必要不断进行自我完善，提升自身素养，从身心素养、道德素养、知识素养、能力素养多方面各个角度进行自我提升，以适应教育变革的

发展需要。对于农村学校教师，在保障其自我素养提升要求之外，对于其追求基本的物质保障，也是一种合理化的表达，作为校长、教育主管部门等都应满足追随者各方面的合理价值追求。

（一）保障农村学校教师基本物质追求

教育个体的私利性以及利益追求的合理性产生出教师群体，尤其是农村学校教师对于基本物质追求。基于基本物质追求，当下我国农村学校教师主要存在两方面问题，其一是绩效工资问题，2006 年国家开始实行农村学校教师工资保障新机制，农村学校教师的基本工资得以保障，而绩效工资至今仍有部分农村地区不能够足额按时发放。其二是地缘影响下部分农村学校教师住宿问题，随着特岗教师、免费师范生等外部教师群体的出现，农村学校中这些非本地教师的住宿问题亟待解决。因此，从基本的物质追求层面予以农村学校教师相应的保障，解决其后顾之忧，才能够为后续学校的发展奠定基础。

（二）做好农村学校教师的沟通者、支持者

在确保教师基本的物质追求得以满足之后，农村学校教师精神层面同样也需要保障。在这一方面，校长能够在其中发挥的作用就凸现出来。

为了实现教师有效的发展，校长们需要做的不仅仅是资金准备，更需要引导教师朝着学校的目标发展，将学校目标嵌入到教师的日常工作中，并安排教师参与后续活动。如此一来，校长的责任是复杂多样的。校长要做教师的沟通者与支持者。

在沟通者的角色中，校长应做好三方面信息的交流：其一是学校目标。校长教师双向沟通后，可以就学校整体发展方向达成一个具体、可操作的，并且被双方认可的发展目标定位，教师在这一过程中，不断强化自身的主人翁意识，校长也在沟通交流的过程中明确学校发展的目标蓝图。其二，在与教师进行沟通交流的过程中校长要让教师明确学校方对其专业发展方向的把控，以及重视程度，让教师感知发展背后学校的强大推动力量。其三，校长要把教师发展和学校发展结合起来，由于不同的立场和思维方式，农村学校教师很难把自身和学校发展结合起来，在这种情况下，校长可以通过正式会议、以愿景为基础的小组研讨等形式，向教师们明确将自身发展与学校发展结合的重要性。

除了沟通者的角色之外，校长还应该是教师背后的支持者。对于农村学校教师来说，发展基于受外部条件限制，相较城市而言，在时间和空间等方面均会受到相应限制，学校可以运用一定的方法，为农村学校教师创造“发展空间”，从内部及外部提供发展机会，比如在教师参加竞赛或从事教育科研时给予最大限度的支持。另外，由于大多数农村地区学校教师缺乏，要充分利用外部人力资源。

### （三）培育追随者的专业情意与技能

培育农村学校教师的专业情意。首先，可通过外部长效机制努力提升农村教师的待遇，通过政策的适度倾斜落实农村教师的补贴政策，改善农村教师的工作与生活条件，从而吸引更多的优秀师范生、优秀教师充实到农村教师的队伍中。在大环境下，提升对于农村教育追随者的专业情意。其次，对于现有的农村教师群体，也要充分保障其自主的学习时间，在教育教学的实践中不断提升专业情意。

除了专业情意的培育之外，教师的专业技能是学校长足发展的人力资本保障，因此，培育教师的专业技能，首先要为农村教师提供更多的、更为专业的培训机会，可以在学校层面，联动上级教育部门，与地方高校进行对接，制订专项的农村教师培训计划，保障农村教师的专业技能提升；同时还要完善当下的农村教师的考核评估体系，在积极正向的考评制度中，提升农村教师对于专业技能的关注度，进而为学校的发展奠定基础。

## 参考文献

[1] 杨清溪，邬志辉．校长领导力：乡村教育发展的新动能［J］．教育发展研究，2018（24）：41-42.

[2] 蒋莉，蓝劲松．校长领导力的实践探索［M］．浙江：浙江大学出版社，2012：42.

[3] 孔丽．农村小学校长领导力的实证研究［D］．吉林：东北师范大学，2016：3.

[4] 李玉芳．论小学校长领导力及其开发［D］．上海：华东师范大学，2009：9-10.

[5] Kerry Barnett，John McCormick. Perceptions of Task Interdependence and Functional Leadership in Schools［J］．Small Group Research，2016（6）．280-281.

[6] 傅建东．职业教育的发展形势呼唤领导型校长［J］．教育与职业，2005（36）：35.

[7] 程杉．高校领导干部领导观念刍议［J］．中国劳动关系学院学报，2006（1）：101.

[8] 朱伟．南昌市公办中小学校长领导力现状及其对策研究［D］．合肥：合肥工业大学，2008：25-29.

[9] 吴晓霞，章立早．加强中小学校长领导能力培养的思考［J］．当代教育论坛，2007（3）：23-25.

[10] 姜超，邬志辉．乡村校长社区领导力的现实价值与提升策略［J］．基础教育，2020（1）：41-42.

[11] 邱心玫．中小学校长领导力研究［D］．福州：福建师范大学，2008：25-29.

[12] 杨凤娥．新任校长领导力的实践与探索［M］．北京：国家行政学院出版社，2013：170.

[13] 张忠宝．校长领导力：走向文化管理新境界［N］．中国教师报，2020-9-16（1）．

[14] 朱雪峰，袁娟娟．西北欠发达地区农村中小学校长信息化领导力调查与思考——以甘肃省Y县为例［J］．当代教育与文汇，2014，6（1）：60-66.

[15] 赵磊磊．农村学校校长信息化教学领导力的影响因素及提升路径——基于技术接受视角的实证研究［J］．湖南师范大学教育科学学报，2018（5）：27.

[16] Al-MahdyY F，Emam M M，Hallinger P. Assessing the contribution of principal instructional leadership and collective teacher efficacy to teacher commitment in Oman［J］．Teaching and Teacher Education，2018，69：191-201.

[17] 周方圆．学校委托管理对校长领导力影响的研究［D］．上海：上海师范大学，2014：1.

[18] 王若梅．美国中小学校长领导有效性的影响因素分析［D］．吉林：东北师范大学，2007：5-7.

[19] 肖川．办好学校的策略［M］．南京：南京师范大学出版社，2005：24.

[20] 陈亮，龚洪．论义务教育学校校园安全管理中校长角色作用的发挥［J］．教育科学研究，2016，（10）：38.

[21] 闫寒冰，郑东芳，肖玉敏，等．信息化变革中校长角色的个案研究［J］．电化教育研究，2020（325）：112.

[22] 温子欣，秦梦群，陈木金．校长领导之道——成功校长领导行为个案研究［J］．教育科学期刊，2013（12）：1.

[23] 任天舒，李艳辉．中小学校长有效领导的制约因素及策略研究［J］．教学与管理，2018（11）：9.

[24] 钱丽欣．校长课程领导力的提升路径［J］．人民教育，2016（24）：27-29.

[25] 张占成，孙凤舞．农村初中校长课程领导力提升策略研究［J］．教学与管理，2019（27）：47-49.

[26] 王金福．提升校长课程领导力的实践探索［J］．教学与管理，2011（7）：18-20.

[27] 吕蕾．提升农村学校校长教学领导力为乡村教师发展注入“内动力”——基于北京市18所郊区学校校长和1577名教师的调研［J］．中小学管理，2019（2）：34-35.

[28] 郁益民，周明星．浅论小学校长领导力的提升途径［J］．上海教育科研，2009（3）：74-75.

[29] 冯晓敏．校长文化领导与优质学校建设［J］．现代教育管理，2016（1）：50-53.

[30] 范素辉．校长的教师领导力提升路径［J］．中小学管理，2014（8）：32-33.

[31] 高婧，胡中锋．教师教学效能感与校长教学领导力的相关有多大？［J］．中小学管理，2016（5）：49-52.

[32] 朱炜．强化校长的文化领导力：学校组织变革的成功之道［J］．教育发展研究，2013，33（24）：32-35.

[33] 黄亮，赵德成．校长领导力对学生学业成就的影响——教师教学投入与学校自主权的调节作用［J］．教育科学，2017，33（3）：35-41.

[34] 吕云震．美国学界关于校长领导力对学生学业成绩的影响研究［J］．外国中小学教育，2017（1）：44-49.

[35] 中共中央国务院关于全面深化新时代教师队伍建设改革的意见［EB/OL］．http：//www. gov. cn/zhengce/2018-01/31/content_5262659. htm. 2018-03-05.

[36] 刘成敏．授权型领导力对自我效能感的影响［D］．哈尔滨：哈尔滨工业大学，2010.

[37] Susan M Gates, et al. Mobility and turnover among school principals［J］. Economics of Education Review, 2006, 25（3）.

[38] William G Camp. Participation in student activities and achievement: A covariance structural analysis［J］. Journal of Educational Research, 1990, 83（5）.

[39] Stephen M Nettles, Carolyn Herrington. Revisiting the importance of the direct effects of school leadership on student achievement: The implications for school improvement policy［J］. Peabody Journal of Education, 2007, 82（4）.